战争事典

WAR STORY 020

指文烽火工作室 著

台海出版社

图书在版编目（CIP）数据

战争事典 . 020 / 指文烽火工作室著 . -- 北京 : 台海出版社 , 2016.5
ISBN 978-7-5168-1009-5

Ⅰ . ①战… Ⅱ . ①指… Ⅲ . ①战争史－史料－世界
Ⅳ . ① E19

中国版本图书馆 CIP 数据核字 (2016) 第 095523 号

战争事典 .020

著　　者：指文烽火工作室

责任编辑：刘　峰　　策划制作：指文文化
视觉设计：郭　娜　　责任印制：蔡　旭

出版发行：台海出版社
地　　址：北京市朝阳区劲松南路 1 号　　邮政编码：100021
电　　话：010 － 64041652（发行，邮购）
传　　真：010 － 84045799（总编室）
网　　址：www.taimeng.org.cn/thcbs/default.htm
E－mail：thcbs@126.com

经　　销：全国各地新华书店
印　　刷：重庆大正印务有限公司
本书如有破损、缺页、装订错误，请与本社联系调换

开　　本：787mm × 1092mm　　1/16
字　　数：286 千　　印　　张：16
版　　次：2021 年 1 月第 3 版　　印　　次：2021 年 1 月第 1 次印刷
书　　号：ISBN 978-7-5168-1009-5

定　　价：99.80 元

出版寄语

郭威　**纪录片导演**

《战争事典》一书挖掘真实历史，还原战争现场，宛如一部再现军事历史的优秀纪录片，弥补了军事历史图书的空白。

蔡小心　**抗美援朝战史学者、党史研究者，岐路书院名誉总编辑**

《战争事典》是一套充满故事性和知识性，并能给人启迪的图书。指文所打造的这个系列对军事历史有着独到的看法和眼光，细致而全面。它能让你看到更加生动的历史，是一场不可错过的历史知识盛宴。

党人碑　**北朝论坛总版主，宋史学人**

《战争事典》的新颖别致之处不仅仅在于它的选题和探究性，更重要的是它为军事历史的新科普模式进行了可贵的尝试。祝愿指文烽火未来的工作领域能够更加广阔！

顾剑　**军事历史作家**

人类历史就是一部战争史。《战争事典》在战争中讲述历史，也如同在历史中讲述战争。我相信每一个读者都会从这系列书里找到最合乎自己口味的历史。

经略幽燕我童贯　**网络知名历史研究者**

《战争事典》的每一个故事都是一段精彩的战争重现。指文烽火能带你穿越历史，领略军事家们的精彩博弈。

江上苇　**《南方都市报》专栏作家，天涯煮酒论史资深版主，历史作家**

指文的各位作者不仅通晓战史，而且文笔流畅。他们共同打造的《战争事典》更是一套挖掘真实历史，还原战争实景的好书！

陆大鹏　**西洋历史研究者**

历史是严肃的，也是生动的；战争是残酷的，但也不排斥温情。阅读《战争事典》，将领略种种截然不同的军事历史。

毛小曼　**中西书局副总编辑**

《战争事典》不但重在剖析历史上的战争战法与英雄传奇，更从不同的角度诠释了战争的根源和制胜的内核。可以说，这套书为读者提供了独特的思考方式与想象空间。

齐明 **英国传统弓促进协会会员，正鹄弓箭社社长**

《战争事典》为军事爱好者提供了一席学习之地，指文烽火工作室给大家带来了一个以笔会友的广阔平台。

石炜 **知名媒体人，军事史作家**

战争历史往往被误导的迷雾和刻意的扭曲所掩盖，《战争事典》对此的解析却是理性的、深刻的。它帮我们还原了史实，引领我们穿越在那个历史的时空里。

赵国星 **笔名二手翻译小熊猫，新时代出版社编辑**

历史不是演义，需要在精细考据中大胆求证，才能帮助读者树立一个崭新的历史观，启迪心智，培养阅读的快感。《战争事典》就是这样的好书！

张子平 **笔名清海，日本神奈川大学历史民俗资料学博士，16—17 世纪东北亚国际关系史研究者**

对于战争，人们往往倾向于讨论它的胜负，而不去探究其余。指文烽火工作室的《战争事典》却带着读者透过纸背，探寻战争历史的真实内在。

秋李子 **言情小说作家**

《战争事典》汇聚古今，融萃中外，指文图书集战事战史于一处，实为战争历史之精品！

穆好古 **近代史研究者、民国史作者**

《战争事典》既写战争之事，又不离史实之根。客观精到的战争局势分析，更是指文烽火工作室创作精神的精妙所在。

李楠 **历史社科作家**

《战争事典》对历史战争的重新挖掘很新颖，让我对观察历史的视角有了新的突破，我相信指文的读者们也会从中受益很多的。

陈肯 **文史书作家、编剧**

一本好书，一杯香茗，拥此书在怀，足矣。祝福《战争事典》！

周晨鸣 **知远防务研究所研究员、军事评论家**

《战争事典》筑基于史实之上，炼字于沙场之间。指文烽火这种写史于事，述战于武的创作模式，可谓开启了军事历史类图书的新风尚。

安迪斯晨风 **山坡网主编、独立书评人**

《战争事典》是关于世界战争历史的优秀图书。它立足于史料而又不拘泥于史料，风格厚重雄浑而又不乏精巧，可谓写尽了人类在战争中的英勇与智慧。

王晓明　**资深军事历史地图研究者、编制者**

愿《战争事典》精雕细琢、精益求精，最终成为军事书籍中不朽之传奇。

马平安　**中国社会科学院近代史研究所学者**

《战争事典》内容全面、文采斐然、图文并茂、制作精美。指文烽火工作室的这番努力对于喜欢军事文化的读者，无疑是一个福音。

本垒打　**“二战”研究者、战史研究者、军刊主编**

继往开来，希望《战争事典》能成为中国军事爱好者的宝典，祝愿指文越办越好！

唐思　**专业勋赏文化文集《号角》主编**

这是一本跨越五千年波澜壮阔战争史的绚丽画卷，更是一本从战争历史探讨人类社会文化进步与发展规律的高水平文集，感谢《战争事典》为我们呈现了不一样的战争史。

刚寒锋　**《较量》杂志总编，《号角》杂志联合创始人**

期望该军事文化文集能引领我们全面领略波澜壮阔的古战争历史画卷！

raingun　**国内研究党卫军的战史专家**

精美的排版、详实专业的内容，连我一个对古战毫无兴趣的人都被深深迷住了，无法自拔。

宇文若尘　**文史作家、编剧**

希望《战争事典》成为最好的历史文化系列丛书。

小小冰人　**著名军事图书翻译专家**

《战争事典》讲述了一个个我知之甚少，甚至是闻所未闻的人物和故事，极大地丰富了我对古战争史的认知。如果说有什么遗憾的话，那就是此类图书在国内还是太少。能潜心钻研、撰写自己喜爱的那段历史，真好。

汪冰　**著名军事图书作家**

《战争事典》以独到的视角与力度阐释了战争史爱好者和研究者们孜孜以求的旨趣，各系列宏文无疑昭示出，无论是爱好、还是研究战争史，其境界无涯、乐趣无边也！

宇文拓　**中国联合弓会负责人**

指文烽火工作室的《战争事典》让我们这些军事历史与弓术爱好者，有了自己的“黄金屋”！

我与《战争事典》

>> 读者篇

暴力是无能者最后的慰藉，我想对于发动战争的人来说更是如此。我也曾畅游在战争历史的海洋中，仰望战争艺术星空中那些耀眼的群星，敬仰得无以复加。但看的越多，越是痛恨战争。那些渴求在战争中建功立业的人，那些把战争当儿戏的人，那些从来没有经历过战争的人，对战争——真实的战争，又了解多少？！好战必亡，忘战必危！《战争事典》不光要讲述战争过程，更要讲述战争中的残酷、苦难、勇气、救赎。《战争事典》应该架起的是理性的桥梁，告诉国人，不要渴望战争，因为那些渴望战争的人永远不会亲自冲在最前线！更不要惧怕战争，因为生存永远属于那些最坚毅、最勇敢、最不怕牺牲的民族。愿中华民族长存于世间，愿国人了解战争、不惧战争、善于战争、远离战争！

海浪

记得我的第一本《战争事典》，是 2014 年秋在某宝上购书为免邮费而凑单的《战争事典 004》。一开始准备当成一般的小说杂志看一下，但是，铜版纸的纸质、众多历史照片和图片，特别是照片和图片瞬间就吸引了我，于是毫不犹豫地决定要把前面 1—3 辑找到，揽入怀中。那一刻就像当初遇见初恋的那个女孩，它一下子击中了我的心脏，感觉甚是奇妙，就想着立即、马上、必须买！

于是某宝、某东、某逊上都留下了我搜索《战争事典》的踪影。现如今《战争事典》已经出到了 19 辑而我也购买了其中的 18 本，第 19 辑也加入某宝的购物车准备和《医院骑士团》一起购买呢。

通过《战争事典》我知道了指文图书，于是，从战争事典到战争事典特辑、海战事典、信史、人物系列、士兵系列、战史系列，然后到抗战系列、图史系列、号角系列……正在努力地将指文出版的图书像蚂蚁搬家似的收集、堆积起来。

某日，吾妻惊呼：“数旬不见汝吸烟，何故？”吾道：“遇一不良出版商，尽出好书，图片精美，诱吾甚深。其一出新书，吾若不买比烟瘾还利，浑身如蚁爬，心痒难耐，必集之。故，戒烟，以买书！”“幸，汝之零花可加太祖一张，以资汝戒烟之功。”悲呼，婚后已到七痒阶段，零花首涨却赖指文之功。

因为《战争事典》加入了指文读者服务社，强烈要求元宝 MM 给亲笔签名了一回。通过服务社认识了许多军事爱好者和伪爱好者，他们的观点和见识让我受益匪浅。

希望指文图书一如既往地保持优良的作风，继续将精美历史图片、资料回馈读者。我会一直支持指文。

七舅姥爷

在军事历史爱好者看来，研究历史的魅力在于通过文献、考古等穿过漫长的历史迷雾，还原历史事件发生的那一段时光，犹如亲身穿越一般。漫长的历史岁月涌现出了无数的英雄人物和事件，吸引着一批又一批历史研究者和历史爱好者。《战争事典》系列是一个平台，一方面，历史研究者可通过《战争事典》来表达自己对感兴趣的历史的理解和感悟；另一方面，《战争事典》也为历史爱好者打开了通往历史的大门，分享历史研究者的成果，是了解自己感兴趣的历史的最佳途径。

对于读者来说，历史题材往往有非冷门题材和冷门题材之分，冷门题材一般是指研究程度不深，相关资料较少，在流行文化中很少出现的题材。《战争事典》在选择冷门题材的时候非常谨慎，对北欧、东欧、东南亚、南亚、美洲、非洲等历史题材涉猎的范围还不大。希望以后《战争事典》可以多一些此类题材的作品，在保证《战争事典》原有深度的基础上进一步扩大广度，为喜爱《战争事典》的历史爱好者们开创一片更加广阔的天地。

米博

我与《战争事典》的缘分源于2015年，那次在豆瓣上看到《战争事典001：征服罗马》《日本武士战争史》《霸者逐鹿·明蒙战争》《战争电影中看历史》，每一部都非常的扣人心弦，尤其是《战争事典001：征服罗马》，在阅读体验上十分有看大片之感。1453年的君士坦丁堡攻城战中，到底是谁起到了最后一棵稻草的作用，威尼斯人，还是热那亚人？这些都无法考证。虽然对书中的观点有所保留，但还是比较同情拜占庭人，他们在国家危难时表现出的那种勇往直前的精神值得表扬。这些故事也是我和同事在工作之余聊天的话题，益于增进友谊。不过没怎么看到五胡十六国的内容（其实《战争事典012》有收录一篇《男儿西北有神州——五胡十六国之前凉世家》），这段历史在《中国通史》《资治通鉴》上都是能查到的，我在写起点小说《父为媒》前，还对其进行了相关查阅。另外，关于基督教早期雏形的“景教”是如何在唐朝发展的，都是值得研究的话题。我想我和《战争事典》的关系就像好友，彼此说着共同的话题，有时也会争吵，不过依然在一起。

小笼

>> 作者篇

我与《战争事典》的稳定合作始于小丁编辑向我约稿。我出于好奇的心理给予了回复，没想到，这一谈就促成了四篇魏晋南北朝的作品，以及十余万字的刊登发表。对此我倍感荣幸与感激，不仅个人的一点浅薄见识得以用白纸黑字的方式曝露于读者面前，而且个人写作的四大方面终于全部实现有投入有产出——我写作的参考资料，基本依赖稿费。过去，太平洋战争、中国抗战和拿破仑战争三个方面都有文章发表，唯独中国古代史方面毫无商业建树，完全依靠前三方面的稿费输血维持。如今，中国古代史也开始实现资料—文章—稿费三者良性循环，“苦难”的一页翻过去了，全新的历史篇章开启了。这“盛世”如我所愿，亦如《战争事典》所愿。

爱澜

我与《战争事典》结缘实属偶然。作为一个历史、战史爱好者，我常在博客上写些历史小文章，虽有中篇作品《沈有容传》在《宣城历史文化研究》得到了连载，但那也只是内部杂志，苦无一个展示自己的平台。这时候我看到了《战争事典》的征稿，于是抱着学习与试一试的心态，投了一篇关于琉球历史的文章《岛津袭来——1609 年庆长琉球之役始末》，没想到得到了采用，发表在 006 期，拿到样书后，心情真是无比的激动。其后，我又写了一篇《克复安南——明成祖朱棣的惩越战争》被 016 期作为头版使用，真的很是受宠若惊。真心感谢指文图书给了我们这些草根历史、战史爱好者一个这么好的交流与展示平台。

喜闻《战争事典》已走过三年时光，即将推出 020 期特别纪念版，作为它的作者之一与忠实读者，我亦与这套书的诸位编辑同喜同贺，希望在新的阶段、新的机遇和挑战中，它能再接再厉，以崭新的姿态再创新的业绩，读者群也越来越壮大。

董振宇

周边的很多人往往把历史看作是太过严肃的东西而不感兴趣，越来越多像《战争事典》这样的出版物的出现或许能澄清这种误解。个人觉得某种程度上来说，这种对历史的刻板印象或许来自于我们的学生时代。短暂的历史课上不仅要求记忆所有“重点”、历史事件的年代与进程，而且还要照本宣科地背下它们的历史意义与影响。我们只能得到硬塞过来的“果”，却对“因”一知半解。片段化的历史事件的记忆也使我们往往对一些有名的事件比较熟悉，而对引起事件质变的量变却一头雾水。这样的历史未免变得有些无趣。

历史应当是有趣的，它不应只属于少数人，历史是全人类的宝贵财富。正如同我们可以从任何一种生物的遗传基因中找寻出其祖先遗传下来的信息一样，历史也可以指引我们找寻到过去，更好地了解现在以及感知未来将会发生的某些事情。而《战争事典》正好提供了这样一个推广历史乐趣的平台。《战争事典》着重于刻画战争这一人类历史上永恒的主题之一。在写稿过程中，编辑一再强调稿件的故事性。每场战争无疑都是有故事的，尽管必然充满血腥和暴力，但却值得我们这些生活在和平年代的人细心体会。《战争事典》对战争故事的完整性描述无疑弥补了历史教科书上草草而过的遗憾。

火族语

为了一睹"经略幽燕我童贯"先生的风采，我购买了《战场决胜者001：冷兵器时代》，之后，又陆续入手了一些感兴趣的《战争事典》系列图书。看完数本之后，一个想法浮现脑中：为什么我不写一些文章投稿给《战争事典》呢？《战争事典》的作者虽然已经不少，内容也极为丰富，但是面对军事历史这一汪洋大海，毕竟仍然有未能涉猎之处，所以仍有我的空间。于是我联系到了《战争事典》的编辑，并就自己的写作意愿和设想交换了意见，得到了肯定的回复后，我便开始动笔了。

虽然都说"读书破万卷，下笔如有神"，但许多时候往往要动笔之后才发现有些问题仍然需要去查询资料，因为不写作是无法发现它仍需要去深入了解的。于是在写作期间，我又翻阅了不少以前不曾涉猎的历史资料和信息，间接地等于又拓宽了一圈知识面。等到交稿的时候，我感觉我的历史认知又上升了一个层次。这种拓展，是单纯看书所无法达到的。

最终，我的介绍中国古代车营发展简史的文章成功在《战争事典013》发表了，得到稿件确认采用的消息时，一种成就感油然而生。除此之外，也让我对历史以及自身有了新的认识，并对历史写作进行了更多的尝试和探索。

正义必胜

目录

CONTENTS

前言 / 1

霸业："一带一路"的前世兴衰

崛起与繁荣——丝绸之路上的帝国兴衰 / 4

远帆与财富——南宋海上丝绸之路的崛起 / 57

难民：欧洲的梦魇还是新生？

大迁徙与大征服——日耳曼人与阿拉伯人的扩张及征服 / 104

战乱与流散——欧洲历次战后难民潮 / 168

杀戮：近现代军改启示录

炮火与霸权——近代军事改革后的瑞典帝国时代 / 194

专业与联合——美军特种部队改革启示录 / 223

前言

PREFACE

我们处于一个创新的时代，一个变革的时代，冲击与机遇并存。世界范围内，政治、军事、经济等诸多领域均在急速地发展与前进，热点事件层出不穷，然而对于处在这个大变革时代的我们来说，这个时代的发展趋势与前进方向却让人眼花缭乱，无所适从。那么如何能洞悉未来、认清大势？唐太宗李世民曾经做过解答：“以古为鉴，可知兴替。”

其实读史的意义就在于知兴替、明得失。克劳塞维茨曾经说过：“战争是政治的延续。”而列宁则说：“政治是经济的集中表现。”因此《战争事典 020》将以“大变革时代”为主题，分为三大部分，分别从经济、政治、军事等角度，回顾人类历史中，那些处在大变革时代的人们，所经历的变革发展与帝国兴亡。

第一部分，霸业：“一带一路”的前世兴衰。

古往今来，国家的崛起与发展都离不开经济的大繁荣，盛世的背后更是需要金银的支撑。在大航海时代之前，陆上丝绸之路上的驼铃与海上丝绸之路上的白帆，代表着世界范围内最大财富的流通与汇集。《崛起与繁荣——丝绸之路上的帝国兴衰》详细叙述了公元前 2 世纪到公元 15 世纪这 1700 多年里，围绕路上丝绸之路发生的经济纷争与帝国兴衰。《远帆与财富——南宋海上丝绸之路的崛起》则描绘了南宋一朝如何推动海上丝绸之路，并利用发达的海上贸易促进国内经济。

第二部分，难民：欧洲的梦魇还是新生？

目前，最困扰欧洲国家的，莫过于中东政治乱局导致的难民问题了。《大迁徙与大征服——日耳曼人与阿拉伯人的扩张及征服》与《战乱与流散——欧洲历次战后难民潮》两篇文章将揭示，因战争和宗教导致的民族迁徙与难民流散，已经在历史上多次困扰欧洲人了。这些因为绝望或希望而涌动的人潮曾经摧毁过帝国，也建立过帝国；曾经毁灭过文明的烈焰，也带来过文明的火种。

第三部分，杀戮：近现代军改启示录。

马克思曾经说过：“批判的武器不能代替武器的批判，物质力量只能用物质力量来摧毁。”面对直接的冲突，经济、政治层面上的资源再多，也需要转化为军事领域上的优势才能将其发挥出来。《炮火与霸权——近代军事改革后的瑞典帝国时代》一文将再现，一个北欧小国是如何通过具有划时代意义的近代军事改革，开启属于自己的帝国时代。而《专业与联合——美军特种部队改革启示录》一文将告诉我们，时至今日，已经确立全球军事霸权地位的美国军队，仍没有停止改革与创新。

2016 年 6 月

霸业

『一带一路』的前世兴衰

中国商人不仅与印度、锡兰，而且与日本、波斯、阿拉伯半岛、叙利亚进行贸易，甚至间接地与罗马帝国贸易。这些贸易中，中国总是获利丰厚，因为它的主要出口物——丝绸，卖价极高，而且常常是用黄金和宝石来支付的。

——《世界文明史》[美]菲利普·李·拉尔夫著

carauana es partida del impi
ra p anar al catayo

崛起与繁荣
丝绸之路上的帝国兴衰

作者 / 郭晔旻

自公元前 2 世纪张骞“凿通”西域后，各国商队开始往来于亚欧大陆，经过一个多世纪的努力，这条横亘亚欧大陆腹地的商路终于稳定下来，它被称作“丝绸之路”。

丝绸之路的出现，不仅加强了东西方文明之间的交流，也为商路所经地区带来了财富。反过来讲，只要掌握了丝绸之路就能占有巨大的财富，但另一方面，贸易的发展也呼唤着强有力的政权来保障商路的安全与畅通。于是在这两个因素下，催生了丝绸之路上此起彼落的传奇帝国……

帕提亚帝国：丝路的最初垄断者

丝绸之路的财富通道宛如一条散落在大地上的黄金项链，它从中国出发，穿过辽阔的中亚和西亚腹地，进入欧亚大陆另一端的市场——地中海世界。在维吉尔[①]记载“赛里斯（seres）人从他们那里的树叶上采集下了精美如羊毛般的东西”的时候，罗马人已经开始进口中国的丝绸了。

丝绸作为丝绸之路上最具代表性的商品，在传入罗马的初期阶段时十分的昂贵。因而当尤利西斯·恺撒穿着绸袍出现在剧场时，引起了舆论大哗，被认为是奢侈之极。哲学家塞内加（公元前 4 年—公元 65 年）在《论善行》中更是对这种行为痛斥万分，他说：“我在那里见到了丝绸衣服，那种既不遮体也不遮羞的东西居然也叫衣服，女人穿上它实在不能说自己不是裸着身子。这种衣服是通过正常的贸易渠道，从我们不了解的国家花大笔金钱买来的。这是为什么？为的是让我们的妇女像在卧室里向情人展示自己那样向全世界展示。”为此，罗马皇帝曾下令禁止男性臣民穿着丝绸衣服，认为丝绸“毁坏”了罗马的名誉，同时对妇女使用丝绸也做了一定的限制。但这些努力最终被证明是徒劳，过不了多久，罗马帝国就成为中国丝绸的巨大消费市场。丝织品输入罗马的数量与年俱增，

▶*庞贝古城壁画——身着绸袍的迈那得斯*

① 维吉尔（Virgil，公元前 70 年—公元前 19 年），全名普布留斯·维吉留斯·马罗（拉丁文为 Publius Vergilius Maro，常据英文 Vergil 或 Virgil 译为维吉尔），奥古斯都时代的古罗马诗人。

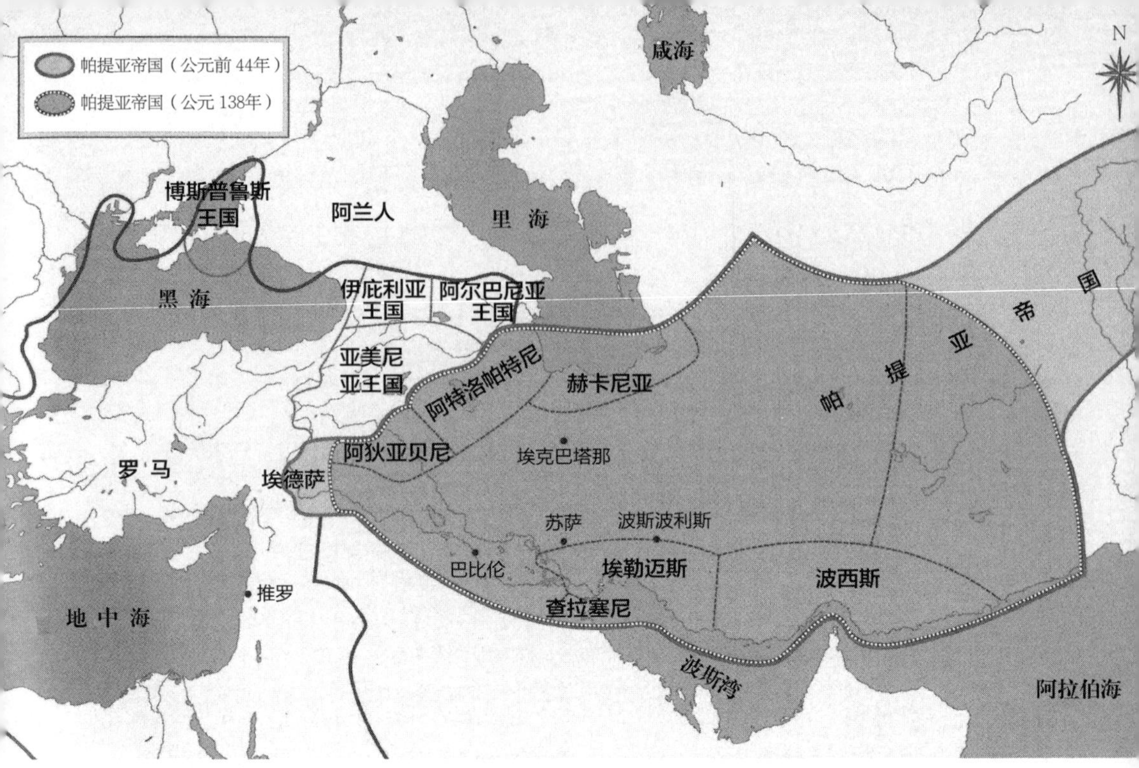

▲ ***帕提亚帝国***

到了 1 世纪，“从前丝绸仅限于贵族衣用，现在所有人等，甚至最为卑贱之人，也毫无分别地穿用了”，可见中国的丝织品已经渗透到罗马社会各阶层人民的生活中了。

话说回来，罗马人穿着丝绸的代价是十分沉重的。罗马历史学家普林尼在他的《自然史》一书中记载，罗马妇女每年从印度“爆买”的货物价值达到 5500 万塞斯特提（Sestertius），折合 19 世纪的 1 亿多金法郎。购进的货物虽有印度的棉、麻织品，但大部分是中国的丝绸。当时在罗马市场上丝织品已与黄金等价，每磅值金 12 两。这无疑会造成大量的罗马贵金属货币流入东方，致使国库虚竭——“奢侈和妇女使我们付出了这样的代价”。

罗马人在他的整个历史上都不以商业头脑闻名，于是“元老院和罗马人民”[①]解决丝绸进价过高的办法也很简单，那就是沿着丝绸之路向东扩张，尽可能地接近丝绸的产地——中国，却不幸地遭到了帕提亚帝国的阻挡。

古代波斯人曾经建立了人类历史上第一个横跨欧、亚、非三大洲的帝国——阿契

① 罗马的正式名称。

▶ ***刻有希腊字母的帕提亚钱币***

美尼德王朝（公元前 550 年—公元前 330 年），又称第一波斯帝国，这个帝国最终为伟大的征服者——亚历山大大帝所灭亡。马其顿人虽然摧毁了波斯帝国，并建立了东达印度河流域的亚历山大帝国，可是在公元前 323 年亚历山大去世后，由他一手创立的帝国便迅速瓦解为多个希腊化国家。公元前 247 年，位于伊朗高原东北部的一个骁勇善战的游牧部落帕提亚（Parthia）挣脱了最强大的希腊化国家——塞琉古（Seleucid）王朝的统治，进而将伊朗高原的全部及美索不达米亚平原的一部分据为己有。由于这个王国的开创者被尊为安息大帝①，因此汉文史籍遂将之称为“安息”，这就是帕提亚帝国。

虽然帕提亚人与古波斯人族源相近，但帕提亚帝国的整个社会面貌与阿契美尼德王朝大异其趣。在政治上，帕提亚帝国引人注目的特点是分散和多元，国王直接统治的地区零星而分散，领土大部分由国王的代表——贵族武士家族、臣服的藩王、亲属和各地统治者控制着。在文化上，塞琉古王朝遗留的希腊文化更是在帕提亚社会占有重要地位。帕提亚政府处理行政、商业和法律事务均用希腊文。直到 1 世纪中期，他们仍然使用希腊语和希腊字母书写王家铭文和钱币铭文②。他们与希腊文化的相处十分融洽，古典作家甚至强调帕提亚国王以亲希腊而感到自豪，希腊式生活也成为帕提亚宫廷中的时尚。据说在公元前 53 年，罗马统帅克拉苏（Crassus）于卡莱（Carrhae）战役兵败被杀，当他的首级被送到帕提亚宫廷时，帕提亚国王奥罗德二世正在宫廷观看希腊戏剧《酒神的伴侣》。甚至在塞琉古王朝统治结束很久以后，帕提亚人仍在沿用希腊化时期的历法，即以塞琉古于公元前 312 年宣布的建国之年为纪元元年。

据说，也正是在卡莱战役中，罗马士兵首次见到了帕提亚军队那颜色鲜艳的丝绸军旗，以致整个军团眼花缭乱。同样是在这次战役中，罗马重装步兵在帕提亚军队的骑兵战术面前一筹莫展。作为最早的骑马民族斯基泰人的后裔，宫廷内盛行的希腊文化对帕提亚的军队几乎没有产生影响。帕提亚的骑兵在罗马时代是首屈一指的，“军队主要由骑马的弓箭兵与骑马的长枪兵组成”。帕提亚骑兵分为两种。一种是重骑兵，由人马皆披铠甲的长矛骑兵组成，也就是中国史籍上所说的“甲骑具装”。这种骑士和战马皆披重甲的重装骑兵起源于伊朗东部的马萨格泰人（Massagetae）。最初披在

① Arsaces，公元前 247—公元前 212 年在位。
② 一个常见的铭文就是“爱希腊”。

▶ ***帕提亚人的回马箭***

骑士和战马身上的防具是由较薄的铜片拼接而成的甲胄，后来发展成为较厚的铁制甲胄。这得益于米底人出产的良马，这种马以速度和耐力并举于世，在身披重甲、承载装甲骑士的同时能够保持奔跑的速度。另一种则是轻骑兵，他们是骑马的弓箭手，不穿铠甲，而是穿着束腰的皮袍，下身穿着华丽的裤子，裤脚塞入马靴中。弓骑兵的主武器是著名的亚洲复合弓，这种弓是由木头、动物的角和筋腱经过复杂的程序加工制成的。好射手手里一张质量上乘的亚洲复合弓，可以在一百码的距离内射穿盔甲，并能在一分钟内射出 6 支箭。帕提亚的骑射手还能在进攻模式中，突然以最快的速度掉转方向，当他们的马转向时，射手也转过身去从马上向敌队的前列射箭——这种战术被称为“帕提亚人的回马箭”。

卡莱战役中，“帕提亚人曾引诱罗马的统帅克拉苏及其军队深入自己的腹地，然后发起反攻，并歼灭了他们”①。多达 7 个军团的 4 万罗马军队一败涂地，共有 2 万人被杀，1 万人当了俘虏。克拉苏无路可逃，只好去找帕提亚统帅谈判，而帕提亚人一见到他便一拥而上把他杀了。可能是为了讽刺克拉苏爱财如命、重利盘剥，有一则故事说他被帕提亚人活捉，并被用熔化的金汁灌进喉咙而死。

克拉苏在卡莱的失败和死亡，使罗马的东方扩张计划，在两河流域就中止了。帕提亚人就此成为中国丝绸的垄断商。像丝绸这样跨洲的贸易，需要不断地在途中进行补给和易货，其所经地区必须是自然环境、经济条件较好的城镇，因而对往来的商旅征税，成为丝路所经国家一项稳定的收入。帕提亚人为了吸引贩卖丝绸的商旅穿过本国境内，建立了许多商站，为商旅提供更多的饮水之处。因此，当时从中国运往罗马的丝绸，无论是经过大宛还是乌孙，或者取道大月氏，都要在帕提亚的木鹿②会合后

① 摘自《斯大林答拉辛的信》，人民出版社 1954 年出版。
② Maru，今土库曼斯坦之马累。

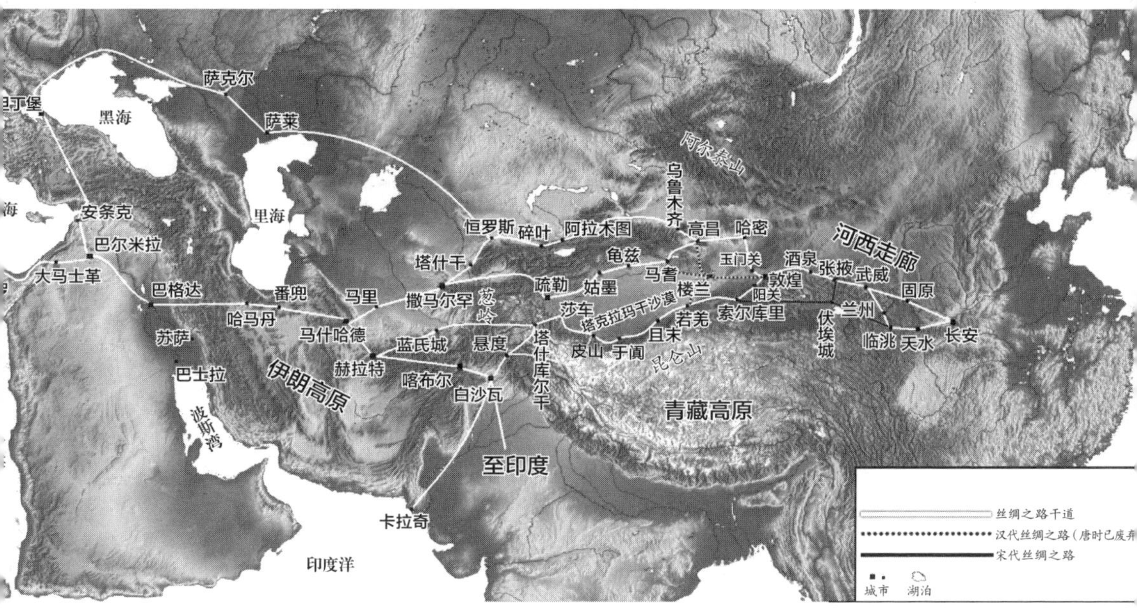

▲ *丝绸之路*

西运至斯宾国[①]。帕提亚既是丝绸之路的维护者更是受益者，一方面，商业繁荣，经济自然有所发展；另一方面，过境贸易带来了巨额税收，使帕提亚帝国的财富迅速膨胀。“由于帕提亚人控制着丝绸之路的大部，帕提亚商人通过在罗马帝国市场上贩卖中国货物（主要是丝绸）而获取了巨额利润。”

稍有经济常识的人都会明白，如果能撇开帕提亚这个中间人，生产商与消费者直接交易的话将会是件双赢的事。为此，公元 97 年，东汉西域督护——定远侯班超曾派遣副使甘英经帕提亚出使罗马帝国。但是这样的话，中间人势必成为唯一的输家。因此，当甘英抵达波斯湾时，作为既得利益者的帕提亚人不让他知道到赴叙利亚和罗马的近路，而故意以“大海烟波渺茫，浩瀚无边……那些出航的人，都在船上备足三年的粮食。在海上还易患思家病，有些人就因此送掉了性命”的夸大其词阻断了甘英从海路前往罗马帝国的企图。在以后几个世纪中，帕提亚人更是竭尽所能地阻止中国人与希腊—罗马世界联系，同时也极力阻止希腊—罗马人接近中国丝源。东汉时期的中国人已经察觉，罗马帝国“其（大秦）王常欲通使于汉，而安息欲以汉缯彩与之交市，

① 今伊拉克都城巴格达东南。

故遮阂不得自达”。

罗马人对此当然是不甘心的。从奥古斯都时代（公元前 27 年—公元 14 年）起，幼发拉底河就是罗马与帕提亚双方认可的天然界河。但这只具有象征意义，并非不可逾越的天堑，双方在两河一线的拉锯战几与帕提亚王国的存在相始终。帕提亚骑兵的机动性和弓箭的远程攻击效果，使罗马逐渐意识到骑兵和弓箭手在战场上的重要性，于是开始着手组建包括轻装弓骑兵和重装骑兵的骑兵部队，同时增加步兵弓箭手的数量。但是罗马人并没有对原有的军队结构进行改革，而只是就地征召当地的骑兵，配备原有装备，让其以辅军的形式参与作战。到帝国时期，帕提亚骑兵逐渐发展成为罗马军队一个完整的组成部分，形成了独立的建制——帕提亚军团（alaepartharum）。同时，罗马人还吸收了东方重装骑兵的铠甲系统以及骑兵的战略战术。

这样做的目的当然是为了以其人之道还治其人之身。公元 114 年，最后一位罗马帝国的伟大征服者——图拉真皇帝利用帕提亚人的衰落发动了战争。强大的罗马军队，兵分两路，齐头并进，同时抵达底格里斯河和幼发拉底河，占领了上美索不达米亚。公元116年，罗马军队又沿底格里斯河南下，占领了帕提亚的首都泰西封[①]。这年年底，图拉真兵抵波斯湾，罗马军队第一次也是最后一次进抵波斯湾。图拉真是罗马唯一一个抵达过这里的统帅。在这里，图拉真面对大海，颇有感触，为自己年事已高（年过

◀ *泰西封遗迹*

① Ctesiphon，在今巴格达东南 32 公里处。

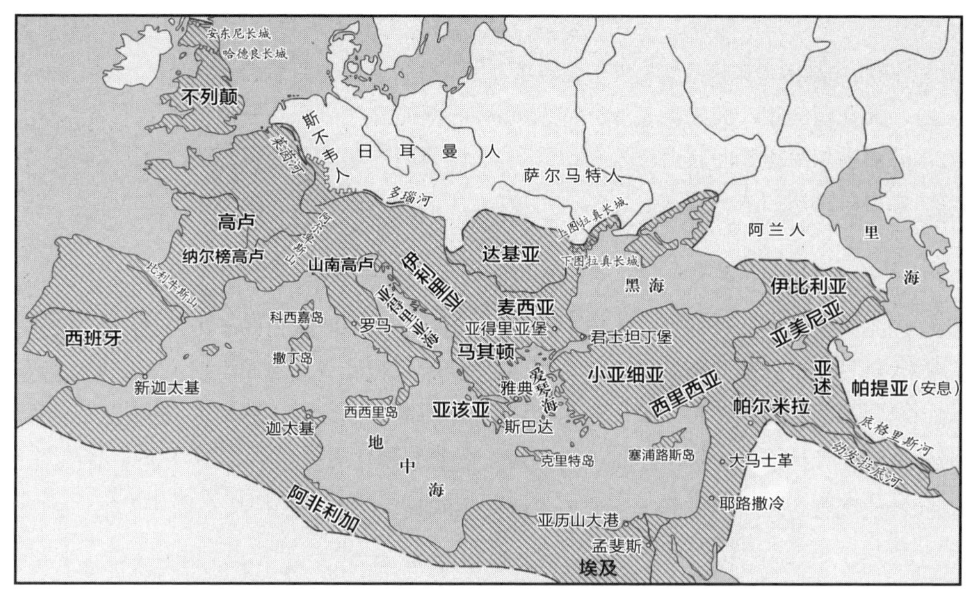

▲ ***公元117年的罗马帝国***

六旬）不能重复亚历山大大帝征服印度的业绩而热泪盈眶。然而，当他在参观巴比伦城废墟，看见了 440 年前亚历山大去世之处时，却又发出了不一样的感叹：“声名何所有矣，惟一堆垃圾、石头和废墟而已。”这反映了他矛盾的心理，既向往亚历山大的声名，又醒悟到声名的空虚和时事的变幻不定。他将新占领的地区并入罗马，在这里设置了美索不达米亚行省和亚述行省。

但是，图拉真东征的胜利和成功只是昙花一现，在他不断向前推进的军队后面，一个接一个的东方行省不断发生当地人叛乱。他被迫撤退，回身对付叛乱。由于年老体弱，加上担心这次伟大的远征前功尽弃，图拉真心力交瘁以致病倒，最后于公元 117 年在小亚细亚东南角的塞利努斯城去世，没能回到罗马。他的继承人哈德良是罗马诸皇帝中最有文化修养的一位，为人谨慎，不喜冒险。他意识到罗马帝国的对外扩张已走到尽头，“帝国经济无法再支持对外扩张”，因而基本上停止了对外侵略战争，转为防守。他放弃了图拉真暂时占领的东方所有领土，把亚述和美索不达米亚还给了帕提亚人，罗马东边的边界又撤回到了幼发拉底河。

可是，无论与帕提亚人是战是和，罗马人都需要中国的丝绸。经丝绸之路运来的丝绸，最终都要汇集到罗马地中海地区的推罗、西顿、贝鲁特、安条克等港口城市，然后运到意大利乃至西欧。这样，离推罗、安条克等地中海港口较近，在叙利亚沙漠内部的绿洲城市——帕尔米拉①，就利用身为罗马和帕提亚两国缓冲区的优势，在1世纪迅速崛起，成为丝绸之路西段贸易的商品集散地。玉石、象牙、香料、珍珠项链、宝石和贵金属，都通过帕尔米拉向西运到西亚的推罗、西顿、贝鲁特、安条克和意大利本土。帕尔米拉也对所有经过帕尔米拉境内的商人征税，以作为城市的主要收入。征税的货物种类几乎包含了当时贸易的全部商品，除丝绸外，还包括奴隶、娼妓、干货、香水、橄榄油、盐，甚至是水。帕尔米拉的商人组成商队横穿沙漠前往巴比伦，甚至到达波斯湾港口，直接从事包括丝绸在内的奢侈品贸易。许多帕尔米拉人担任商队队长，随商队而行，他们组织队伍，担任向导，为商队提供装备与保护，由此得到酬劳。就这样，小小的帕尔米拉在彼此敌视的两大帝国之间充当贸易中间人的奇特角色竟长达两个多世纪之久。直到公元273年，罗马军队灭亡了帕尔米拉，在洗劫了帕尔米拉的财富之后，帕尔米拉作为丝绸贸易转运枢纽的地位一去不返了。

萨珊王朝：波斯帝国的再次崛起

当西方的罗马帝国陷入“混乱与危机、萧条与无序、被入侵和暴力”的“三世纪危机”时，它在东方的老冤家帕提亚帝国寿终正寝了。与罗马多年的战争显然削弱了帕提亚的实力，耗尽了它的资源。帕提亚的东部边界已经遭到塞种人和贵霜人的蚕食。天灾和疾病流行给他们造成了巨大的损失。在这种情况下，原本就处于松散管理下的贵族和各地统治者，很难不对帕提亚统治者的宝座产生觊觎之心。

在第一波斯帝国的发源地、位于伊朗高原南部的帕提亚帝国法尔斯省，从塞琉古王朝起，就一直存在着半独立的地方小王朝。这些小王朝仍坚持波斯传统的祆教（琐罗亚斯德教）信仰，并宣称自己是第一波斯帝国末代统治者大流士三世的后裔。公元226年，身为地方领主的阿尔达希尔一世（Ardashir I）起兵推翻帕提亚帝国，夺得帕提亚的首府泰西封，并仍以此地为首都建立起一个新王朝——萨珊王朝。这个王朝得名于其创立者阿尔达希尔的祖父萨珊，其统治长达4个世纪，是伊朗历史上最后一个前伊斯兰王朝。

与“爱希腊”的帕提亚不同，由于在造反时得到了祆教僧侣的全力支持，在萨珊

① 近年因“伊斯兰国”武装对其古迹的毁灭性破坏而为人关注。

王朝，这种伊朗民族古老的、最有影响力的民间传统宗教的地位大大提高，一跃成为新王朝正统的官方宗教，进而上升为帝国的国教。按照萨珊王朝统治者的说法，“宗教是王权的基础，王权保护宗教。王权无宗教为基础必将崩溃，宗教无王权保护，必将消灭”。帕提亚人组织松散的希腊式城邦体制也消失了，萨珊王朝成为一个以“伊朗和伊朗之外各地的万王之王”为首的中央集权国家。整个帝国分为 18 个省，由国王亲自委派总督治理。与此同时，萨珊王室从一开始就极力与第一波斯帝国的贵族拉上血缘关系，声称自己的家世古老而显赫，其先祖是阿契美尼德王朝的末代皇帝大流士三世。大流士三世身后有一子叫萨珊，此后连传五代，都取名萨珊。因此，萨珊王朝自命与阿契美尼德王朝同族，所以中国史籍上也称萨珊王朝为“波斯”，这一王朝被视为波斯帝国的复兴，人称“第二波斯帝国”。

第二波斯帝国继承了波斯帝国的衣钵，对内实行中央集权统治的同时，对外进行武力扩张。在帕提亚时代就已和罗马帝国开始的斗争，仍由萨珊王朝继续了下去。这一斗争相持了 200 多年，亚美尼亚与美索不达米亚是争夺的主要目标。在这一斗争中，萨珊王朝屡次打败罗马人，一度获得了辉煌胜利。

萨珊王朝秉承帕提亚重视骑兵的传统，骑兵在军队中扮演着越来越重要的角色。萨珊王朝的重骑兵比帕提亚时期甲胄更重，数量更多。4 世纪的罗马历史学家阿米阿努斯曾在罗马军队中与萨珊骑兵作战，按照他的说法，萨珊军队“所有的士兵都身披铁甲，全身各处裹着厚厚的铠甲，铠甲如此合身，以至于铁片坚硬的接合处都与他们的关节相吻合”。由于萨珊重骑兵全身披甲，连战马也披着皮革制成的马甲，因此对罗马人的弓箭、标枪等武器基本是免疫的，“射向他们的箭，除非是从很小的眼孔射入体内，否则没有任何作用”，只有投石手在近距离投掷的石块和机械发射的矢石才能伤到他们。

这样的甲骑具装战斗力无疑是强大的。在战场上，手持长矛的萨珊重甲骑兵排成紧密队形缓步发起冲锋，首先将敌人的骑兵逐出战场，迫使敌人的步兵结阵防守，这样萨珊的骑射手和步弓手就可以齐射箭矢杀伤敌军。当敌军的阵型出现混乱的时候，重甲骑兵再以雷霆万钧的冲锋直接将其击溃。

◀ ***萨珊重骑兵复原像***

▲ 沙普尔一世羞辱被擒的罗马皇帝瓦勒良

萨珊王朝的开国君主阿尔达希尔一世于公元 240 年去世后，他的后继者沙普尔一世在对罗马的初次战争（241—242 年）中就占领了富饶的安条克，前进至地中海西岸。沙普尔一世又在公元 258 年于艾德萨战役中生擒了罗马皇帝瓦勒良，瓦勒良连同 7 万罗马战俘被送往胡泽斯坦，在那里修筑水坝和桥梁。直到今天，这里还有一座水坝被称为“班迪恺撒”，意思是“皇帝水坝”。这样，萨珊王朝在西部和西北部的统治得以巩固。到了 5 世纪，萨珊王朝在国王巴赫兰五世（420—438 年在位）统治下臻于极盛，其版图包括今伊朗、伊拉克、阿富汗、亚美尼亚和格鲁吉亚，甚至包括阿拉伯半岛南部的也门，几乎可与第一波斯帝国相媲美。

萨珊王朝建立时，正值中国东汉王朝崩溃后的中原动荡时期。在五胡十六国的长期战乱中，河西走廊和通往西域的道路严重受阻，中原政权经陆路交通的丝绸之路陷入低潮。直至北魏统一北中国，中西交通终于出现了新的局面。商人从长安或者洛阳出发，经过河西走廊，穿越西域并跨越葱岭（帕米尔山脉）后继续西行，便进入了粟特人居住的锡尔河和阿姆河之间的河中地区。这里乃是欧亚大陆东西贸易的重要地段，地势平坦并有很多绿洲，有最古老的绿洲城市，是索格底亚纳（粟特）地区与波斯地区之间的贸易中转站。从河中地区的撒马尔罕向西南行，出卡拉库姆沙漠便到达了萨珊王朝最东部的城市木鹿。

为了适应欧亚大陆东西方贸易和文化交流的需要，萨珊王朝十分重视交通道路、驿站及桥梁的修建，采取各种政策促进手工业和商业的进步，大力发展对外商业贸易。在萨珊王朝时期，中国货物通过海陆两路输往两河流域（美索不达米亚），大批中国物品出现在了位于底格里斯河河岸的萨珊王都泰西封等地。公元 368 年左右，在幼发拉底河岸河的巴达尼亚（Batnae）每年举行一次的集会上，已有中国货物出售。

◀ **萨珊王朝时期留存下来的城堡**

这条丝绸之路，在横越亚洲大陆时，无论如何都控制在波斯人手中。同时萨珊王朝又扼守着波斯湾、红海通往印度和中国的水道，这使其如同先前的帕提亚帝国一样，在贯穿其境的丝绸之路上对生丝贸易享有绝对的垄断地位。丝绸之路从木鹿进入萨珊王朝后可直抵“新罗马”君士坦丁堡，这使萨珊王朝同西方的罗马帝国及其后继者拜占庭（东罗马）帝国之间保持着密切的商业联系。东方商品多经过伊朗高原或由波斯湾和两河地区进入拜占庭。萨珊王朝时期的西亚地区是东西方贸易和交流的中转地。来自中国的丝绸纺织品，经由萨珊王朝远销到拜占庭，进而转销欧洲各地。地中海沿岸的特产，诸如玻璃制品、纺织品、金银器皿、装饰品、手工艺品，中亚的黄金、宝石、皮革，印度的香料、纺织品等，从四面八方汇聚到萨珊王朝境内，再运往欧亚大陆各地销售。

丝绸贸易掌控在波斯人之手，拜占庭帝国必须接受波斯人的敲诈勒索，如数向他们付款方能得到中国丝绸。为了得到丝绸，罗马帝国于公元298年与萨珊王朝达成协议，将尼西比（Nisibis）开辟为两国丝绸贸易口岸。公元408—409年，拜占庭帝国又与波斯人商定，增加幼发拉底河左岸的拜占庭城市卡里尼库姆（Kallinicum）和亚美尼亚地区的波斯城市阿尔达沙特（Artashat）作为通商口岸。此后两国在这三个通商口岸的丝绸贸易持续了大约两个世纪。这两个帝国之间明显存着某种相互的敬意。拜占庭皇帝及其臣民对于外族统治者及其人民大多怀有一种天然的文化优越感，但几乎所有拜占庭君主都视波斯皇帝与自己是一样开化的君主。在一封致波斯王卡瓦德(488—531年在位)的信中，拜占庭皇帝查士丁一世（518—527年在位）称对方为“兄弟”。公元547年，查士丁尼大帝（527—565年在位）接见到达君士坦丁堡的波斯使团时，甚至破例允许波斯使团的翻译人员这种地位卑微的人坐到大使的旁边。两国之间的这种独特关系不见于拜占庭与其他蛮族国家之间，而波斯方面也存在着类似的情感。

通常，纺好的生丝等原料，是由拜占庭的东方行省如叙利亚的商人向波斯人购买而来。叙利亚人先缴纳约为物价12.5%的关税，然后再将货物装船运到君士坦丁堡及亚历山大城，在卸船时他们又要付一次关税。在君士坦丁堡等地的国营工场，工人们将中国绸缎分解开来，拆解为一根根极细的丝线，然后掺上麻线，织成绫纱，再染上色，绣上花，以高价在欧洲市场出售。有时，他们也把从波斯进口的中国素绢，直接染上颜色，绣上金线，以极高的价钱卖给欧洲、北非各地。当这些商品在帝国内部各处流通的时候，帝国又会巧立名目，征收多如牛毛的各种税收，如道路桥梁过境税、市场销售税等。从一个海关转到另一个海关，丝绸价格就如同滚雪球般地陆续上升。通过

◀ 查士丁尼大帝

各地的关税监督者，各种货物的关税税监把税收集中起来，拜占庭帝国的国库就逐渐地富裕起来了。

丝绸是如此的重要，以致成了决定拜占庭帝国各项政策的重要因素。海关条例、和平条约、商行章程、限制奢侈法等律令到处都记载有丝绸。丝绸的影子甚至也进入了祈祷中，主教们经常揭露丝绸舞弊事件。

到了最后，好大喜功的查士丁尼大帝实在无法容忍萨珊王朝对丝绸的垄断。他首先劝说拜占庭帝国在红海地区的盟友、同样信仰基督教的埃塞俄比亚人前往锡兰（斯里兰卡）购买丝绸，然后转卖给拜占庭商人，并向他们指出："这样可以赚取很多钱，而罗马人也可以一方面受益，即不再把钱送给它的敌人波斯。"埃塞俄比亚人虽然答应了请求，却无力兑现诺言。它的海上力量也无法与波斯海军相抗衡，因此波斯商人总是占尽先机。波斯船只刚刚进港停靠，波斯商人便将货物全部买走，使埃塞俄比亚人根本没有机会从事丝绸贸易。于是，为了争夺对红海的控制权，查士丁尼大帝积极支持埃塞俄比亚人同波斯人进行战斗。当他们发生冲突时，查士丁尼便不惜冒发动战争的危险，坚定地站在埃塞俄比亚一边。这样，双方矛盾越来越深，战争已是迫在眉睫。

断人财路如杀人父母，萨珊王朝对拜占庭的意图无法视而不见。公元 530 年，萨珊国王卡瓦德一世决定先发制人，率先发动对拜占庭的进攻，揭开了旷日持久的拜占庭—波斯战争的序幕。这一年，波斯大将米拉纳率领 4 万精兵直扑两河流域的拜占庭军事重镇达拉斯城（又译为达拉城）。

达拉斯城是拜占庭军事工程的杰作，这座美索不达米亚最强大的堡垒有两道城墙。内墙高大壮观，每座塔楼高达 100 英尺，城墙的其余部分有 60 英尺高。外墙较小，但也十分坚固。两道城墙之间相距 50 英尺，每当有敌人进攻的时候，达拉斯城的市民和郊区的农民常常把他们的畜群和财产置于内外墙之间，以求保护。达拉斯城从内到外有卫城、内城墙、外城墙和护城河四道防御。工程师设法使流经城市附近的科尔德斯（Cordes）河改道，一方面能够为城市提供淡水，另一方面又通过抬高河床积蓄河水使其成为城市外围的屏障。

在过去的战争中，波斯人常驱赶大象站在要塞城墙下，士兵们爬上大象身负的木塔后从高处俯身向城里射箭，并堆起土墩抬高攻城器械增强攻击，这种战术对于小规模要塞是毁灭性的打击。事实上，波斯人靠这种方式屡屡得手，蹂躏过包括安条克在内的众多城市，奴役了不计其数的拜占庭边境居民，并索要了巨额赎金。但在达拉斯城下，卡瓦德一世只能望城兴叹："看看环形城墙那令人印象深刻的高度，顿时觉得这是不可能被征服的城市。"

▲ *拜占庭重骑兵复原像*

此时驻守达拉斯城的拜占庭军队不过 2 万余人。然而，守将贝利撒留却没有依据坚固的城池消极防御，而是积极进行战前部署，精心设计了一条牢固的防御阵地。他在平坦开阔的达拉斯城墙外挖掘了一条"丁"字形战壕，将骑兵隐蔽在战壕左右两侧。纪律严明的重骑兵是"君士坦丁堡巨大威力的象征"，人马皆披重铠，使用长矛和弓箭，其装备带有鲜明的波斯风格，显然是在长期交往过程中从萨珊王朝学去的，眼下却被用来"以其人之道还治其人之身"了。

战斗开始后，萨珊军队凶猛异常，进展顺利，拜占庭军队的阵地受到了强大冲击。就在这关键时刻，贝利撒留立即令埋伏的骑兵突然冲出战壕，发起对萨珊军队的奇袭，波斯人猝不及防，全军崩溃，遗尸 5000 余，大败而回。

虽然在名将贝利撒留等人的率领下，拜占庭军队在战场上占了上风。但随着战争的继续，拜占庭与波斯间的丝绸贸易被切断，帝国许多城市的丝织业原料告罄，普通的一磅中国生丝的价格竟暴涨到 8 个金宝石①。为了应付严重的经济危机，查士丁尼大帝以国家力量压低生丝收购价格，命令商贸官员将生丝收购价格限定在每磅 15 个索里达金币以内。这一价格是商人不能接受的。在随后的僵局中，很多私人工厂破产，不少个体织工失业。为了维持生计，大多数工匠搬离了君士坦丁堡，有的工匠甚至逃到了萨珊王朝。在地中海从事生丝贸易的商人，在绝望中甚至烧掉了自己的贸易船。

① 一个金宝石的价值折合为含 4.13 克黄金的金苏一个。

最后,穷兵黩武的查士丁尼大帝不得不向商业利益妥协,在公元533年赠给萨珊王朝1.1万磅黄金，以换取边境丝绸贸易城的开放，从而拯救国内的城市工商业。萨珊王朝作为丝路贸易中间商的地位愈益巩固，无论是拜占庭人、突厥人、粟特人还是埃塞俄比亚人都未能动摇波斯人的这种地位。

查士丁尼大帝之后，拜占庭与萨珊王朝仍旧战和不定，经常展开“杀人如同割麦般”的恶斗。到了7世纪初期，大规模战争重新爆发。公元613年，萨珊军队在安条克附近大败拜占庭军队，进而攻占大马士革。公元614年，萨珊军队攻下耶路撒冷，夺得基督教圣物“真十字架”——传说耶稣就是钉死在这个十字架上的。公元615年，萨珊大军甚至进抵博斯普鲁斯海峡岸边，威胁对面的拜占庭首都。公元619年，萨珊王朝的国王——“帕维兹”（胜利者）科斯洛埃斯二世（又译为库思老二世）更是出兵占领了拜占庭的重要行省埃及，将帝国的版图扩张到前所未见的程度。

再之后，拜占庭皇帝希拉克略成功翻盘，迫使萨珊王朝缔结城下之盟。长达一个世纪的战争最终以萨珊王朝被迫交还全部占领地和“真十字架”告终（630年）。而科斯洛埃斯二世也在宫廷政变中不得善终。

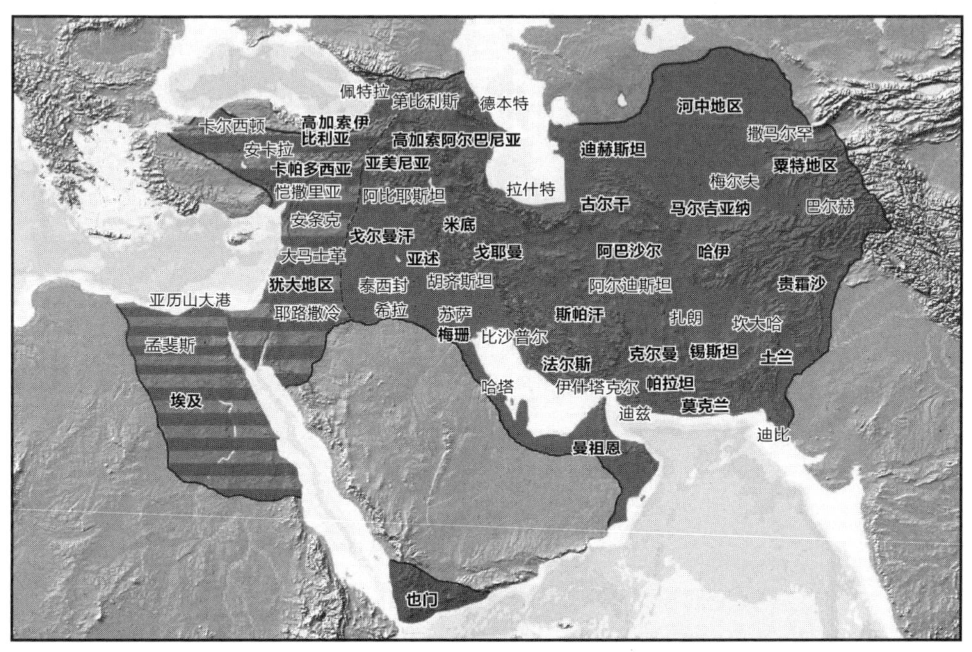

▲ *在科斯洛埃斯二世时期扩张到极致的萨珊王朝*

就在两国忙于交战的公元610年，阿拉伯半岛上一个叫穆罕默德的人创立了一个新的宗教——伊斯兰教，而这个宗教将十几年后刮起一股席卷亚非欧三大洲的绿色狂飙。公元628年，穆罕默德已经将阿拉伯半岛统一起来，并将对外扩张的矛头对准了萨珊王朝。

萨珊王朝的统治者科斯洛埃斯二世对外虽有开疆拓土之功，将萨珊王朝的版图扩张到了极致，但对内却残暴、贪婪，留下许多恶名。甚至对拜占庭的胜利也与当时拜占庭内部混乱有关，而萨珊王朝“内部情况并不见得比拜占庭好些”。另外，他从未亲临敌阵，相反，每遇大敌当前，他总是提前逃走。“帕维兹”与其说是美称，不

描绘了希拉克略的拜占庭军队与科斯洛埃斯二世的萨珊军交战的壁画

如说是对他的讽刺。科斯洛埃斯二世以炫耀财富、奢靡无度闻名于中古阿拉伯和波斯文学。据阿拉伯史家泰白利记载，他有妃嫔 3000、内侍 3000、歌伎舞女数千、坐骑 8500 匹、大象 760 头、驮运行装的牲口 12000 头。他还不满足于三千粉黛，四处广求美色，不管少女、有夫之妇或有子女的母亲，一经他看中，就要被他夺走，纳入后宫。他还拥有各种稀世珍宝，比如他有一顶纯金皇冠，重达半公斤，镶嵌着雀卵大的明珠和红宝石，把黑夜照得通明。此人的残忍、阴险亦是世上罕见。有个总督被他召见，应召稍迟，他提笔写道："若是他整个的人来见我有困难，那就来一部分也可以。这件事很容易，留下身体，光来人头就行了。"与此同时，科斯洛埃斯二世在位期间穷兵黩武，消耗了帝国大量人力、财力和物力。另外，他贪婪成性，大量聚敛钱财。他任用了一个名叫费路赫扎德的外族追收欠款，老百姓如不能及时补交，便加以重罪，同时夺去财产。他还无情地追缴过去二三十年拖欠的地税，以充实他的财库。其倒行逆施和阴险残酷，激化了王权与军队、贵族的矛盾。

这些都造成了帝国的骤然衰落，科斯洛埃斯二世死后的短短 4 年里（628—632 年），萨珊王朝竟更换了 12 个国王。中央政局的混乱导致各地贵族纷纷割据自立。同时，为了筹集对外战争的军费，萨珊王朝残酷地剥削广大人民，特别是对农民与工商业阶层的剥削尤为厉害。以至于广大人民贫苦不堪，不满情绪日益增长，各地相继爆发了大规模的农民起义。就在局面已经难以收拾的时候，阿拉伯人闯了进来。早在公元 604 年，贝都因人就在库法南部的祖卡尔战役中打败过萨珊王朝的军队。此战虽小，对阿拉伯人却意义重大。当时，先知穆罕默德听到这一消息时曾说："这是阿拉伯人第一次占了波斯人的上风。"

先知穆罕默德去世（632 年）之后，"四大哈里发"发动了大规模的对外战争。公元 637 年 5 月 31 日或 6 月 1 日，6000 名阿拉伯士兵在库法以西约 100 公里的卡迪西亚（Qadisiya）与 30000 人的萨珊军进行了决战。战斗持续了三天三夜，一开始，波斯人用象队打头阵，冲散了阿拉伯骑兵，阿拉伯人的步兵也遭到重大损失。后来，阿拉伯人改变战略，派敢死队冲到前面割断大象的鞍带，截瞎大象的眼睛，使骑士们纷纷滚下象背，战象接二连三地倒毙。这时，阿拉伯人的精锐骑兵和披挂铠甲的骆驼拼死冲杀，终于击溃了波斯人的象队。第四天午后，恰似真主佑助，战场上突然狂风大作，尘沙弥漫，使迎风而战的萨珊军队处于被动。阿拉伯军则借风势发起总攻，大败萨珊军，象征萨珊王朝光荣与辉煌的卡维战旗也落入阿拉伯人手中。这面由皮革制成的战旗传说是由拥有魔法的匠人在上古时期制作，雅利安人在神话时期就曾经高举这面大旗与压迫自己的闪族人交战。它被萨珊王朝视为胜利的象征，由 5 名祆教祭司高举着走在军队最前方用以鼓舞士气，其地位与基督教的"真十字架"别无二致。萨珊王朝历代国王也相信这面大旗会给他们带来好运，每打一次胜仗，就要给它缀上新的珠宝钻石。眼下，卡维战旗落入了敌人之手，对萨珊王朝来说可谓是不祥之兆。相反，阿拉伯人士气大涨，不久就放手进攻美索不达米亚的各个萨珊城市：巴比伦首先投降，泰西封在围城三个月后也被攻破。阿拉伯人在泰西封缴获的战利品达 90 亿第尔汗[①]，

① 银币，一个第尔汗可买一头绵羊。

▶《列王记》中描绘的卡迪西亚之战

每个士兵得到了 1.2 万第尔汗的犒赏，而萨珊方面则有 4 万贵族子女被卖为奴隶。

美索不达米亚是萨珊王朝的心脏。不仅因为王朝的都城在那里，还因为它是丝绸之路的商业贸易中心、帝国的粮仓、国家最大的税收来源地。不言而喻，这块土地的沦陷对萨珊王朝形如致命一击。此后，萨珊王朝兵败如山倒，在阿拉伯军队的步步紧逼之下，末代君主耶兹德格德三世在公元651年逃到了木鹿。因态度傲慢、赏赐菲薄，耶兹德格德三世被原本赶来救援的吐火罗人所逼，死在了一座磨坊之中。萨珊王朝就此灭亡，此时距离阿拉伯人发动大规模入侵，竟然还不到 20 年。

耶兹德格德三世的儿子俾路斯以疾陵城①为据点展开复国斗争，并通过丝绸之路向唐朝求援。唐廷先后任命卑路斯为波斯都督与“波斯王”，在名义上将唐朝的疆域前所未有地扩张到西亚，但囿于地理上的遥远距离，始终未能派出援兵。公元 663 年，疾陵城在阿拉伯人的攻势下陷落，俾路斯被迫再次沿丝绸之路逃入唐朝避难，最终定居长安，被授予右武卫将军，后于公元 677 年在长安去世。萨珊王朝这个伟大帝国就这样悲惨地结束了，直到 800 多年后，波斯人才复兴起来，挣脱了异族的统治。

阿拉伯帝国：横扫丝路的沙漠风暴

取代萨珊王朝的是阿拉伯人建立的帝国，这是人类史册上最具有戏剧色彩的章节之一。在 7 世纪 30 年代，假若有人预言说，在默默无闻的阿拉伯半岛，有一股从未听到过、从未看见过的力量，将在几十年后突然出现，猛攻当时的两大世界强国，成为其中之一的萨珊王朝的继承者，同时夺取另一个帝国——拜占庭最富饶的几个省区，

① 今伊朗扎博勒。

那么他一定会被称为疯子。但随后发生的事情，恰恰如此。先知穆罕默德去世后不久，这个半岛仿佛被施了魔术一般突然变成了英雄的苗圃，而贝都因勇士“圣战”的结果，则是直接将中亚直到地中海的丝绸之路尽数纳入自己的掌握之中。丝绸贸易带来的繁荣以及思想文化的相互交流，在很短的时间内就将这个从沙漠崛起的阿拉伯帝国推向了兴盛的顶峰。

萨珊王朝首都所在的两河流域，以及富庶的地中海东岸地区[①]，统称“肥沃新月”(Fertile Crescent)地带,这片肥美的土地是人类最早的文明摇篮。早在公元前4000年，苏美尔人就已经在两河流域建立了历史上最早的城市，发明了车轮和历史上最早的文字——楔形文字。闪米特语族（简称“闪族”）的一支于公元前 3000 年前结束游牧生活，定居于美索不达米亚南部，建立了名为阿卡德的城邦国家，并在公元前 23 世纪建立了史上最早的帝国。历史上最早的一支印欧民族（雅利安人）赫梯人也在公元前 20 世纪从小亚细亚高原南下，进入叙利亚地区，他们是西亚地区乃至全球最早进入铁器时代的民族。闪族的另外两个分支——巴比伦人和尚武的亚述人也先后在这片土地建立了霸权,前者为人类留下了一部最早的法典《汉谟拉比法典》和令人向往的“空中花园”的传说，后者则至今顽强地生活在 4000 年前祖先生活过的 土地上。

相比之下，在“肥沃新月”地带的南边，是世界上最大的半岛——阿拉伯半岛。这一半岛上最为辽阔的景色是一望无垠的大沙漠。这片贫瘠的土地是阿拉伯人的故乡。事实上，在《古兰经》里，阿拉伯人和游牧的贝都因人是同义词。仰赖骆驼和椰枣为生的贝都因人所生活的地方，是地球上最干燥、炎热的地区之一。唯有位于半岛西南部的也门雨量充沛，土地肥沃，古希腊人称之为“幸福的阿拉伯之地”，阿拉伯人则称其为“绿色之地”。公元前 750 年前后，阿拉伯半岛古代史上最著名的工程——马里卜大坝落成。此坝位于达纳干河上，距马里卜城 5000 米。它的建成将附近的平原变成了良田，将蛮荒之地变成了阿拉伯半岛的“谷仓”。今天的也门国徽上就绘有马里卜大坝的图案，在也门人

◀ **绘有马里卜大坝的也门国徽**

① 这一地区被称为“黎凡特”（Levant）或“沙姆”（sham）。

民的心目中，马里卜大坝是至高无上的建筑成就。

当连接东西方的丝绸之路开通之后，经由阿拉伯半岛西部连接“肥沃新月”和也门的商道也迅速发展起来。从东方运来的货物用船渡过阿拉伯海之后，通常在也门卸货改走陆路，再由阿拉伯人的骆驼队沿着半岛西岸向北行进。在陆路的北端，商路分为三条支路：一条通往埃及，一条通往叙利亚，一条通往美索不达米亚。到叙利亚的支路，可以直达地中海沿岸港口再登船海运至欧洲各地。而位于南北商队往来要道上的麦加[①]很快就从“一个没有庄稼的山谷”发展成为重要的商业城市。

卧榻之侧，岂容他人发财。公元525年，在拜占庭的怂恿和支持下，埃塞俄比亚出兵7万，跨海征服也门。公元570年，萨珊王朝的军队赶走了埃塞俄比亚人，在也门建立了自己的统治。天灾与人祸不期而遇，大约在公元570年或公元575年，在灌溉农业中起着关键作用的马里卜大坝废毁，原因可能是暴雨或地震，“从此，美丽的花园就只能生长苦果”，迫使5万人离开家园。《古兰经》有一段令人遐想的记载：“赛伯人有了能结硕果的美丽花园，可是这些人随后就背叛真主。为了惩罚这些人，真主就决毁了这座坝。从此，美丽的花园就只能生长苦果。”随着大坝的毁弃，相应的灌溉系统也报废了，阿拉伯人的古代农业文明开始走向崩溃。

萨珊波斯人占领也门时期将欧亚间的商道从红海转移到波斯湾。随着商路的断绝，以商业为主的阿拉伯经济平衡被打破，游牧生活取代了商业和农业。许多靠过境贸易生活的部落平民，愈加贫困。驼夫、搬运夫和以保护商队为业的人，无以为生。绝望的贝都因人开始彼此劫掠度日，就像民谣唱到的那样，“我们以劫掠为职业，劫掠我们的敌人和邻居，倘若无人可供我们劫掠，我们就劫掠自己的兄弟”，阿拉伯半岛顿时陷入混乱。掠夺土地与为血亲复仇所造成的长期灾难性后果，已经达到了极限。恩格斯曾言“阿拉伯南部商业的毁灭”，“是伊斯兰教革命的一个重要因素”。

就在波斯人占领也门的公元570年，穆罕默德诞生了。“穆罕默德在短短的一生中，把向来散漫的阿拉伯人团结起来，使他们成为一个坚强的民族。把一个仅仅是地理上的名称改变成一个有组织的国家，建立了一个伟大的宗教……奠定了一个大国的基础……”

等公元632年先知穆罕默德在麦地那病逝时，伊斯兰教已成为阿拉伯半岛的精神支柱。先知的继承者被称为“哈里发”，意为“代理人、继承人”，是伊斯兰国家政

① 先知穆罕默德的诞生地。

治、宗教和军事的最高统治者。穆罕默德的忠实助手艾卜·伯克尔成了历史上首位哈里发。在正统哈里发时期（632—661 年），属于闪族的阿拉伯人开始向半岛之外扩张，历史上称之为“阿拉伯开拓时代”。这也是闪族人历史上的最后一次大规模迁徙。

先知的后继者高举伊斯兰教的旗帜，在“安拉至大”（Allahu akbar）的呐喊声中，踏上征服四邻的征途。宗教热情是“伊斯兰向外扩张的火花”，而经济因素，则“使之成为烈焰”。新兴的伊斯兰教，“为勇武好战的贝都因人指出一条简捷可行、显而易见的途径，可借以发财致富和摆脱危机，这便是掠取新的领土”。阿拉伯人首先将矛头对准了东方的萨珊王朝。人称“安拉之剑”的名将哈立德于公元 633 年袭击了萨珊王朝在伊拉克边境的前哨重镇希拉（Hira），这次小小的战斗宣告了穆斯林大规模扩张的开始。

紧接着，穆斯林的兵锋转向了拜占庭帝国。在南方阿拉伯人眼里，沙姆①是一块膏腴之地，尤其是叙利亚，那里到处是牛奶和蜂蜜。穆斯林北上征服行动的第一个目

▼ ***拍摄于1940年叙利亚大马士革附近沙漠的贝都因人骆驼骑兵部队***

① 前文提到的地中海东岸地带。

标就选定了叙利亚。倒霉的拜占庭皇帝希拉克略刚刚用了 6 年时间从萨珊王朝手里夺回叙利亚，就要永远地失去这个最为富庶的省份了。

希拉克略大约是在安置夺回来的“真十字架”的时候，得知了穆斯林先头部队已经在死海南端击溃拜占庭派驻巴勒斯坦的军队，他急派其弟率大军赶赴增援，战局转而对穆斯林不利。紧要关头，哈立德率领 500 多名骆驼骑兵驰援，于公元 634 年 3 月从希拉城出发，进行了一次史诗般的沙漠冒险急行军。军队骑着骆驼行军，而作战用的少数马匹，则与骆驼并排前进。骆驼是阿拉伯人能够征服四邻的一个重要因素，因为它能在沙漠中保证军队的机动性。军队的饮水，是用皮袋运输的，而马的饮水，则藏在骆驼的胃里，阿拉伯人沿途宰驼供膳，驼胃里的水就用来供马饮用。

在仅仅 18 天的急行军之后，哈立德像神兵天降似的突然在大马士革附近出现，直接包抄到拜占庭军的后方。如此使用马和骑驼的新战术是拜占庭人闻所未闻的。公元 635 年 9 月，大马士革在 6 个月的围攻之后最终陷落，随即成为阿拉伯帝国的首都。相传，在 7 世纪初的一天，先知穆罕默德曾来到大马士革郊外的一座山上向城中遥望，伫立良久却没有进城。面对随从的疑惑，穆罕默德解释道：“人生只能进入一次天堂，大马士革是人间的天堂，如果我现在进了这个天堂，日后如何进入天上的天堂？”

翌年 8 月，在约旦河支流的雅穆克（Yarmouk）河谷，大约 4 万拜占庭军队与 2 万左右的穆斯林进行了一场决战。这一天，天气炎热，从世界上最酷热的地区，吹来了挟着尘埃的热风。生活在热带沙漠中的贝都因人对此早已习以为常，而对来自凉爽地区的拜占庭军队中的希腊人和亚美尼亚人而言，与地狱无异。

最后，希拉克略的弟弟被打死，拜占庭皇军变成了惊恐万状、只顾逃难的乌合之众。叙利亚的命运已经注定了。“叙利亚！永别了！在敌人看来，这是多么优美的地方啊！”这是希拉克略与拜占庭帝国的告别词。雅穆克战役后，阿拉伯人乘胜向北推进，

◀**著名的阿拉伯弯刀**

直达叙利亚的自然边界陶鲁斯山，一路所向披靡，没有碰到重大的抵抗。据说赫姆斯的人民曾说出这样的话：“我们喜欢你们的统治和公道，远远超过长期统治我们的那个政府的压迫和暴虐。”这句话充分表现了叙利亚土著的情感。

把这样一个具有战略意义的领土，如此轻而易举地夺取过来，这给新兴的伊斯兰势力增加了掌控自身命运的信心，“圣战”变得势不可挡！叙利亚易手之后，穆斯林兵锋直指埃及，拜占庭帝国的要塞逐一陷落，守军要么皈依伊斯兰教，要么作为属民缴纳贡税，要么被武力解决。公元 642 年，当时仅次于君士坦丁堡的港口城市，“城里有四千座别墅、四千个澡堂、四万个纳人丁税的犹太人、四百个皇家的娱乐场所”的亚历山大港落到了穆斯林手里——前来进攻的阿拉伯军队不超过 2 万人，而光是亚历山大港就有 5 万拜占庭军队把守。占拜占庭国家收入（黄金和谷物）三分之一的尼罗河谷遂成为阿拉伯的奶牛。

从叙利亚到马格里布，拜占庭帝国丢掉了半壁江山。相比之下，萨珊王朝的结局更为悲惨。卡迪西亚大战之后，在美索不达米亚，阿拉伯军队的推进势如破竹，处处遇到人民的欢迎。信仰基督教的当地闪族（与阿拉伯人同源）情愿投向伊斯兰教的怀抱也不愿继续服从波斯的袄教统治者。短短十多年内，阿拉伯人以摧枯拉朽之势，囊括了伊朗高原至北非黎波里的广大土地。伊斯兰“圣战”的结果，是一个前所未有的庞然大物屹立于世界。随着公元 661 年，第四任哈里发阿里——穆罕默德的堂弟和女婿在去清真寺做礼拜的途中被一名刺客用毒剑刺死身亡，大贵族穆阿维叶在内乱中夺取政权，自称“安拉的哈里发”，阿拉伯宣告进入帝国时代[①]。哈里发就此变成了阿拉伯帝国世袭君主的称号。而伊斯兰教历史上最重要的一次分裂也始于此。只承认阿里及其后裔才是先知的合法继承者的少数派称为“什叶派”，而认可四大正统哈里发的多数派则称为“逊尼派”。今天，全世界 10%—15% 的穆斯林属于什叶派，其中近一半在伊朗。

随着阿拉伯帝国的建立与战争的结束，丝绸之路重又变得空前通畅。哈里发派人在商路上为客商设置宿舍和驿站，还开掘了水井，设立了换马站。在倭马亚王朝时期，商路上的驿站已达到 1000 个。一时间，无数商队涌向东方，“丝绸之路”上驼铃悠扬。帝国最著名的驿道是横贯中亚的呼罗珊（Khor ā s ā n）大道——即“丝绸之路”的中段。呼罗珊大道向东经布哈拉、撒马尔罕，至今吉尔吉斯共和国境内的奥什，之后再自奥

① 倭马亚王朝（661—750 年）。

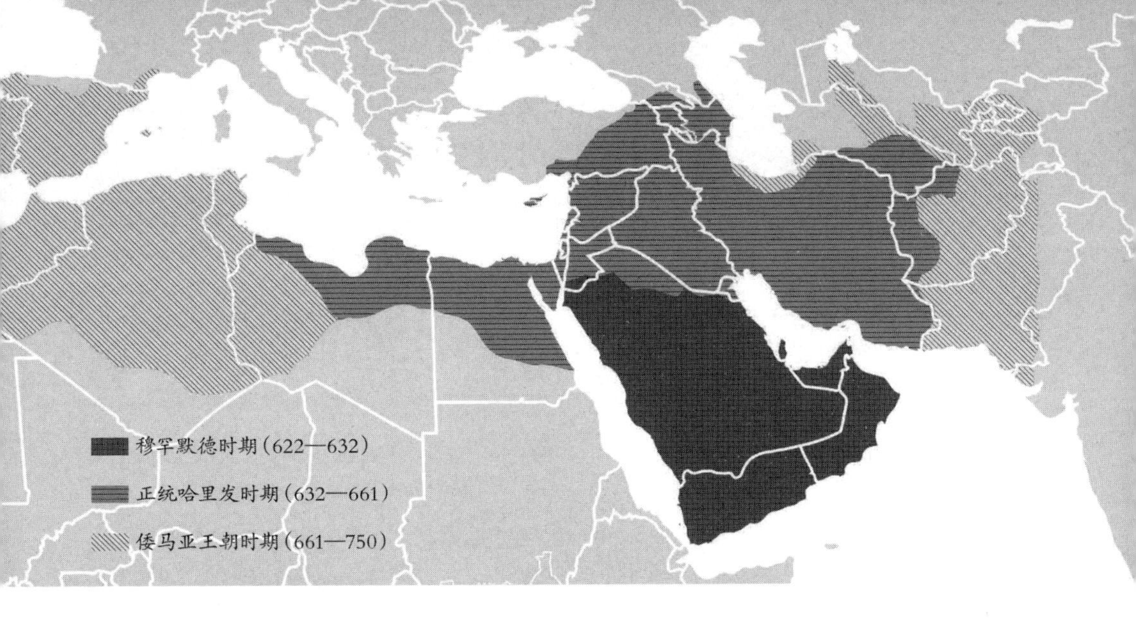

▲ *阿拉伯帝国的扩张*

什东南出发，过特列克山隘至我国新疆的喀什，循“丝绸之路”至大唐帝国的京城长安。20 世纪 60 年代，在今西安市西窑头村的一座晚唐墓葬中，出土了 3 枚阿拉伯金币，其年代分别为公元 702 年、718 年和 746 年，是阿拉伯半岛与中国通过丝绸之路往来的实物证据。

阿拔斯王朝（750—1258 年）统治时期，阿拉伯文明经历了大约一个世纪左右的黄金时代。阿拔斯王朝的第二任哈里发曼苏尔动用 10 万工匠，用 4 年时间和 1800 万金币，于公元 766 年在底格里斯河的西岸建起了新都巴格达。他的理由是，“这个东倚底格里斯河、西滨幼发拉底河的岛屿真是天下商业荟萃之地”。在波斯语中，“巴格达”是“天赐花园”的意思。在很短时间内，不同出身、不同信仰的人们纷纷入住巴格达，人口不久就达到了 100 万，使巴格达成为当时可与唐朝都城长安齐名的国际大都市。而今天的时尚之都巴黎当时仅有 5000 人口，西方人心中的“永恒之城”罗马的人口也只有 3 万。今天的人们，还可以从时人的赞叹声中，体会到它的尊荣：“巴格达，世界的中心，地球的中央，独一无二。它的规模最庞大，它的建筑最庄严，它的河流最充盈，它的空气最纯净。看呀，它就在那里，这是个伟大神奇的城市，这里的人们来自世界各地，你会见到各式各样的人。”

巴格达在哈里发时期不但是帝国的政治中心，同时也是经济中心。当时的阿拉伯人创造了辉煌的物质文明，把巴格达建设成为一个惊人的财富中心和具有国际意义的

▲ ***8世纪阿拉伯画家笔下的巴格达***

大都会，号称“古代世界的几座最强大的首都”，“一个举世无匹的城市”。巴格达市场上有从中国运来的瓷器、丝绸和麝香，城里甚至有专卖中国货物的市场，以满足人们对中国商品的狂热追求——中国的丝织品仍是当时上层阶级喜爱的时髦之物。市场里有从印度和马来群岛运来的香料、矿物和染料；有从中亚突厥地区运来的红宝石、青金石和织造品；有从斯堪的纳维亚和俄罗斯运来的蜂蜜、黄蜡和毛皮；有从非洲东部运来的象牙和金粉。帝国的各省区用驼队或船舶把本省的物产运到首都：从埃及运来大米、小麦和夏布，从叙利亚运来玻璃、五金和干果，从阿拉伯半岛运来锦缎、红宝石和武器，从波斯运来丝绸、香水和蔬菜。

至于地处巴格达以南，底格里斯河与幼发拉底河交汇处附近的巴士拉，更是因成为中国货物上溯美索不达米亚平原的中转站，被阿拉伯史家称为“中国商港”。这与巴士拉因河网密布被日后的西方人称为“东方的威尼斯”真是相映成趣。作为中世纪美索不达米亚平原的主要出海口[①]，《一千零一夜》中充满了有关巴士拉的故事，辛巴达就是从巴士拉出发周游世界的。成书于 8 世纪末的《广州通海夷道》详细记录了中国海船从广州起航，穿过马六甲海峡至印度南部，又沿印度南部海岸西上，再沿海岸线西行至波斯湾，航行到位于波斯湾尽头的巴士拉，全程最短时间仅仅只需惊人的 89 天。

同样，阿拉伯帝国在“丝绸之路”上左右逢源的地理位置使其在文化层面受益匪浅。

有一个流传很广的故事，说当年穆斯林从拜占庭手里夺取亚历山大港的时候，哈里发欧麦尔曾下令把亚历山大港图书馆丰富的藏书，供给为数甚多的澡堂做燃料。他的理由是，假如这里的书籍记载着《古兰经》中已有的东西，那么有了《古兰经》就不需要它们；如果记载着《古兰经》中没有的东西，那么它们就是邪恶的。遵照这个逻辑，足足烧了 6 个月，才把那些图书销毁干净。

中世纪欧洲人对这一传说津津乐道，尽管它与史实相悖。亚历山大港的托勒密大图书馆，远在公元前 48 年，已被恺撒的罗马军队焚毁。后来建成的姑娘图书馆，约在公元 389 年，也依照罗马皇帝的法令而被焚毁了。因此，当阿拉伯人征服埃及的时候，亚历山大港已经没有什么重要的图书馆了。

杜撰这个故事的可能是 13 世纪的巴格达人阿卜杜勒·莱兑弗[②]，他的本意或许是为了颂扬穆斯林的早期品质，表明穆斯林不需要基督徒撰写的书籍。但实际上，在古代阿拉伯，传递和保留知识的书本被视为巨大的财富。阿拔斯王朝的前几任哈里发崇尚学问，使巴格达成为当时世界的学术中心。尤其是第七任哈里发麦蒙（813—833 年在位）本人就是一位学者，对数学和天文学深感兴趣。他在巴格达建立了一所综合性的学术机构——智慧馆，它由图书馆、科学院和翻译局三部分组成。此外，哈里发麦蒙还曾给出与书稿等重的黄金作为天价报酬。在这里，“世界各地的科学被译成了阿拉伯文，它们获得修饰而深入人心，其文字的优美在人们的血管里川流不息”。

① 但因地理变迁、海岸线淤塞外推，现已远离波斯湾。
② 卒于公元 1231 年。

▲ *建在巴格达的智慧馆*

在长达百年的“翻译运动”中，古希腊重要的哲学和自然科学著作，如柏拉图的《理想国》《对话集》，亚里士多德的《形而上学》《伦理学》，欧几里得的《几何学原理》，托勒密的《天文集》等，和印度的数字（今天被称为“阿拉伯数字”）、波斯的历史巨著《列王记》从丝绸之路的两端汇集到了巴格达，随后在智慧馆里被译成了阿拉伯文。“在建筑巴格达城后，仅仅75年工夫，阿拉伯学术界就已掌握了亚里士多德主要的哲学著作、新柏拉图派主要的注释、格林医学的绝大部分以及波斯—印度的科学著作。希腊人花了好几百年才发展起来的东西，阿拉伯学者在几十年内，就把它完全消化了。”可以说在中世纪的黑暗中，是伊斯兰世界的星光照亮了地中海世界的科技天空：“阿拉伯人留传下十进位制、代数学的发端、现代的数学和炼金术，基督教的中世纪什么都没留下。”①

然而好景不长，阿拉伯人的衰落和他们的兴起同样迅猛。曾几何时，9世纪初的阿拔斯王朝的领土达到1260万平方公里，集中在巴格达哈里发个人手中的权力，比集中在当时活着的任何别人手中的权力都要大。但仅仅过了一百年，哈里发手中的权力，已经缩小到可怜的地步，甚至在他自己的首都里，也很难感觉到他有什么权力。在大西洋到印度河之间的辽阔疆域内，各地总督纷纷拥兵自重，割据一方，帝国四分五裂，土崩瓦解。这些地方统治者满足于谦逊的“埃米尔”称号，并且假装只是充当

① 出自恩格斯的《自然辩证法》。

巴格达哈里发的代表而已。事实上，一切事情的进展就好像他们是完全独立的。其中的萨曼王朝干脆明确地宣布：“这个王国的诸位国王是波斯国王。”他们的首府布哈拉和他们的主要城市撒马尔罕，作为学问和艺术的中心，几乎使巴格达相形失色。公元 945 年 1 月，尊贵的哈里发甚至被拖出巴格达的王宫，游街、饱受嘲讽、眼睛被烙铁挖出。

正是在这个萨曼王朝统治时期，也就是 9 世纪中叶以后，河中地区（Transoxiana）的大多数居民接受了伊斯兰教。公元 940 年，在萨曼王朝影响下，喀喇汗王朝（Qara Khanid）皈依伊斯兰教，这是史上首个信仰伊斯兰教的突厥语族政权，开启了此后数百年内陆亚洲“伊斯兰化”与“突厥化”的双重进程。11 世纪初，在喀喇汗王朝武力推进下，伊斯兰教进入西域，沿着丝绸之路东传到中国新疆地区的于阗，与此同时，伊斯兰教向东北传到了天山南麓的阿克苏、库车[①]等地。

接下来的情况跟昔日罗马帝国类似，在病人气息奄奄、命在旦夕的时候，强盗们明火执仗地打进门来，把帝国的遗产抢得一干二净。1055 年，来自中亚的塞尔柱突厥人占领巴格达，并首创了以苏丹为伊斯兰世界最高世俗统治者的制度，“以哈里发

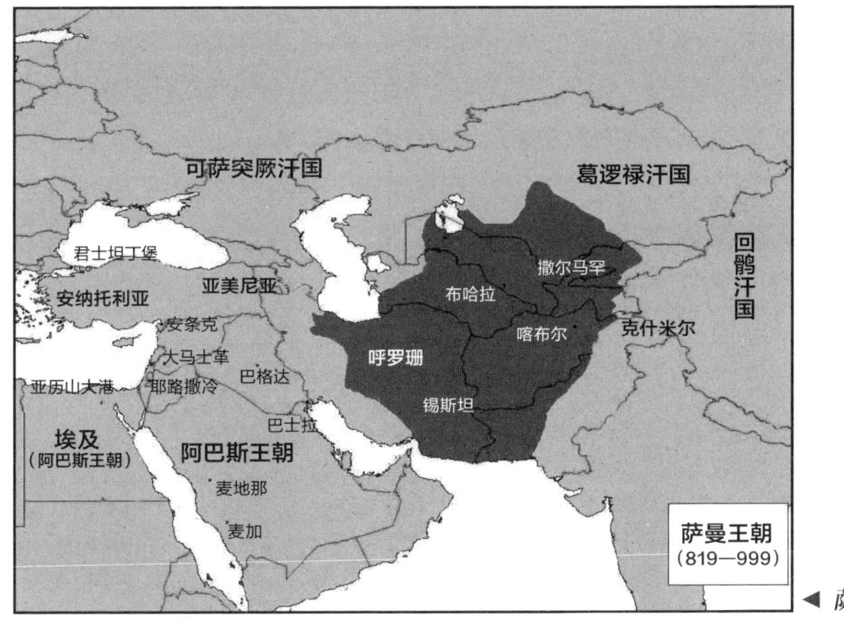

◀ 萨曼王朝

① 皆在今新疆。

的名义发号施令”。从此哈里发为突厥苏丹所控制，失去世俗权力而只作为穆斯林团体的宗教领袖。塞尔柱苏丹们一度看起来会重新统一阿拉伯帝国的版图，其鼎盛时期的版图“论长是从突厥人的国土最边远的城市喀什噶尔到耶路撒冷，论宽是君士坦丁堡到里海”，但它的瓦解甚至比阿拉伯帝国更快。它只是依靠武力松弛地维系着的，一旦挥动宝剑的强壮手臂放松了，组成这个政权的各部分一定纷纷叛离。封建采邑制的恶性膨胀使塞尔柱国家在 12 世纪初已经分裂为 12 个大封地。

无独有偶，早在阿拉伯帝国衰落前，历时 8 年的“安史之乱”（755—763 年）爆发，大唐帝国的国势也随之急转直下。为应对国内危局，唐廷的西域驻军东调内地平叛，遂令西北边防陷于空虚。早已虎视眈眈的吐蕃趁机北上，侵占河西走廊与陇右。公元 790 年，吐蕃军队进一步攻陷孤悬于外的安西、北庭两都护府，迫使唐朝的军政势力永远退出了西域。“丝绸之路”也随着战乱导致的政治版图碎片化而陷于“道路梗绝、网络不通”的困境，连当时的诗人杜甫也在诗中有“乘槎消息断，无处觅张骞”的哀叹。随着大唐与阿拉伯两大帝国的先后衰亡，丝绸之路上“城头变幻大王旗”，此疆彼界、关垒城池使中西交通受阻。在中亚，游牧的钦察人频繁打劫国际商路上的骆驼队，还不时进攻农业绿洲。在东方，唐末五代以来，随着吐蕃的崛起和其对河西走廊的控制，传统的丝路几乎中断。北宋、西夏政权时期，西夏与青唐唃厮啰政权又为争夺河西走廊的控制权，征战不休。西夏崛起后，更是对丝路贸易征收重税，致使商旅萧条，丝路贸易趋向衰落。

蒙古帝国：丝路帝国的极盛时期

丝绸之路上的混乱局面随着 13 世纪蒙古帝国的崛起宣告终结。

1206 年春，在漠北草原斡难河源的大帐前，九尾白旄纛[①]迎风飘展，草原各部首领正在举行一次具有历史意义的“忽里勒台”，一致同意尊奉铁木真为蒙古大汗，上尊号“成吉思汗”。大蒙古国（Yeke Mongghol Ulus）的建立结束了漠北草原四分五裂混战不休的乱局。东起兴安岭，西至阿尔泰山，南达阴山，北抵“林中百姓”居住地区[②]的广袤土地成为成吉思汗的疆土。成吉思汗及其“黄金家族”（成吉思汗的后裔）

① 九条白马尾做成的旄旗。
② 贝加尔湖附近。

◀ *成吉思汗画像，藏于台北故宫博物院*

将规模越来越大的战争推向了它的四邻，“这是文明社会所经受的最后一次，也是最激烈的游牧民族的野蛮攻击”。

1212 年，蒙古铁骑开始南下。当时中原的主人是女真族建立的金朝，它在铁木真即位的第二年刚刚挫败了南宋的“开禧北伐”，迫使临安朝廷将丞相韩侂胄的首级送至阙下。可是在蒙古人的侵袭下，金朝即刻暴露出外强中干的本质。蒙古大军横扫黄河以北，金人得以自保的仅有 11 座城池。1215 年，金朝京城中都（今北京）在经历了一年的围攻之后终于在蒙古人怒涛般的攻击下陷落。翌年春天，成吉思汗带着大量战利品，包括俘获的工匠，回到了蒙古草原上的大斡儿朵①。此时，这位世界征服者的视线已经转向了西方。

成吉思汗十分重视通商，这是因为蒙古人是典型的草原游牧经济，没有定居于任何城镇，国中衣食俱乏，贸易显得极为重要。成吉思汗曾发布札撒（法令）：凡进入他国土内的商人，应一律发给凭照，而值得汗受纳的货物，应连同物主一起遣送给汗。同时，蒙古人还数次派出自己的商队前往西域贸易。1217 年，一支由 450 名穆斯林商人组成的蒙古商队竟被花剌子模（Khwarezmia）军队尽数杀害并抢走了全部的货物。这一事件是引发蒙古西征的导火索。

1219 年，成吉思汗亲征花剌子模。西征恰恰是沿着丝绸之路进行的。商路沿途有农业区以及较为连贯的一系列商镇，商队可以得到粮草、水的补给。蒙古军队正是利用了这一点，对消极防守的花剌子模的城市各个击破。

成吉思汗率领的蒙古军队中的主力是骑兵，身穿皮甲的轻骑兵大概占总数的六成，其余是身穿铁制札甲的重骑兵。蒙古军队布阵时通常将部队分为五个分队，前二后三

① 汉译“宫帐”，是由数百上千座营帐组成的帐幕群。

▲ ***蒙古骑兵复原像***

排列，前排是重骑兵，后排是轻骑兵。进攻时，后排的轻骑兵越过前排首先出击，以千人队为单位逐次冲到敌阵附近发射弓箭，然后折返，这样循环往复，连续不断地将敌军笼罩在蒙古人的箭雨之下。等到敌军承受不住弓箭的攒射，阵线散乱时，轻骑兵向两侧撤退，让出空间给重骑兵完成致命一击，同时向敌人两翼迂回包抄。

不过，作为蒙古军对手的花剌子模既然能在短期内崛起，从西辽的统治下挣脱出来获得独立（1210 年），又向南占据了整个波斯（1217 年）与印度河以北的阿富汗土地（1216 年），其军队的战斗力自然也不可小觑。身披锁子甲、手持长矛与反曲弓的花剌子模骑兵在当时的伊斯兰世界非常有名。花剌子模士兵使用的环刀更是“轻便而犀利”，当时的汉文史籍记载：“盖回回（指花剌子模）百工技术极精，环刀尤精。”以至于蒙古军俘虏了花剌子模的工匠之后立即开始仿造这种环刀。蒙古骑兵赖以横扫西夏、金的坐骑——蒙古马，在花剌子模骑兵的马匹面前实在相形见绌。蒙古马身材矮小、跑速慢，唯一的优点就是忍耐力强，对环境和食物的要求低，堪称“最接近骆驼的马”。花剌子模军中的战马，正是当年令汉武帝心向往之的大宛“汗血宝马”，这种马身材高大、躯干强壮、负荷量大，在平原作战，远远胜过蒙古马。但是，花剌子模军队的士兵都是一些为饷银而战的雇佣兵，其组织能力、纪律和战斗意志比之成吉思汗用“札撒”训练出来的蒙古战士相差甚远。

1220 年 3 月 19 日，花剌子模的首都撒马尔罕开城投降。这座人口达 50 万的大都会，是当时史学家志费尼笔下的“人世间最美的天堂”。可这座由 11 万精锐部队和 20 头蒙古人从未见过的战象守卫的坚城，距离蒙古大军围城只过去了短短 5 天，真正的战斗只经历了 1 天，便告陷落。蒙古军从撒马尔罕的居民里挑出 3 万熟练的手工匠，将他们送回遥远的蒙古高原分配给成吉思汗的儿子们和亲属们做奴隶。全民皆兵的蒙古帝国需要这些手工匠为汗国制造白纸、锦缎、丝织品、马具、铜锅、银杯、剪刀、针、武器、弓弦、箭筒和其他种种贵重物品。那些“幸免于”背井离乡的年轻人的命运其实更加悲惨，他们被蒙古军拉去修工事、服劳役，最后被当作“签军”，强迫冲在攻打同胞的第一线，充当炮灰。按照当时另一部史学名著，拉施特的《史集》的说法，被编入“签军”的人活命的不多。

在全体居民中，只有伊斯兰教长老、《古兰经》保管者、伊斯兰教法官和他们的 5 万家属在缴纳了高达 20 万第纳尔的赎金后，才被允许回到撒马尔罕城里居住。他

▼ *蒙古军队*

▲ *1229年*，窝阔台在忽里勒台大会中被察合台、拖雷等宗王和大臣推举为大蒙古国皇帝，管理整个蒙古帝国

们只能住在城市内一个小角落，昔日繁华的“天堂之城”已经不复存在。当“长春真人”丘处机数年后西行路过此处时，他发现该城的人口只及战前的四分之一。

撒马尔罕破城之后，蒙古军紧接着开始进攻花剌子模的故都玉龙杰赤（Urganch）。这座孤城没有重兵把守，城防也不及撒马尔罕，却抗击蒙古军长达一年时间，令成吉思汗的两个儿子——术赤和察合台束手无策。城外的蒙古军尸积如山，直到窝阔台带兵增援之后，才在 1221 年 4 月攻克玉龙杰赤。为了泄愤，蒙古军屠城仍觉不满，最后竟掘开河堤，以阿姆河水淹没该城。历时 7 年的蒙古第一次西征彻底消灭了花剌子模这个刚刚兴起的中亚强国。多年以后，蒙古铁蹄下的幸存者仍然心有余悸：“（蒙古军）来了，挖地掘宝、纵火焚烧、杀人、抢掠，然后离去了……”

成吉思汗去世（1227 年）后，他的遗产——庞大的蒙古帝国被分给了他的三个儿子和一个孙子[①]。长子术赤一系按照当时蒙古人的习惯，应当保留离父亲驻跸地最远的领地，因此获得了额尔齐斯河以西的草原——“蒙古马蹄子所踏到的最远的土地”；次子察合台分到了原西辽帝国的故土；窝阔台虽然成为蒙古帝国的新任大汗，属于他的家族领地却只有巴尔喀什湖以东和额尔齐斯河上游的乃蛮旧地；反倒是拖雷，按照蒙古人“幼子守产”的习俗[②]，继承了以蒙古帝国发源地鄂嫩河上游与克鲁伦河上游为中心的蒙古本土。在成吉思汗留下的 12.9 万户蒙古军队的分配上，拖雷亦独占 10.1 万户，而其他三支都只获得 4000 户。帝国的其余草原领地和军队则分给了成吉思汗的几个弟弟，而被蒙古大军征服的农耕地带——中原汉地与中亚的“河中”地区则被视为“黄金家族”的共同财产由大汗窝阔台置官管理。

“黄金家族”的征服者们并未停下他们的脚步。1235 年春，蒙古联合南宋灭金后，窝阔台汗发动了第二次大规模西征。这支西征军以各系宗王、大臣的长子领兵出征，故第二次西征又被称作“长子西征”，其统帅为成吉思汗的孙子拔都。西征大军如狂飙一样横扫东欧大地，其游骑直至维也纳城附近，直到窝阔台汗去世（1241 年）的消息传来才停止前进。对 240 年（1240—1480 年）的蒙古统治（即“鞑靼桎梏”）充满憎恶的俄国学者毫不犹豫地谴责道：“成吉思汗及其子孙为首的蒙古封建主，在差不多七十年的时间里，血洗了亚欧国家。前所未有的灾难落到了被征服国家人民群众的身上，征服破坏了他们的城市，践踏了他们的田野，消灭了他们的生产力和文化。”

① 术赤比成吉思汗早去世 6 个月，其子拔都继承了他的地位。
② 幼子继承父业，而年长诸子则外出自谋生计。

▲ *蒙古军队攻陷巴格达*

1251 年，经过激烈的内部争斗，大蒙古国汗统从窝阔台系转到了拖雷系的蒙哥汗手中。与前几任大汗一样，成吉思汗的孙子蒙哥同样抱有“让自己的每个弟兄去开拓边疆，去完全征服边地”的雄心，遂在成吉思汗系诸王所部军队中，每十人中抽出两人组成 10 万大军，由成吉思汗的另一个孙子，其弟旭烈兀统帅进行了第三次西征。值得一提的是，就在这一次西征中，蒙古大军消灭了猖獗两百年之久的恐怖主义集团——以暗杀为业的“山中老人”①。这个胆大妄为的教派竟然挑选 400 名最优秀的杀手前去蒙古草原刺杀蒙哥汗。

① 伊斯兰教什叶派伊斯玛仪派的分支尼扎里耶派。

最终在 1258 年，蒙古人将已经名存实亡的阿拔斯王朝及其哈里发的残骸送进了坟墓。“世界王子”旭烈兀率领的西征大军在围攻 6 天后攻克巴格达，真正的哈里发帝国的历史，也就结束了。按照那个时代蒙古人的习惯，足足 7 天，这群阿拉伯人眼里的野蛮人烧毁了城里所有的清真寺，拆毁了主要的建筑物，抢掠了城中象征权力的宝物，将巴格达彻底地摧毁。“他们像一群饥饿的猎鹰席卷了整个城市，”波斯的历史学家写道，“或像狂怒的狼群袭击绵羊一样，置准则、颜面于不顾，残忍地杀戮，并将这种恐惧传播开去。”

在哈里发的命令下，全城居民外出缴下武器。“解除了武装的居民成群地来到，在蒙古人的手中他们即刻被屠杀了”，遇难的人数估计达到 80 万之多。阿拔斯王朝的末代哈里发穆斯塔欣也依照蒙古人对尊贵者的处决方式，裹在一张毛毯里用马践踏，“不见血而死”。他的一个亲属幸运地逃到了开罗，被那里的马穆鲁克王朝尊为“哈里发”。但他和他的后代只不过是个傀儡，像俘虏一样被囚于堡垒之中。他唯一的作用是每当新王上台时，被拥戴出来作为伊斯兰教的领袖，为新王举行隆重的即位典礼，史称“影子哈里发”。

“如果说 1241 年大汗窝阔台的死拯救了基督教欧洲，那么 1259 年大汗蒙哥的死则拯救了穆斯林亚洲。”此时的旭烈兀已占领了全部叙利亚，蒙古军队的第三次也

▼ ***1300年左右的亚洲及大蒙古国和帖木儿帝国***

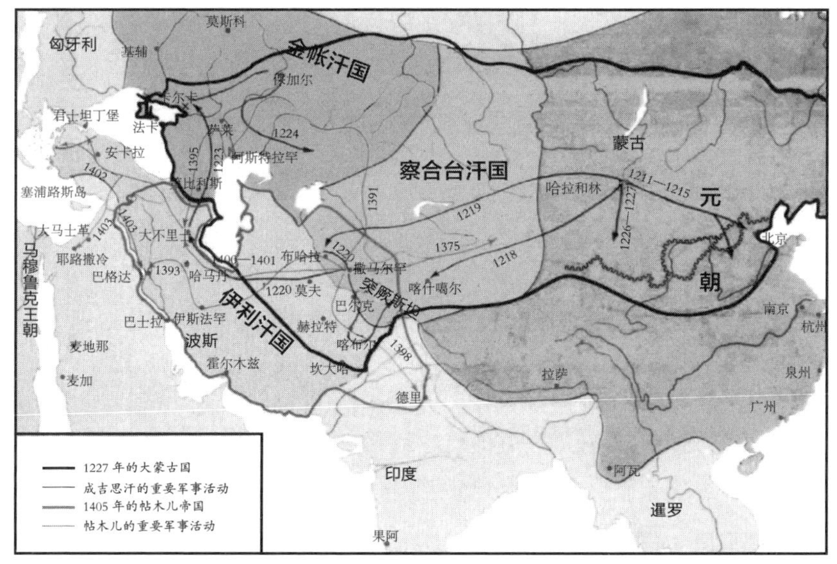

是最后一次西征，以大蒙古国控制了从中国到西亚、从印度到地中海的重要商道宣告结束。

蒙古帝国把远东和近东的文明国家置于一个民族、一个王朝的统治之下，实现了被后来西方学者所说的“蒙古（统治下的）和平”（Pax Mongolia），当时的西方人甚至惊呼，“蒙古不是一个国家，蒙古就是整个世界”。在阿拉伯帝国与大唐帝国衰败后数百年来时断时续的东西方交通，在“蒙古和平”时期已经畅通无阻。此时的丝绸之路北穿今天的南俄罗斯，南贯波斯，其中有一条从中亚细亚沿天山北麓直通和林①，再从那里通到大都（今北京）；另一条从西伯利亚南部沿萨彦岭北麓直通和林与大都，当然还有从中原经河西走廊直通中亚的传统商道。商队在旅途中所花费的时间由于道路条件良好而被大大缩短，在当时以牛车、马车为交通工具的条件下，从克里米亚半岛到大都不过五六个月的行程。

顺着丝绸之路，蒙古统治者“在国土上遍设驿站，给每所驿站的费用和供应做好安排，配给一定数量的人和兽，以及食物、饮料等必需品”。每个驿站之间的距离，一般情况下大体上是当时交通工具一天左右的路程，即 30—50 千米。驿站所提供的交通工具也因地区不同有异，从马车、牛车、驴车、骆驼车、船，一直到狗拉爬犁。当局从当地征收的半数钱物都被用来维持驿站运行，“用于支付强征的签军、驿站和使臣的开销”，这其中包括经营驿站本身的费用，如粮食、交通工具、牲畜等，以及提供给过往的使臣、官员、宗王、商人等的食宿之费。

蒙古帝国精心维护的驿站系统是商人的福音。在 14 世纪出版的一本商业手册《通商指南》中，佛罗伦萨商人佩戈洛蒂（Pegolotti）强调，通往中国的道路“无论是在白天还是在夜晚，都是非常安全的”。即使稍有危险的路段，“若结队至 60 人同行，即当最危之际，亦与居家无异”。蒙古当局还颁发了一种具有护照和信用卡功能的原始证件，即所谓的“牌符”。这是一块比手掌大的金牌、银牌或木牌，它用一根链条穿着，戴在脖子上或系在衣服上。牌符的持有者可以在帝国全境平安旅行，“适千里者如在户庭，之万里者，如出邻家”。

中亚地区的丝路重镇虽然大都在蒙古西征时经历了兵燹之灾，但是它们中的大多数随后就因大规模的东西方贸易活动而重新恢复。到了 1259—1260 年，即成吉思汗西征 40 年后，“这些州县在某些方面已达到原来繁荣昌盛的水平，而在另一些方面

① 今蒙古国哈拉和林。

很接近原来的水平”。比如被蒙古人蹂躏的中亚最著名的商业重镇玉龙杰赤，在佩戈洛蒂的《通商指南》中，这里已经重又成为东西方贸易的枢纽，“商务繁盛，货到即可销出”。在当时的摩洛哥穆斯林学者、大旅行家伊本·白图泰看来，玉龙杰赤是“最宽阔、最雄伟、最美丽、最庞大的城市。市场建筑雅致，街道宽敞，房舍鳞次，真是美不胜收，该城人口之多宛如潮涌”。

在西亚，随着1258年巴格达为旭烈兀所攻陷并降为伊利汗国的一个边疆省区，这座“天赐花园”失去了昔日的显赫地位。为了躲避侵略者的蹂躏，著名的诗人、思想家、神学家、建筑师和医师成群结队地离开了巴格达，去往蒙古帝国之外的开罗，后者遂变成了伊斯兰世界的宗教中心和文化中心。取代巴格达商业地位的是阿塞拜疆地区的大不里士（今属伊朗）。这个伊利汗国的首都处于西至小亚细亚、北达南俄罗斯的交通要道上，它开始作为一个国际大都会而异常繁荣起来。马可·波罗声称，这里“位置适中，是商业枢纽，所以印度、巴格达、摩苏尔、克雷默索和欧洲等地的商人，云集在这里进行贸易，吞吐量很大，城中珠宝的货源十分充足，可供各地商人前来采购”。意大利商人在这里可以轻松地获得伊朗和中国的织物、东印度群岛的香料。“大不里士夺走了波斯湾所有的香料贸易，这些香料现在直接运到大不里士而不是巴格达、巴士拉及其他古代贸易中心。”

蒙古帝国时代的丝绸之路出现了一条新的路线，它从黑海沿岸、克里米亚半岛附近的亚速起始，向东越过伏尔加河，横穿钦察草原，或者转向东南进入中亚。“在金帐（钦察）汗国整个存在时期，亚洲是从基辅城的南郊开始的。”这条连接欧亚的商路在钦察汗国境内，黑海的港口与蒙古统治下的东亚市场相连，草原地区或北部森林地区出产的粮食、牛马、奴隶、皮毛、木材和鱼虾，以及中国或中亚生产的奢侈品，如丝绸（包括生丝）和瓷器，都是由船只或商队运送到拜占庭、埃及、叙利亚和意大利等地的。作为交换，珍宝、贵金属、香水、水果以及非洲牲畜等也源源不断地运往中亚和中国。

与大不里士一样，钦察汗国的首都萨莱也从空前繁荣的国际贸易中受益匪浅。伊本·白图泰曾记述：“萨莱城是最美的城市之一，它建在平原上，规模特别大，人口众多，市场壮观，街道宽阔。”“这个城规模特别大，到处都有漂亮的市场，宽阔的街道，大量的清真寺。这里的丝织品大部分是从中国运来的，从匈牙利、俄罗斯甚至意大利来的商人用不着到中国去买中国丝织品，他们可以在这里买到它。”

不过，“蒙古和平”好景不长。1260年6月，埃及马穆鲁克王朝的军队在阿音札鲁特战役中重创蒙古军，俘杀主将怯的不花，收复叙利亚地区，这标志着蒙古军向

▶ *旭烈兀，成吉思汗的孙子和伊利汗国的创始人。图片摘自中世纪的波斯手稿*

西扩张的结束，蒙古铁蹄最终没能踏上非洲的土地。对此奇耻大辱，旭烈兀已经无暇顾及，因为另一个蒙古国家——术赤一系的钦察汗国大汗别儿哥（拔都的弟弟）已公然向他索要阿塞拜疆的土地。

可是，大不里士所在的阿塞拜疆是伊利汗国的心脏，旭烈兀也相当重视阿塞拜疆的出色牧场。在这方面，蒙古人特别喜爱库腊河下游驻冬的木甘草原，以及适于夏天放牧的覆盖着丰美青草的哈剌塔黑的山坡。另外，旭烈兀及其后裔对阿塞拜疆各城镇中享有盛名的手工业，尤其是纺织业，非常重视。旭烈兀原本对他的这位堂兄当年为蒙哥大汗效力时，经常派遣急使向自己发号施令已经很不满，如今干脆撕破脸皮，“虽说他是兄长，但他毫不谦逊，而且对我威胁强迫，那我就再也不尊重他了！”“黄金家族”第三代之间的亲情在利益面前已经荡然无存。1262 年，双方为争夺阿塞拜疆的地盘兵戎相见。成吉思汗的子孙相互厮杀，商业往来亦遭受池鱼之殃。战后，旭烈兀将境内“别儿哥宗王们的商人全部处死，并将他们的全部财产没收，送入国库……别儿哥为报复起见，也反过来杀戮旭烈兀汗国的商人，并用同样的手段对付他们”。这是不祥之兆。没有持续的和平，丝绸之路就将失去从蒙古统治下得到的最大益处。

13 世纪后期，以忽必烈的堂弟海都（1235—1301 年）为首的窝阔台、察合台汗国诸王起兵反抗忽必烈统治的元朝。1269 年春天，海都在塔拉斯主持召开了有中亚各蒙古亲王参加的忽里勒台大会。在这次大会上，海都被承认为宗主。与会者宣誓保持蒙古游牧生活传统，企图重建一个纯粹的、坚持游牧传统的草原帝国。

海都与元朝的战争使丝绸之路上的各城镇再次饱受战乱之苦。欧洲、西亚与东亚之间的贸易往来，一度回到了先前时断时续的状态，以至于马可·波罗护送阔阔出公主一行前往伊利汗国不得不改走海路。1305 年，西欧传教士约翰·科尔维诺在写于大都的信中也哀叹东西方海陆交通艰险，“至于前来的道路……由于战争之故，长期以来，陆路已不安全，我没有接到罗马教廷、我们的小教友会和西方国家的消息，已有 12 年了”。

海都死后，各蒙古国家对相互厮杀感到厌倦，遂在共奉元朝皇帝为蒙古帝国共主的条件下彼此约和。1305 年，伊利汗完者都在给法国国王腓力四世的信里吹嘘：“成吉思汗的后裔已停止争斗，帝国如同过去一样，从中国到里海连为一体。”但这只是回光返照，进入 14 世纪中期后，“大蒙古国”彻底瓦解，丝绸之路上的政治版图重又变得支离破碎。1346 年，战乱不休的察合台汗国分裂为东西两部；1353 年，最后一个伊利汗图格帖木儿被起义军杀死，早已四分五裂的伊利汗国宣告彻底灭亡；1368 年，北伐的明军攻克大都，元顺帝出逃塞北；1380 年，钦察汗国军队在库里科沃战败，莫斯科公国迈出挣脱“鞑靼桎梏”的决定性步伐……走出草原的蒙古人仅仅用了几十年时间就征服了大半个文明世界，它瓦解的速度却也同样迅速。征服南宋以后还不到 100 年，除了钦察汗国仍在南俄草原挣扎了一个世纪以外，蒙古人的统治几乎又缩回到了蒙古草原。

可是，推翻元朝的大明王朝并没有恢复汉唐盛世时对西域的控制，敦煌在很大程度上被废弃，中原政权的势力范围日益萎缩，最后退缩至长城以内、嘉峪关以东。而元朝的残余力量回到漠北（北元/鞑靼），天山南北则为东察合台汗国的领土，它们均与明朝敌对。这使中国与西方的陆地通道重新阻塞，往来商队日趋稀少，丝绸之路的黄金时代已然逝去。

帖木儿帝国：丝绸之路最后的余晖

14 世纪晚期，突然崛起的帖木儿帝国为丝绸之路带来了最后一缕余晖。帖木儿[①]，1336 年出生于中亚河中地区一个信奉伊斯兰教的突厥化蒙古贵族家庭，由于他日后迎娶了一位察合台宗王的女儿而成为“黄金家族”的女婿，因此在汉文史籍上被称为“驸马帖木儿”。他的右腿在早年的战斗中受伤致残，“跛子”的外号由此而来。曾经是西察合台汗国大臣的帖木儿，在自己羽翼丰满之后，便杀死了大汗，“在诸王子与埃米尔的跪拜前佩上了帝王的腰带”，自立为大埃米尔，创立了在历史上以自己名字命

① Timur，突厥文的意思是“铁”。

▲ *帖木儿的画像*

名的帝国，时年 34 岁（1370 年）。出于策略方面的考虑，在名义上，帖木儿仍然拥戴察合台后裔为汗，只不过“这些汗一般说来都成了撒麻耳干（撒马尔罕）之囚”。

夺取西察合台汗国的政权以后，帖木儿迅速统一了四分五裂的中亚地区。但他的野心远远不止于此，帖木儿经常重复这样的诗句：“就像天上存在一位上帝那样，地上应该有一位皇帝，整个世界只应该有一个皇帝。”他的战旗上绘有三个圆圈，意思是要占有世界四分之三的土地。

帖木儿帝国的军队组织结构与同时代的其他伊斯兰国家相差较大，反倒是沿袭了成吉思汗式的动员机制。但逢兴兵，游牧的牧民便前来应征，每个士兵随身携带一年的粮食和其他储备，还须携带四种武器——一弓、三十支箭、箭筒和盾。每两名士兵必须备一匹马（良种马），每十名士兵必须带帐幕一个、锹二把、锄一把、镰一把、锯一把、斧一柄、锥一个、针一百根、结实的皮子一张、锅一个。随后按照“百人为最小单位，置百人长，千人及万人之上，皆置有千人长及万人长”的结构迅速组成了一支大军。

这支军队善于忍饥耐寒，无需面包，只以肉、乳果腹，不得已时食用称为“阿伊兰”的乳酪就可以维持生命，因此耐得住长时间的苦战，又由于两百年来长期处于战争状态，士兵们都是天生的职业军人。往往队伍不必先行指挥，在鼓和喇叭传出命令

▶ *帖木儿军队征战图*

之前他们即能猜出要做什么。

在二十余年几乎不间断的征战中，帖木儿显示出了卓越的军事才能。他的帝国版图大体整合了原蒙古四大汗国中的两个：（西）察合台汗国与伊利汗国。当时还存在的另一个蒙古帝国——钦察汗国也被帖木儿打得一败涂地，甚至连成吉思汗都未曾涉足的土地——印度也难逃“跛子”的铁骑蹂躏。1398 年，帖木儿挥师入侵德里苏丹国，“像蝗群一样袭击了许多城市”，更以 3 万骑兵俘虏敌军 10 万，将繁华一时的德里化为一片废墟。至此，帖木儿帝国西至黑海同两河流域，东接中国新疆和印度，北抵咸海、里海与高加索山脉，南及阿拉伯海及波斯湾，可谓盛极一时。

帖木儿的征战有一个明确的战略目标：复兴丝绸之路，并使他的都城撒马尔罕成为世界贸易中心。他在给法国国王的信里写道：“世界因为商人才能繁荣。”为了这个目标，他做的第一件事就是让在战乱中被破坏的驿站系统得到恢复。“帖木儿最注重者为迅速”，他在自己的国土内重整驿道、驿站，“各驿站间之距离，皆按一日程或半日程而建。大站之内，常备马百余匹”。对于在帝国境内为非作歹的强盗，帖木儿无情地施以铁腕。1386 年，他在进攻阿塞拜疆途中，惩罚了那些袭击过往商旅的卢里斯坦山民。“这些打劫商旅的大部分盗贼被俘获，他诏令将他们通通从山巅摔到山脚。”这使帕米尔山脉以西的丝绸之路上的商业往来得到了一定程度的恢复。

为了使都城撒马尔罕成为世界贸易中心，他还做了第二件事情，即在丝绸之路上，用征伐毁坏了城市之后没有再建立任何东西。波斯和中亚的许多地方如同上个世纪蒙古人入侵时一样，再一次受到了严重破坏。多灾多难的玉龙杰赤又在 1379 年被帖木儿攻陷后变成了废墟，帖木儿还下令将该城夷为平地，并在地面上播种大麦，居民则带往撒马尔罕。在呼罗珊，帖木儿下令用泥和砖将 2000 多名俘虏一个压一个地活砌成城墙。更不幸的还要数锡斯坦，1384 年，这个繁荣了几千年的膏腴绿洲因反叛帖

◀ 在撒马尔罕旅店歇脚的商旅

木儿遭受了灭顶之灾。城镇被夷为平地，居民被杀戮殆尽，连乡村也未能幸免，灌溉系统被毁坏，水井被填塞放毒。帖木儿的意图是要从地面上彻底将其抹去——结果使这里从繁荣的绿洲变成了荒凉的沙漠，至今未能复原。1395 年，帖木儿的军队还彻底破坏了钦察汗国的京都萨莱，数百年后考古学者在这里寻到的无头、无手和无脚的骨骼，足以说明帖木儿在这次屠杀中的残暴行为。在城市焚烧的时候，萨莱的残存者在严寒的冬天“像羊群似地在军前驱走”。一位威尼斯人康塔林尼在 1476 年曾来到阿斯塔拉罕[①]。尽管距离帖木儿毁灭萨莱已经过去接近一个世纪，他仍然指出，当他在阿斯塔拉罕时房屋尽是些土坯房，以前这里曾有过的高大建筑物，如今只留下一片废墟。由于这些城市的被破坏，“地中海和亚洲之间的全部贸易三十年间只能通过帖木儿控制下的伊朗、布哈拉和撒马尔罕的商路进行”。丝绸之路上的巨额商业税，成了帖木儿帝国源源不绝的重要财源。

“按照帖木儿的计划，撒马尔罕要成为世界上首屈一指的城市。他的想法可由撒马尔罕周围建有一系列冠以伊斯兰世界主要城市名字的村庄看出：巴格达、大马士革、密斯（开罗）、设拉子和苏丹尼亚”。为了新建撒马尔罕，帖木儿不惜采用种种手段，招揽商人前来贸易，并从所征服的城市中，“选拔最良善、最有才干及有巧艺之工匠，送来此间”。各地的珠宝商、丝织工匠、弓矢匠、战车制造家、造枪匠、镂金匠、建

① 阿斯塔拉罕位于萨莱附近。

筑师及制琉璃、瓷器的陶工等手工艺人都被送往该城。来自各处的技工、匠师数目超过 15 万以上。所以“此都中凡百行业，皆无缺乏专门技工之感”。首都之外，繁盛的村落中，也有“帖木儿从所征服之各地，移来人民，充实其间”。

1403 年 5 月，卡斯蒂利亚国王的使节克拉维约（Clavijo）就曾经丝绸之路于 1404 年 9 月抵达撒马尔罕觐见帖木儿。他所见到的河中名城撒马尔罕是当时丝绸之路几条大道的辐辏之地，通往波斯、两河流域、阿富汗、印度、天山地区以及钦察草原等地都十分方便。克拉维约发现，撒马尔罕是世界各地特产商品的集散中心，有些珍奇货物在地中海城市是见不到的。

这位帖木儿还要进一步掌控丝绸之路的东西两端。此时丝路最西段的南北两端，分别由埃及马穆鲁克王朝和奥斯曼土耳其帝国所控制。虽然一个世纪以前马穆鲁克骑兵曾经在巴勒斯坦击败过当时所向披靡的蒙古西征军，止住了蒙古人往非洲扩张的脚步，可是帖木儿却在一年之内就把埃及人痛击两次。1400 年 12 月，帖木儿大军攻克大马士革，马穆鲁克苏丹被迫屈服，向帖木儿称藩。

剩下的还有奥斯曼帝国。此时的奥斯曼帝国统治着从多瑙河到雅典的几乎整个巴尔干半岛，并从海陆两路封锁了拜占庭帝国的首都君士坦丁堡，这座千年古都已然岌岌可危。在欧洲扩张的同时，人称“雷霆”的苏丹巴耶塞特一世也没有忘记在奥斯曼帝国的发祥之地——小亚细亚开疆拓土。在吞并了一个又一个突厥公国之后，奥斯曼帝国终于在安纳托利亚东部迎面遇上了帖木儿帝国的扩张浪潮。1394 年，帖木儿派兵首次入侵小亚细亚，并以伊利汗国继承者的身份对整个小亚细亚半岛提出了宗主权的要求。

与帖木儿一样，巴耶塞特一世也怀有“把整个中东的全部穆斯林土地纳入治下”的梦想，双方发生冲突只是时间问题。点燃大战导火索的是小亚细亚半岛东部城邦埃尔津詹（Erzincan）。这座亚美尼亚人的城市位于幼发拉底河上游、卡拉苏河北岸傍河的山间谷地。谷地两边山峰险峻，峰顶白雪皑皑，而谷地里却毫无雪迹。谷地上散布着葡萄园与肥沃的麦田。埃尔津詹城人口稠密，街道繁多，但其最大价值尚不在于此，而在于城角一座名叫凯玛赫的城堡，它地势险要，扼守着通过卡拉苏河河谷地的东西向交通要道。商人们通常从黑海东南岸的特拉比松登陆，途经丝绸之路前往中国，而凯玛赫城堡正是这条商路的必经之地。来往商队带来的大笔财富，使其早已被热衷于通过扩张掠取财富的帖木儿视为囊中物。于是他抢先下手，把埃尔津詹变成了自己的傀儡，并把凯玛赫城堡赐给了手下一位察合台宗王作为封地。这是同样觊觎商路利益

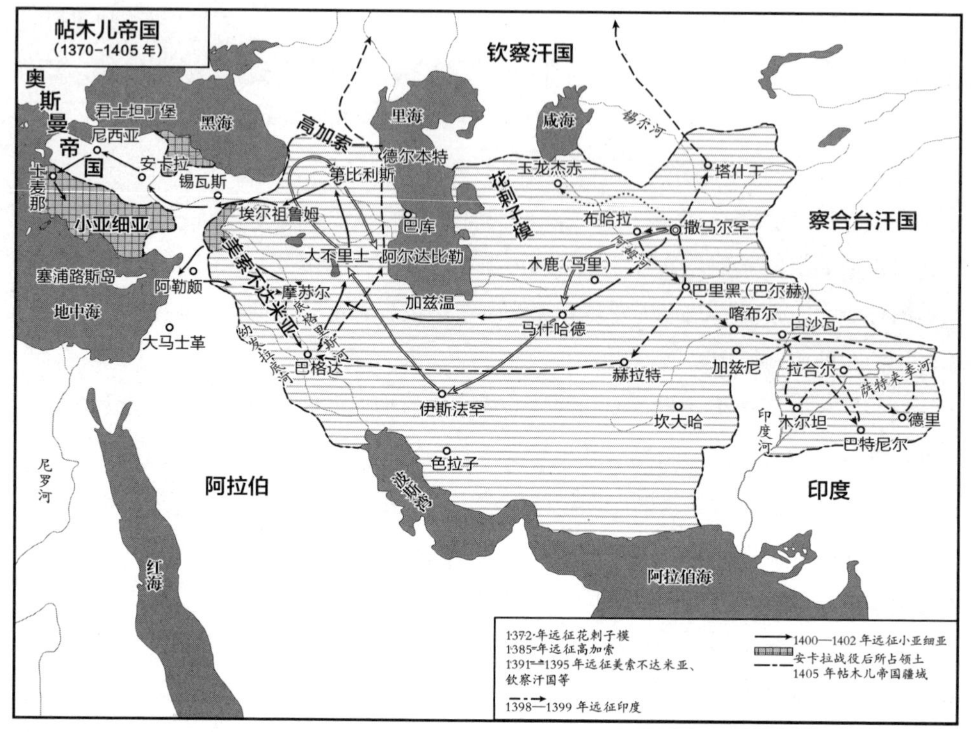

▲ ***帖木儿帝国***

的巴耶塞特一世所不能容忍的，“雷霆”早已将凯玛赫城堡视为禁脔，岂容他人染指，遂遣使埃尔津詹城主，要求他交出凯玛赫城堡。

帖木儿闻讯之后去信警告巴耶塞特一世断绝此念，因为“埃尔津詹已列入(帖木儿)帝国保护，一切对其之要求都不能承认”，“像你这样小的王子能和我们较量么？”“雷霆”接到来信后勃然大怒，扬言“帖木儿诚属狂妄至极……任何人胆敢出面阻挠，不惜兵戎相见”，威胁帖木儿如不就范，“将来定将其俘获，列入奴隶之中，加以侮辱”。口水战打到如此地步，也只有让刀剑去辩论了。

1402年6月，“跛子”的铁骑侵入奥斯曼帝国，集结在锡瓦斯平原。为了炫耀武力，帖木儿组织了盛大的阅兵——“一定数量的骑兵手持红旗，他们的护胸、马鞍、鞍垫、箭筒、皮带、长矛、盾牌和战棍都是红色。另外还有黄色和白色的军团，以及身着锁子铠甲的军团和穿着护胸铁甲的军团”。可说是衣甲鲜明，兵强马壮。

得知帖木儿大举入侵的消息之后，巴耶塞特一世放弃了对君士坦丁堡的围困，集中兵力对付“那头名叫帖木儿的贪狗”。为阻止帖木儿通过锡瓦斯西北塔黑特（Tuqat）附近的峡道谷地进入安纳托里亚腹地，“雷霆”率军全速东进以阻击敌军。在战前的军事会议上，巴耶塞特一世拒绝采纳在安卡拉附近水源充足的营地以逸待劳、静候帖木儿的良策，而只在那里留下了一支人数不多的守备部队，守卫着储存许多武器及军需品的安卡拉城。自己则率主力继续东进，计划将其以步卒为主的部队隐匿在塔黑特茂密的丛林中，并指望在当地突厥部落的援助下，一举全歼帖木儿的军队。

所谓“上兵伐谋”，帖木儿用兵诡诈，在侦悉了奥斯曼帝国部队的动向后，迅速离开锡瓦斯，避实就虚，非但未向塔黑特挺进，反而向安纳托里亚南部群山转移。具有讽刺意义的是，先前被“雷霆”废黜的小亚细亚诸突厥小国的王公，由于未能在奥斯曼宫廷谋得任何官职与益处，纷纷投奔帖木儿。此刻，为了借助帖木儿实现复国的愿望，这些“带路党”正在全力以赴地为帖木儿引路开道，提供当地的各种情报，于是出现了战争史上的奇观——虽然理论上是在奥斯曼帝国的土地上作战，帖木儿却仿佛是在本土一般对地理情况轻车熟路。

当巴耶塞特一世在进军塔黑特途中忽然闻悉帖木儿移师转向率军南去，误以为帖木儿进入山林是在畏敌逃避，不敢迎战，遂下令将其大部分军队分散在山间围剿敌军，准备在帖木儿未抵安卡拉之前在山间将其歼灭。帖木儿在得到“雷霆”中计、安卡拉守备空虚的情报之后，立即率军从隐藏的山林中出击，迅速兵临安卡拉城下，并占据了安卡拉东部与东北地区原先奥斯曼军队的兵营。掌握战场主动权的帖木儿只以小部分部队切断安卡拉城的汲道并加以围困，主力部队则悠闲地去安卡拉的南部与西部的草原上秣马休整，以逸待劳，静候“雷霆”的到来。

惊悉帖木儿已经兵临安卡拉城下，巴耶塞特一世慌忙星夜回师驰援安卡拉。1402 年 7 月 28 日早晨 6 点，两军布阵完毕，史诗般的安卡拉大战一触即发。

帖木儿军全为骑兵，人数近 15 万之众，分为重骑兵和轻骑兵。帖木儿一反常规，将主力配置于两翼，并留有预备队。此外，帖木儿还在阵前布置了一种秘密武器——36 头战象。

地中海世界原本对战象并不陌生，早在汉尼拔时代，翻越阿尔卑斯山侵入罗马的迦太基远征军中就有战象的身影。不过自从唯一一种能被驯化的非洲象（北非亚种）在 10 世纪左右灭绝后，战象已经在中东的战场上绝迹数百年之久。但帖木儿在早先远征印度的军事行动中俘获了德里苏丹国军队的战象，此刻昔日的“战利品”变成了帖木儿的“大杀器”。这些战象身着好似节日盛装一样的披挂，皮肤被漆成红色、绿

色或其他颜色。象背上有一座小木堡，木堡用丝绸覆盖，其四个角各插有一面旗帜，木堡里面载有5—6名战士，象颈上还骑着一名操控战象的人。战象被削短的象牙上牢牢绑着两把大刀一样的刃器，它们被训练成通过一系列的小跳和急步调整阵型，使之始终保持在并排位置反复向敌阵冲杀。

决战前夜，帖木儿遣使下达了一份口气十分傲慢的战书，警告巴耶塞特一世，“最好避开我霹雳一样的打击，不然的话……你只不过是一只扑火的飞蛾！”“雷霆”也不示弱，在回信中反唇相讥：“你的军团确实庞大，但是要想对付我那英勇无敌的耶尼切里军团，你们鞑靼人不过像个草棍儿，不堪一击。”有意思的是，面对同样是突厥文化背景出身并有深厚波斯文学素养的对手，巴耶塞特一世居然使用了当时欧洲人对蒙古—突厥人（有时候也包括奥斯曼土耳其自己）的蔑称“鞑靼人”，足见其对帖木儿的切齿痛恨。

虽然“雷霆”麾下的奥斯曼军队不足9万，在人数上处于劣势，但巴耶塞特一世信心十足倒也不是空穴来风。他的军队分成三部分：由附庸塞尔维亚国王斯蒂芬·拉扎列维奇率领的2万塞尔维亚骑兵部署在左翼；由前不久被征服的小亚细亚半岛各突厥小国军队组成右翼；由苏丹巴耶塞特一世亲自率领的军队作为中路主力。

而中路主力也由几部分组成。首先是其寄予厚望的“新军”——耶尼切里军团（Janissary）。这是帝国唯一拿军饷的步兵部队，兵源是从被征服的巴尔干各地基督徒中挑选的7—12岁男孩，即著名的“血供”。经过长达十余年的严格军事训练和宗教培养，他们最终被塑造成蛮勇无情的高效杀人机器，进入耶尼切里军团服役。由于同旧有奥斯曼军队的招募训练体制完全不同，耶尼切里军团因此被称为“新军”。他们头戴醒目的白色尖顶帽，身着覆盖到大腿的锁子甲，装备有弯刀、长矛和弓箭。奥斯曼帝国早期的苏丹们几乎是习惯性地从耶尼切里军团中挑选各级官员。统计表明，在 14、15 和 16 世纪，三分之二的奥斯曼帝国“大维齐”（宰相）来自这些基督教奴隶们。正是这些锦绣前程吸引着原本的基督徒前仆后继地战斗到最后一刻。

与作为近卫步兵的耶尼切里军团相对应的是被称为“波尔特西帕希”（Sipahis of the Porte）的近卫骑兵。它实际上是苏丹的私人卫队，其成员主要是从耶尼切里军团中挑选出来的身经百战的老兵。兵种基本上完全是锁甲重骑兵，主要使用弓箭、弯刀、短剑、长矛和战斧。

波尔特西帕希骑兵和耶尼切里军团一起组成了“雷霆”手中的王牌，但是在安卡拉战场上，这两支精英部队总计不过万人。奥斯曼军队的真正骨干是被称为“西帕希”（Spahis）的骑兵，这是一支类似欧洲中世纪骑士的部队。与依靠苏丹开出的薪俸生活的波尔特西帕希不同，西帕希从苏丹那里得到采邑（但不能传给后代），战时则自备军械马匹为苏丹效力疆场，因此又被称为“封建骑兵”。西帕希包括突厥传统的使用弓箭的轻骑兵，以及身披锁子甲、使用长矛，连战马亦有漂亮的马衣披挂的重骑兵。

此外，在奥斯曼军队的最前方，布置着数万被称为“阿札布”（Azaps）的步兵。他们是从安纳托利亚各地征召而来的土耳其人，战时获取报酬，战后即可自由离去，其使用的武器五花八门，从弓箭到弯刀皆有。他们实际上是中路主力中战斗力最弱的部分。“雷霆”的战术由此可见一斑：这些杂牌军的作用就是消耗敌军的有生力量，当对方在混战中受到损失并且次序陷入混乱的时候，再投入第二线严阵以待的主力骑兵发起反攻从而决定胜局。耶尼切里军团则被布置在普通阿札布步兵方阵中，而不是和近卫骑兵待在一起。其原因也非常简单，面对帖木儿这样的强敌，如果没有训练有素的耶尼切里军团在旁压阵并充当“监军”，难保乌合之众一般的阿札布不会一触即溃。

▶ ***奥斯曼帝国的西帕希骑兵***

1402 年 7 月 28 日上午 10 点左右，决定两个帝国命运的会战拉开了帷幕。随着“雷霆”一声令下，奥斯曼军队向

▶ ***奥斯曼帝国的步兵***

前推进，迎接他们的是帖木儿的轻骑兵所射出的漫天箭雨。在付出了数千人伤亡的代价之后，奥斯曼军队推进到帖木儿军面前，两军展开肉搏。

奥斯曼军队的左翼是塞尔维亚骑兵，这是一支巴尔干劲旅，在数年前的尼科堡战役中曾站在奥斯曼一方参战并立下赫赫战功。在帖木儿重骑兵面前，塞尔维亚骑兵依然占得上风。塞尔维亚骑兵穿着胸甲和铠甲，“他们的板甲、锁子甲令人震惊，他们的身甲、臂甲、腿甲以及头盔都磨得闪亮发光”。帖木儿军抵抗不住塞尔维亚骑兵的猛攻，被迫向后撤退，斯蒂芬国王率部紧追不舍。这些从头到脚都穿戴钢盔铁胄的欧洲骑士们英勇奋战的英雄气概，甚至引起了戎马一生的帖木儿的惊叹。但冷静的巴耶塞特一世唯恐帖木儿使用成吉思汗时代以来蒙古—突厥军队屡试不爽的诱敌深入战术，急令塞尔维亚人返回原阵地。

中路军虽然是奥斯曼帝国军队的主力，但是布置在最前方的是大量训练少、装备差的阿札布步兵。在帖木儿的36头战象的冲击下，他们开始陷入混乱。这也并不奇怪，连见多识广的帖木儿自己都曾在初次遭遇印度战象时吃了大亏，何况这些从未见过大象的安纳托利亚农民？战象冲垮了阿札布步兵阵型，践踏着惊慌失措的步兵，挥舞长牙破坏厮杀。就连纪律严明的耶尼切里军团也在溃散的阿札布步兵压迫下被迫后退。

尽管中路情况不妙，但依靠塞尔维亚人的奋勇战斗奥斯曼军队还能稳住战局，此时左翼的战况对奥斯曼军队有利，况且其真正主力——西帕希骑兵与更精锐的波尔特西帕希骑兵尚未投入战斗，因此此时的战局仍然是势均力敌。但令人意想不到的变故在“雷霆”的右翼出现了。构成奥斯曼军队右翼的那些前不久被征服的突厥人，对“雷霆”在他们的国土上横征暴敛的残暴统治早已心怀怨恨，此时发现他们的故主赫然在帖木儿军中效力，竟然阵前倒戈，转眼就有1.8万人改旗易帜，并对巴耶塞特一世亲率的中军发动了攻击。战场上的军力对比，原本就对奥斯曼军队十分不利，右翼倒戈之后，奥斯曼军队就陷入了人数上以一敌二的困境。就在奥斯曼中军苦苦支撑的时候，帖木儿投入了养精蓄锐已久的5万预备队，这不啻是对奥斯曼军队的致命一击。

在腹背受敌的情况下，奥斯曼军队的阵地开始崩溃。“雷霆”的长子苏莱曼·查拉比见势不妙，竟然率先放弃阵地逃之夭夭。反倒是与巴耶塞特一世有亡国之恨的塞尔维亚骑兵在反水与逃跑的浪潮中岿然不动，依旧在努力奋战。斯蒂芬国王对他的连襟[①]巴耶塞特一世可谓是忠心耿耿，这些骁勇善战的塞尔维亚人对奥斯曼帝国的忠诚甚至引起了帖木儿的惊奇。但他们毕竟独木难支，只能且战且退，撤出了战场。最后只剩下绝望的“雷霆”亲率数千近卫军投入战斗做困兽之斗。

由于众寡悬殊，战至傍晚，“雷霆”身边只剩下 300 名波尔特西帕希骑兵，他们退守到了附近的一座俯瞰丘布克平原的小山丘——卡特尔山（Catal Hill）。眼看无力回天，巴耶塞特一世决定突围，但他不幸坐骑中矢，落马被俘。经过一天血战的战场逐渐安静下来，安卡拉大战以“跛子”生俘“雷霆”宣告结束。“巴耶塞特做了一场帝国美梦，但这个美梦在安卡拉破灭了。”尽管在被俘之后受到帖木儿的礼貌对待，但是“雷霆”怎能忍受战败的羞辱，度过了 8 个多月的囚徒生活之后，1403 年 3 月，巴耶塞特一世在帖木儿军中死去了（一说自杀）。他的灵柩被惺惺相惜的帖木儿送回了奥斯曼君王陵墓所在的布尔萨隆重安葬。

在安卡拉战役中消灭了奥斯曼帝国的主力之后，帖木儿乘胜进军。接下来的战斗变成了一场行军式的散步。帖木儿的骑兵横扫小亚细亚半岛，一直打到爱琴海边。安卡拉之战 5 天后，他就轻松攻下了奥斯曼帝国的故都——和君士坦丁堡隔海相对的布尔萨（Bursa）。巴耶塞特一世的几个儿子各自割据一方，被迫向帖木儿俯首称臣。帖木儿倒也无意彻底消灭奥斯曼帝国，不久班师回国。

安卡拉大捷之后，帖木儿赢得了中亚细亚与西亚细亚霸主的地位，在这片广袤的土地上已经没有一个统治者敢于忤逆他的命令。但这位征服者还不想休息，立刻又投入了新的战争冒险。这一次，帖木儿的目光投向了“丝绸之路”的东段。在他看来，整个世界上只有明朝还没有向他屈膝，征服了明朝，他就能彻底掌控丝绸之路。为此，帖木儿集结了 20 万大军，并为这支大军筹集了足够支撑 7 年的粮

▶ ***巴耶塞特一世被俘***

① 科索沃战败后，斯蒂芬的姐姐德斯比娜于 1389 年嫁给了“雷霆”。

秣。在此之前，他“派出大军去征服锡尔河以外的各异教徒部落，并在那里建立军需站，以作为第一步。他还派出特使搜集有关道路和供应方面的详细情报……因此，他在回到撒马尔罕以前，已经接到了我们今天从叶尔的失河发源地直达万里长城的道路方面的一个十分珍贵的报告”。

万事俱备之后，1404 年 11 月，帖木儿冒着凛冽寒风从撒马尔罕出发东进。只是他的人生不久就走到了尽头。1405 年 1 月 19 日，“跛子”帖木儿猝然病逝，时年 70 岁。在他去世后的次日，撒马尔罕的宫廷里就开始发生口角、武力袭击和宫廷政变。帖木儿征战一生建立起的庞大帝国，不久就分崩离析了。

但与帖木儿帝国在“跛子”死后很快土崩瓦解不同，奥斯曼帝国在度过一段混乱时期之后重新崛起。半个世纪之后，复兴的奥斯曼帝国灭亡拜占庭，迁都君士坦丁堡。帝国的无情扩张令欧洲人惊呼这是“一个日益增长的火焰，不管遇到什么，都紧紧抓住，并进一步燃烧下去”。正是 1453 年奥斯曼帝国攻克千年古都君士坦丁堡，给了丝绸之路致命一击。对东方商品的需求与日俱增的西欧居民，为了突破横亘在丝绸之路上的奥斯曼帝国形成的贸易瓶颈，只得探寻从西欧直达东亚和南亚的海上航路。恰是这种改变导致了丝绸之路的彻底衰落。曾经作为欧亚文明交流的大动脉——丝绸之路的搏动，由于大航海时代以来国际形势的变化即将停止，属于丝路的帝国传奇也因此画上了句号。

参考文献

1 希提．阿拉伯通史 [M]. 北京：商务印书馆，1979

2 L. 布尔努瓦．丝绸之路 [M]. 乌鲁木齐：新疆人民出版社，1982

3 李明伟．丝绸之路贸易史 [M]. 兰州：甘肃人民出版社，1997

4 彭树智．中东国家通史 伊朗卷 [M]. 北京：商务印书馆，2003

5 王三三．帕提亚与丝绸之路关系研究 [D]. 天津：南开大学，2014

6 张文久．试析公元前 53 年至公元前 36 年帕提亚与罗马的军事冲突 [D]. 长春：东北师范大学，2015

7 马锋．从达拉斯城战役看查士丁尼时代拜占庭帝国的军事特点 [N]. 西南大学学报，2014-9

8 埃德温·布莱克．蒙古军攻占巴格达 [J]. 城市史与城市研究，2015(2)

远帆与财富
南宋海上丝绸之路的崛起

作者 / 慕雨

说到丝绸之路，多数人会联想到神秘的西域瀚海，落日余晖下步履艰难的商旅，悠扬动人的大漠驼铃……其实，丝绸之路不只是广袤无垠的沙漠，它也是朝晖夕阴、气象万千的海。

早在两千多年前，勤劳勇敢的先民们就开始探索连接东西方文明的通道。经过不懈努力，他们终于开拓了数条连接亚、欧、非三大洲的海陆通道，后人将其统称为“丝绸之路”。一直以来，丝绸之路都是促进沿线贸易、推动文明交融的重要纽带，而和平合作、包容理解、互惠互利的丝路精神也代代薪火相传。

说到丝绸之路，多数人会联想到神秘的西域瀚海，落日余晖下步履艰难的商旅，悠扬动人的大漠驼铃……其实，丝绸之路不只是广袤无垠的沙漠，它也是朝晖夕阴、气象万千的海。先民穿越无数的湍流、暗礁、险滩，栉风沐雨、历经苦难，终于将东西方文明融入了蔚蓝的海洋。

曾有学者将丝绸之路做了不同定义：沙漠之路、草原之路、海上之路、唐蕃古道、中印缅路、交趾道。

而海上丝绸之路又被一些学者根据不同历史时期的主要贸易商品种类，称之为“瓷器之路”“茶叶之路”“香料之路”。唐代以前，中国主要输出商品为丝绸与黄金制品。唐代之后，陶瓷日渐受到海外市场青睐，成为丝绸之后又一种主要输出商品。到明末，茶叶传至西方，逐渐成为中国最大宗的出口商品。

其实，丝绸之路虽然是一条古老而漫长的商路，但丝绸之路的名称不是随着丝绸之路的开辟而产生的。直到 19 世纪 70 年代，德国地理学家李希霍芬（Ferdinand von Richthofen）在其《中国，亲身旅行的成果和以之为根据的研究》一书中，才首次把汉武帝时张骞出使西域开辟的，经西域将中国与中亚阿姆河—锡尔河地区以及印度连接起来的丝绸贸易道路称为“丝绸之路”。这条路就是自陕西西安，经甘肃、新疆，抵达中亚、印度各地的陆上通道。

李希霍芬的命名得到了东西方学者的认同，自此“丝绸之路”的名称流传开来。1910 年，德国历史学家赫尔曼在《中国和叙利亚之间的古丝路》一书中，

◀ 李希霍芬像

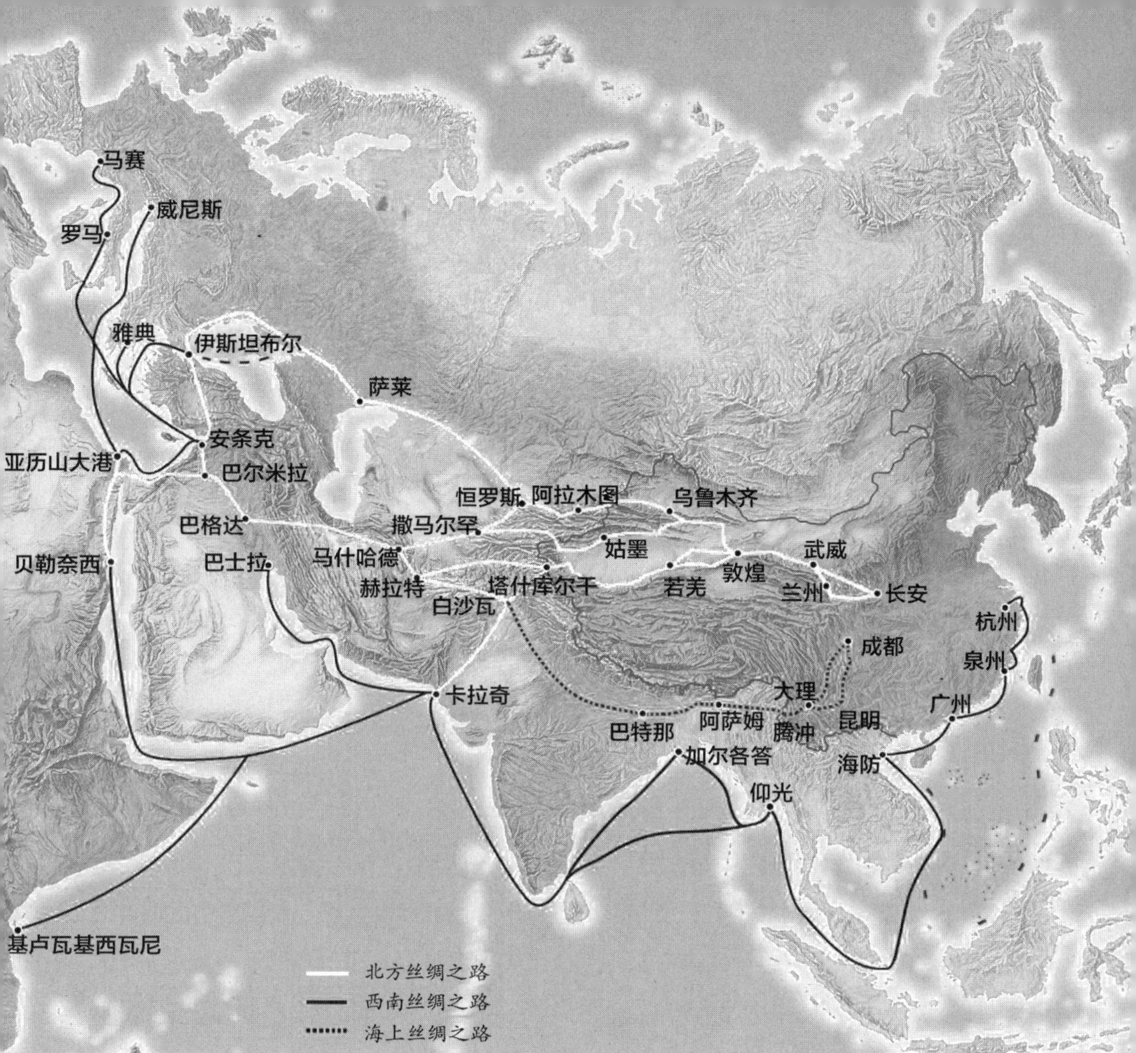

▲ *三大丝绸之路的路线图*

将丝绸之路的西端延至地中海东岸和小亚细亚。德国地理学家胡森特的专著《丝路》，对这条沟通东西方的商道进行了专门描述，“丝绸之路”的称谓从此为中外学者所习用。其含意也更宽泛，约指古代横贯亚洲大陆的交通线，它东起黄河流域、关中平原，通过河西走廊、塔里木盆地，越葱岭（今帕米尔高原），经中亚两河流域[1]，入里海南侧的波斯高原，逾西亚两河流域，直抵地中海东岸，转而到达罗马等地。自公元前 2 世纪以来，千余年间，以丝绸为代表的中国商品主要经此路西传。其后，丝绸之路

① 这里的两河是指源自葱岭汇入咸海的阿姆河与锡尔河。

的含义进一步扩大，又分为“陆上丝绸之路”与“海上丝绸之路”两种交通线路。陆上丝绸之路又分为“北方丝路”与“西南丝路”。

“北方丝路”约指汉唐间从长安、洛阳出发，呈扇状向西展开的交通线路，分东段、中段、西段。东段从洛阳、长安经河西走廊至玉门关、阳关。中段有南道——沿昆仑山北麓、塔克拉玛干沙漠南沿；中道——沿天山南麓、塔克拉玛干沙漠北沿；北道——沿天山北麓的准噶尔盆地。西段为逾葱岭西行至欧洲的线路，又分南道——沿阿富汗、伊朗高原，至巴格达、大马士革，至东地中海边贝鲁特，航海至罗马各地；中道——汉北道，沿阿姆河西行，至德黑兰与南道汇合；新北道——其一沿锡尔河西行，至木鹿城与中道汇合，其二沿今哈萨克斯坦北部草原，经里海北，入小亚细亚半岛，至罗马各地。

“西南丝路”是由四川成都、宜宾出发，越过岷江及其支流大渡河、金沙江、澜沧江、怒江及横断山脉出腾冲，进入缅甸、印度的商路。

1913年，法国汉学家埃玛纽埃尔·爱德华·沙碗（Edouard chavannes,1865—1918年）首先提出了“海上丝绸之路”的概念。其著作《西突厥史料》写道：“丝路有陆、海两道，北道出康居，南道为通印度诸港之海道。”1967年，日本学者三杉隆敏在《探索海上的丝绸之路》一书中，正式使用了“海上丝绸之路”这一名称。

就此，“三大丝绸之路”的说法形成了，即“西北丝绸之路”（经由中国西北方出境的陆路总称）、“海上丝绸之路”（自中国南部沿海，通往东南亚乃至西亚、北非等地的“南方水路”和自东部沿海，通往日本、高丽等国的“东方水路”）以及“西南丝绸之路”（途经中国西南等地的陆上交通线）。

背海立国

外国学者眼中的海上丝绸之路，主要是指自中国东南沿海港口出发，穿过南中国海、马六甲海峡，向西进入印度洋、波斯湾、红海沿海国家和地区，一直延伸至欧洲的海上交通线路。

中国是世界上最早开发利用海洋的地区之一，其海洋文明与高度繁荣的内陆文明相比丝毫不显逊色。而海上丝绸之路的航向，最初也不是通往西方，而是通往东方的日本。

《周易·系辞下传》中记载，伏羲氏挖空大木做舟，削尖了木头做楫，有了这些，

▶ *汉武帝*

就可以到达远的地方，让天下人从中获利。春秋战国时期，随着冶铁技术的出现，造船水平得到了大幅提高，航海的范围也逐步扩大。邹衍的“大九州”学说是世界上最早的海洋型地理观，他将陆地视为被海洋包围的岛屿。这种观念，被许多人视作先民向海外开拓的强烈愿望。秦始皇统一天下后，下令开发琅琊港。徐福率人从琅琊东渡日本，开创了最早的“海上丝绸之路”东方航线。《日本书纪》卷八载，仲哀天皇八年，中国蚕种从朝鲜半岛的百济东传到日本。这条海路是海上丝绸之路的东海直航线，是中国最早向外传播蚕丝和丝织品的海路。

南海起航线始于汉武帝时期。公元前 111 年，汉武帝削平南越后，以九郡之一的合浦郡为出航起点，船只可从海上经过印度南部到达斯里兰卡。《汉书·地理志》卷二十八载，自从日南郡阻塞，从广东徐闻、广西合浦出海，航行五月，可以到达都元国（今马来半岛）；再航行四个月，又到达了邑卢罗国（今缅甸南部沿海）；再航行二十多天，就到了湛离国（今缅甸孟加拉湾海岸）；上岸步行十多天，又到了夫甘都卢国（今缅甸蒲甘城）；从夫甘都卢国再乘船航行两个多月，又抵达了黄支国（今印度建支补罗）。这说明，我国在汉代时就已与东南亚、南亚诸国有了海上往来。

在范晔的《后汉书·西域传》中，身毒（印度）西与大秦（罗马）通航，有许多来自大秦的珍玩宝物。所以，丝绸可以通过印度转航至罗马。

可见，在东汉中期，就已经形成了两条沟通罗马的海上丝绸之路：一条从今云南至缅甸出海，通往印度半岛、阿拉伯半岛等地；另一条即从上述徐闻、合浦出发，通往印度半岛。东汉桓帝延熹九年（166 年），一个自称罗马皇帝安东尼派来的使节，自述是通过海路来到中国觐见宫廷的。虽然这个使者的真实身份很值得怀疑，但仍说明东西方两个超级大国之间已有往来，海上丝绸之路已具雏形。

不过，海上丝绸之路之所以能崛起，其实是因为中原王朝对陆上丝绸之路渐渐失去了掌控。

▲ 《供职图》，唐阎立本绘，现藏于台北故宫博物院。它表现了盛唐时期外国使节前往中国朝贡的情景

李唐立国后，在天可汗唐太宗李世民的努力下，大唐王朝迎来了自秦汉以来东西陆路交通的鼎盛时期。可“安史之乱”后，唐王朝彻底失去了对西域的控制，安西都护府、北庭都护府相继被吐蕃攻陷，路上丝绸之路东段被阻。唐朝覆灭后，中国又经历了数十年分裂割据的战乱，直到北宋王朝在五代废墟上建立起来，才重新恢复和平，但它并没有彻底摆脱来自北方少数民族政权的军事威胁，西北陆路逐渐被西夏把持，外交空间基本断绝。宋室南渡后，又与金政权形成了南北对峙的政治格局，因此建设东南海运，加强与东南亚国家的贸易往来，成了大势所趋，海上丝绸之路由此迎来了鼎盛时期。

南宋立国，由于先天不足，宋人意识到必须加强海防。海防的加强，进一步促进了海外贸易的繁荣，而贸易的繁荣又需要强有力的海防力量作为保障。在这种相互促进下，南宋海外贸易被空前重视，中国于是迎来了一场深刻的社会变革。此后南宋政府不断发展海上贸易往来，开拓太平洋、印度洋沿岸的海外贸易区域，海上丝绸之路逐渐取代古老的陆上丝绸之路，成为对外贸易的主要通道。

机遇与挑战并存，海外贸易的繁荣，以及由此产生的国防新问题，南宋朝廷必须

▶ *赵构画像*

谨慎对待。关于国家兴亡与海防之间的关系，南宋初年有志之士就有了清晰的认识，抗战派代表人物李纲就曾上疏宋高宗："海道去京东不远，乘风而来，一日千里，而苏、秀、明、越全无水军，则海道当预备。"这或许是国人对海防重要性的最早认识。

南宋人的这种海防意识出自血的教训。

北宋末年，金军兵分两路挥师南侵，北宋不敌，最终开封陷落，生灵涂炭，徽、钦二帝"北狩"（即"靖康之耻"）。出使在外的徽宗第九子——康王赵构侥幸躲过此劫，成了宗室中唯一的幸存者，后于南京应天府（今河南商丘）即位，在金人逼迫下率众南渡，偏安江南，史称南宋高宗。

南宋立国形势艰难，与北方的金人东沿淮水、西以大散关为界，国防线被挤压至淮水、长江一线。赵构将行宫设于临安（杭州）[①]，形成了"背海立国"的格局。时人章如愚意识到了来自海上的危险，洞见先机地指出：江淮是手足，海口是咽喉，京畿是心腹。钱塘江远望浙江，离淮水有千里之远，到达海边却用不了半天时间。而江淮一直就是战略要津，有了防备，就算是有警，也不会成为心腹之忧。所以值得担忧的是从海上长途奔袭，如果顺风，用不了两天，就可以迫近临安。

其实赵构选择临安为战时首都，本意是临安濒临大海，情势危急时，利于乘船跑路，他没有想到金人同样方便从海路发动进攻和偷袭。

金人的步步紧逼，加深了南宋立国时的边防危机。建炎元年（1127年）七月，海州地方上奏称，近期金人在燕山府（北京）打造战船，看情形是准备南侵。第二年，赵构检阅水军，积极整军备战。又有谍报称金人在梁山泊大造船舶，准备南侵。

① 南宋一代，一直以恢复汴京、报仇雪耻为主旨，故会稽诸陵，谓之"欑所"，而不称山陵。杭州虽为皇都，却称之为行在，不称京师。《宋史》卷八十五《地理志》，列举宋代京师，记杭州曰："行在所。建炎三年（1129年）闰八月，高宗自建康如临安，以州治为行宫。"

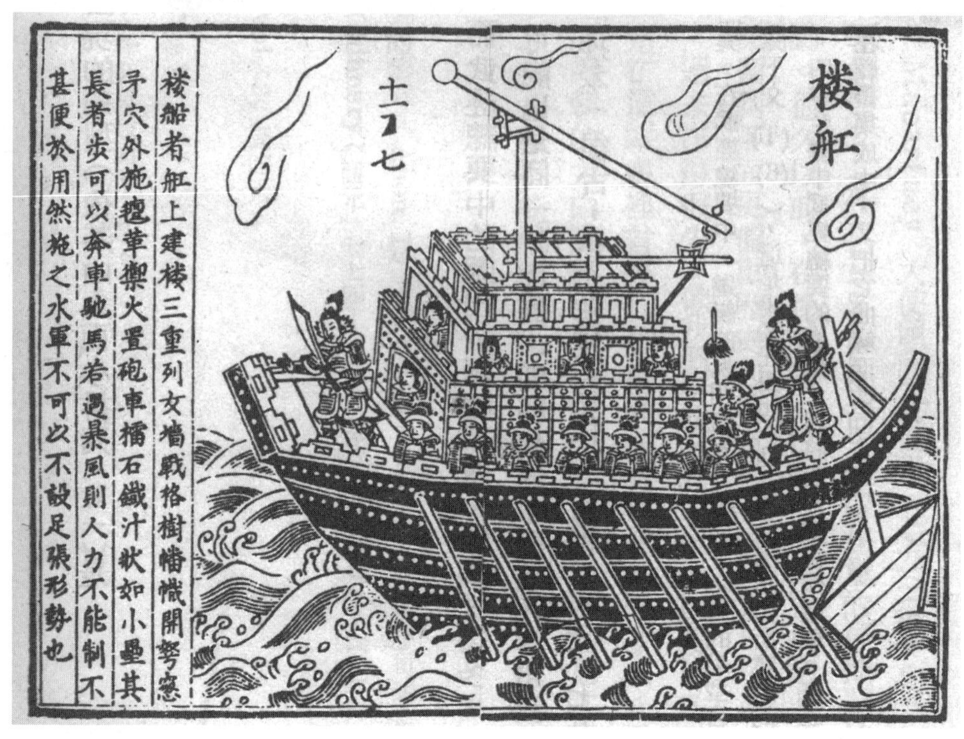

▲ ***宋代《武经总要》中记载的战船之一——楼船***

果然，金军于年底第三次大举南侵，轻松突破了江、淮防线。赵构仓皇出逃，经扬州、镇江、杭州、越州、明州（今浙江宁波）一路南逃。金军紧追不舍，大有不抓获赵构绝不收兵之势，形势万分危急。赵构被追得狼狈不堪，从定海（今浙江宁波镇海区）入海准备转道温州躲避金军的追杀。金军统帅金兀术则下了“搜山检海”的命令，必欲擒之而后快。

由此，宋金之间爆发了一场史称“明州海战”的战事。

建炎四年春正月己未日（1130 年 2 月 15 日），金兵攻陷明州。当天夜里，电闪雷鸣、大雨如注，金人乘势攻破定海，派出水军来偷袭赵构的御船。宋将张公裕率水军乘大船击退了金兵。宋水师的坚决阻击，为赵构一行虎口脱险赢得了宝贵时间，赵构安全逃至温州。

在南宋政权草创时期，明州海战因规模太小，所涉史料只得寥寥数笔，因此不知双方投入兵力多少，死伤如何。然而，此战意义却非同小可——明州海战是宋金之间的第一次海战，也是南宋对金作战以来取得的第一次胜利。此前，金军一路势如破竹，从北而南、从陆至海，尚无败绩。如果不是张公裕率水军阻击，取得明州海战的胜利，后果将不堪设想。赵构虽然在历史上臭名昭著，但不可否认，彼时他无人可以替代。如果他落入金人手中，南宋朝廷势必会陷入群龙无首、号令乏力的局面。新一轮的帝位争夺会令宋廷的处境更加雪上加霜。

明州海战后，鉴于汉人抗金热情高涨，加上金人水土不服，金军不得不撤军北返。哪知道在回师途中，金军又遭遇了宋军浙西制置使韩世忠所部的江上截击。宋军仅八千人，金军则有十万之众。然而韩世忠指挥若定，先是“以海舰进泊金山下”，又用大船扼守江中险要之处。宋军乘风扯篷，船只在江上往来如飞，断了金军归路。

金兀术本打算率军从镇江渡江北归，此时被逼得走投无路，只好低眉顺眼地向宋军提议借路，但被韩世忠严词拒绝。金兵迫不得已沿长江西走，韩世忠令海舟与之并行，利用水军的优势，将金军逼入了河道湮塞的黄天荡中，仅有的出口也被宋军封锁。进退失据的金军陷入窘境，被困黄天荡二十余日。最后有人“献破海舟之策”，金军这才突出重围，狼狈北归。先是明州小挫，后在黄天荡险些全军覆灭，两次作战失利的金军士气大受打击。侥幸逃脱的金兀术，回想起来此次南侵就心有余悸，“每遇亲识必相持泣下，诉以过江艰危，几不得免”。

金兀术是灭北宋的急先锋，当时已经成长为独当一面的大将。出生入死久经战阵的人，竟然会做出如此行为，可想而知，此次南侵给金军留下了大面积的心理阴影。

此战之后，金兵改变了对宋策略，再无大规模南下之举。宋廷由此获得了难得的喘息良机，逐渐稳定了局势，与金人形成对峙局面。

▼ ***《中兴四将图》，左一为韩世忠***

两年前，坚定的主战派代表李纲就曾上疏赵构，指出海防建设的重要性。但是他的建议随着主战派的失势没有了下文，也就没有引起赵构太多的关注。明州之战、黄天荡之战中，宋军以少胜多、以弱胜强，使赵构充分意识到了海防和水军建设的重要性。差点成为阶下囚的他深受刺激，下定决心建立一支强大水军和完整的海防体系，与金人抗衡。

因此随着南宋政权的逐渐稳定，海防与水军的建设也很快被提上了议事日程。在赵构的重视下，海防体系建设进入实质性阶段。南宋初期，百废待兴，局势艰难，赵构却抓住了相对安稳的三十多年时间大力发展海防，加强水军建设，还专门设立了沿海制置使这一职位，负责海防相关事务。经过努力，南宋政权终于初步完成了水军建设，建立起海防体系，并最终凭借水上的军事优势巩固了南宋的偏安之势。

生财有道

政权暂时安定了，新的烦恼也随之而来——由于金人来犯，宋室被迫南迁，中原人民随之大量涌入江南地区。唐末五代以来，黄河流域因受战乱影响，经济地位不断下降，而东南地区却逐渐发展成为财赋重地。但东南地区人稠地狭，现在突然又涌入无数北方难民，人口急剧膨胀之下给政府带来了巨大压力。为解决这个问题，南宋政府提倡农业生产科学化，积极改良耕具，鼓励农民种麦，短短数年间，江南农业就达到了一年两熟或一年三熟，与此同时引进占城稻、印度绿豆等良种，大幅提高农田亩产量。据葛金芳先生测算，南宋时期一个农民每年生产粮食约四千斤，比汉时提高一倍，比唐时提高约三成。尽管如此，东南地区仍无法消化众多人口。

大量的剩余劳动力，是严重的社会问题。南宋政府不得不广开财源，搞多种经营和工业生产，相关部门因势利导，大力奖励植树造林，发展经济作物。以桑麻、竹子、茶叶、水果、蔬菜、花卉等经济作物为主的商业性种植迅猛发展。尤其是两浙路的太湖流域、成都平原和福建沿海地区，种植经济作物的专业农户和小手工业者开始向农业小商品化生产者转化。各种新政的出台，使得东南地区工商业蓬勃发展，陶瓷制造业、丝绸纺织业、茶叶种植业日益兴盛。

大量手工业品被制造出来以后，还需要通畅的销售渠道。销路无非两个选择——内需和外销。国内市场随着疆域的萎缩，已经不足以担当重振国家经济的重任。余下的只有开拓国外市场一途了。

随着宋金双方签订和约，沉重的岁币落在了宋廷身上，进一步加重了政府的财政负担。“公库所蓄金银已全部献出，还要向民间索取，凡富民窖藏，商旅流动资金，妇女钗环、珥钏以至微小的金银首饰，皆须限期交官。私藏者有罪，许人告。这样一来，宋人公私星星点点的金银都被罗掘一空。从此，宋王朝顿然成了一个无金银之国，不但不再有金银货币，连一点微小的首饰也没有了。”①

这话讲得虽太过夸张，但也从某方面反映出南宋财政危机非同小可。南宋朝廷除了要缴纳岁币换取和平之外，足兵足食同样是必须优先考虑的，否则国家机器无法正常平稳运行。

很快，宋人就找到了生财之道。在新建的海上力量保驾护航下，南宋生产的手工业品通过泉州、广州、宁波，销售到东洋、西洋、南洋等地。这一条条繁忙的海外贸易路线，习惯上称之为“海上丝绸之路”。

其实，海上贸易通道在唐王朝就已经存在，据《新唐书·地理志》记载，唐代对外交通线一共有七条：“一曰营州入安东道；二曰登州海行入高丽、渤海道；三曰夏州塞外通大同云中道；四曰中受降城入回鹘道；五曰安西入西域道；六曰安南通天竺道；七曰广州通海夷道。”这其中，五条是陆路，只有两条是海道。看得出来，海上丝绸之路在唐代只是对陆上丝绸之路的补充。

唐王朝时，丝绸之路的发展以“安史之乱”为分水岭，其后陆路衰退，海路变得繁盛。贸易中心逐渐南移，除长安、洛阳外，南方的广州、苏州、杭州等城市的贸易发展格外迅速。尤其是广州港在当时已是重要的通商口岸，对外贸易十分发达。为此，唐朝政府在广州设立了船舶使之职专门负责外贸事务。

北宋政权建立后，随着经济、政治中心的东移，中国丝绸之路的起点也由唐时的长安、洛阳移至北宋首都开封。由于契丹、西夏雄踞西北，丝绸之路的主干道——北大道（草原丝绸之路）和居延道完全被控制，与西域诸国之间的政治、经济、文化交流往来远不及唐时。宋廷虽然疆域不广，军事不振，但毕竟是东方大国，中原王朝经济与文化的向心力，使两宋在东亚外交圈仍有着相当大的影响力与地位，四方来朝者络绎不绝。《宋史·外国传》序里记载，东面的高丽、渤海国，虽然中间隔着辽廷，仍不辞辛苦地绕道航海而来；西边的天竺、于阗、回鹘、大食、高昌、龟兹、拂林等国，虽然与宋隔着辽与西夏，也接踵而至；吐蕃、唃厮罗、毡豁征这些部族，一直深

① 出自傅罗夫《中国封建社会经济史》。

▶ *隋炀帝*

受西夏人欺凌，希望得到宋廷的帮助，亦不远万里前来修贡；交趾（今越南北部地区）、占城（今越南南部）、真腊（今柬埔寨）、蒲耳、大理这些滨海政权，自从刘𬬮[①]、陈洪进[②]相继纳土归附，也纷纷前来修贡贸易。

隋炀帝开通大运河后，开封变成了沟通南北的交通要津。北宋定都开封后，很快，开封就成了八荒争凑、万国咸通、中外商旅往来不绝的国际大都市。

北宋初期，同西域诸国交往的路线主要是灵州道（即关陇北道），具体走向是：从东京开封出发，经西京洛阳，至京兆府长安，然后向西北行，经咸阳、宁州（今甘肃省庆阳市宁县）、庆州（位于今甘肃庆阳市），达灵州（今宁夏吴忠市北），之后从灵州西行，或沿黄河外侧，经今宁夏中卫西至凉州，抑或经今内蒙古阿拉善左旗，穿腾格里沙漠西至凉州。开封至凉州约五千里，到凉州后再沿着丝绸之路绿洲通道就可以前往西域诸国了。

宋真宗咸平五年（1002 年），党项人李继业攻陷灵州。此后，河西走廊相继为西夏人控制，宋廷与西域诸国的交往只好改行青唐道（即原吐谷浑道、河南道）。其具体走向为：从开封西行，经洛阳至长安，然后沿渭水西出大震关至秦州，然后西行经河州、廓州至唃厮罗首府青唐城（今青海西宁），再从青唐西行，沿原吐谷浑道直达西域诸国。

最初，西北和西域地区的地方政权，在各自势力范围内，极力维护丝绸之路的畅通。甘州回鹘在被西夏征服前，曾先后六十一次遣使通宋，有时一年多达三次；瓜州归义军、唃厮罗、高昌、龟兹、于阗、喀拉汗等也与宋廷保持着贸易往来。但是自从西夏控制

①（942—980 年），南汉后主。公元 971 年，北宋攻打南汉，南汉不敌，刘𬬮被迫投降，被北宋封为恩赦侯。

②（914—985 年），南唐清源军节度使，南唐国主李煜死后向北宋献出所掌泉州、漳州及所辖十四县，被宋太祖封为武宁军节度使、同平章事。

河西走廊后，不仅对途经的西域商贾课以重税——抽取最好、最贵重商品的十分之一为过路费，而且对这些商贾敲诈勒索，勒索不成则无理羁押，甚至公然攘夺西域诸国的贡物。如此一来，过其境的贸易线成了断头路。天圣元年（1023 年），宋仁宗不得不诏大食“自今取海路，由广州至京师”。该路段直至西夏亡于蒙古之后才得以恢复畅通。

宋室南渡后，战火连绵、交通中断，全国经济中心南移，海上丝绸之路成了对外交往的最重要通道。南宋海路主要包括两条：一条是从广州、泉州、宁波等港口出发，通往东南亚、南亚、西亚、非洲等地的南海航线；另一条是从明州、杭州、登州等港口出发，通往朝鲜、日本、琉球等地的东海航线。

海上贸易的繁荣需要强大的造船业与先进的航海技术支撑。宋时，指南针的推广应用，使航海技术得到了进一步提高。据宋人朱彧《萍州可谈》记载，在北宋或者更早，指南针已经运用于航海当中了，“舟师识地理，夜则观星，昼则观日，阴晦观指南针”。

宋代的远洋造船技术世界闻名，广州、泉州、明州是宋廷三大制船中心。“海商之舰，大小不等”，普通的海船，长“十余丈，深三丈，阔二丈五尺，可载二千斛粟”，“每舟篙师水手可六十人”；大的海船，则“可达五千斛，可载五六百人”；而中等海船，“二千斛至一千斛，亦可载二三百人”。

另据《梦粱录》卷十二《江海船舰》记载：“海商之舰大小不等，大者五千料，可载五六百人。”可见宋时民营造船业十分发达，可以生产出当时世界上一流的远洋船。“料”原指造船的材料、原料，后来发展成为造船专用术语。一料约合 110 斤，一艘大船的载重量可达 250 吨。但这并不是宋代载重量最大的船舶。宋神宗时，内河航运出现了一艘“万石船”，载重量可达 660 吨。彼时设计船舶载重以“石”为准，确定载重量后，再依据实际要求，计算长、宽等数据，画成图纸，用以估算人工、用料、造价，方便购买者支付预付款。宋徽宗在位时，为出使高丽国，命人在明州打造了两艘号称“神舟”的海上巨无霸，船的长度有 110 米，载重量超过 1100 吨。神舟行驶在

▶ ***北宋水浮法指南针***

水中，“巍然如山，浮动波上”。当它驶入高丽港口时引发了轰动效应，高丽国民奔走相告，争相赶来一饱眼福，达到了万人空巷的盛况，被挤失足落水的男女老幼不可胜计。

总体来说，宋代航海技术领先于世界，海船上拥有的都是当时最先进的航海装备：罗盘针、转轴、避水舱、桅、舵、锚等。

宋代远洋的船舶主要分为两种：“广船”与“福船”。

广船是主要航行于南海航线的大型尖底船，它头尖体长，梁拱小，甲板脊弧不高，船体的横向结构用紧密的肋骨与隔舱板构成，纵向依靠龙骨支撑。该船多采用荔枝木、铁梨木、樟木、乌婪木等高强度木料制作，结构坚固，具有较强的续航力与远航能力。

福船是航行于福建、杭州沿海一带的尖底海船的统称。福建地形以丘陵为主，人多地少，所以福建人民自古就有以海为生的传统，因此造船业极为发达。南宋偏安一隅，中国与外部的贸易来往完全依赖于海上交通，在这种形势下，福船制造业迎来了难得的发展契机。这些时代因素也决定了南宋福船的形制主要特征以大且宽阔为主。《萍州可谈》载：“福船方如一木斛，非风不能动。”《宋会要辑稿》也记载：“一千料船长七八丈，宽二丈五尺。”

福船的船型和船壳结构是由龙骨决定的。龙骨由首龙骨、主龙骨和尾龙骨三段通过榫卯连接而成，处于船底正中的位置。船壳由龙骨逐步向两侧呈弧形展开，船壳板之间采用榫卯搭连与平接，从而形成阶梯状，并用竹钉、铁钉和锔钉加固，接缝处用麻丝和桐油灰等捻料腻密。福船横断面呈“V”字形，龙骨装置在尖底下端贯通船只首尾。

福船的尖首、尖底设计，利于乘风破浪而行，不但吃水深，而且行驶平稳，容易转舵。这样的装置，可以在海底多礁或复杂的海域行驶。也因这一优点，福船成为远洋商贾的首选，是各条航道上最多见的船型。

龙骨装置和船舵、水密隔舱是我国古代造船技术的三大发明。龙骨装置完全发明于宋代，舵、水密

◀ 复原的福船模型，藏于中国航海博物馆

◀ *福船船舵，藏于中国航海博物馆*

隔舱技术则成熟于宋代。这三项发明奠定了宋元时期中国航海技术领先世界的基础，也对世界航海造船业的发展带来了深远的影响。

舵是操控船只航行方向的设备，古人称其为“凌波至宝”。舵由桨变化而来，并在实际运用中被不断改进。早期的舵杆由船尾斜伸入水，还多少保留着桨的痕迹。后来，人们将舵杆改为垂直入水，舵面与舵杆连接，形状如字母“b”，因为像门扇与门轴一样，所以又称为“门舵”，安放的位置也由船尾改为船尾中央。

宋代船舶大多使用长方形门舵，船工们为了在转舵时省力，在门舵上打了许多孔，叫“开孔舵”。舵面开孔后非但不影响性能，还可以减轻水的阻力。古人的这种发明创造，直到今天仍被渔民继续使用。北宋时期又出现了一种平衡舵：将一小部分舵面移到了舵杆前，这样可以缩小舵面的摆动力矩，操作起来更加灵便轻巧。南宋时，还新出现了随水深浅可以升降的升降舵。

10 世纪时，阿拉伯航海者引进了中国船舵技术。之后，随着唐宋海上贸易的繁荣，中国舵又由阿拉伯传入欧洲，成为开创人类大航海时代的技术条件之一。

水密隔舱是用隔舱板将船舱隔成几个独立的舱区，这种技术最迟在唐朝时已经出现。它需要用厚实的隔舱板与船壳板紧密钉合，以此增加船体的横向强度。隔舱板实际上也起到了肋骨的作用，它不仅使造船工艺得到简化，还进一步加强了船体的牢固程度。另外，水密隔舱还提高了船舶的抗沉能力。倘若发生船体触礁进水的不测事件，海水只是灌进了坏舱，不影响其他舱室，船舶也不至于马上就沉，船员有机会进行施救，也有充裕时间逃生。而且由于分舱，船舱可以分装不同货主的货物，这既提高了装卸效率，也方便了货物管理。

到了 18 世纪末，水密隔舱技术引起了西方世界的重视。1787 年，本杰明·富兰克林任美国邮政局局长期间，在与法国往来的涉及邮船计划的信中，建议采用中国的水密隔舱技术，“对于乘客将是一种莫大的鼓励”。1795 年，本瑟姆将军改造英国军舰时，采用了“免得进水沉没的隔板”。英国人误以为这是本瑟姆的发明，本瑟姆不敢掠人之美，公开申明：“这是今天的中国，也是古代的中国实行的。”

此后，中国的水密隔舱技术开始流行于欧美乃至全世界。直到今天，无论是载重量达数万吨的油轮，还是潜入海中数百米深的潜艇，制作材料虽日新月异，但内部结构仍然使用来自中国的水密隔舱技术。

主要港口

20 世纪发现的南宋古沉船“南海一号”极有可能就是福船。该船在南宋初年经海上丝绸之路向外运送瓷器时失事，沉没于广东省阳江市南海海域。该船展现了宋代单体船舶的制作水平。南海一号在海底沉睡了 800 余年，打捞工作持续 20 年。该船除船尾和甲板已经腐烂之外，其余部分保存完好。南海一号是尖头船，整艘船全长 30.4 米，宽 9.8 米，船身（不算桅杆）高约 4 米，排水量估计可达 600 吨，载重近 800 吨，在南宋属于中等规模的远洋船。

打捞出水的南海一号船上有数千件完整瓷器，汇集了德化窑、磁灶窑、景德镇、龙泉窑等宋代著名窑口的陶瓷精品，品种多达三十余种，多数为国家一级文物、二级文物。其中一些棱角分明的酒壶和大喇叭口的瓷碗具有浓郁的阿拉伯风情，被专家解读为来样加工的海外订单。

这艘沉船，还透露出一个重要信息，那就是海上丝绸之路与陆上丝绸之路不同，

▼ 南海一号上被打捞出土的瓷器

其主营的商品已经从丝绸变成了瓷器。西方对中国文化的认识，最早是通过陆上丝绸之路实现的，古希腊、罗马称中国为“Seres”，意为“丝绸”，很显然，这个词是“丝”的音译。

华美轻柔的丝绸，令欧洲人对神秘的东方文明产生了丰富的联想。公元前1世纪，罗马诗人维吉尔说丝是从树上梳理下来的精细羊毛。公元1世纪，罗马学者辛尼加多次提及丝，并坚定地认为它是中国人从树上采摘下来的。同时代的普林尼甚至绘声绘色地为人们描述了中国人是如何从树上采丝、纺丝和织丝的。直到1世纪末，欧洲人才知道丝线与棉线的不同。到了6世纪中叶，印度僧侣将蚕卵带到拜占庭罗马，罗马人对丝的来源才有了完整而清晰的正确认识，并逐步掌握了养蚕和纺织蚕丝的全部技术。

但是宋代之后，西方对中国的称呼从“Seres”变成了“China”，China是瓷器的音译。这种变化与东西方贸易输出的主要商品的改变不无关系。一方面，宋朝随着疆域的缩小，丝绸产量大幅下降。另一方面，与昂贵、生产周期漫长的丝织物相比，通过海路出口大宗瓷器显然更具可操作性，更何况“元以前，亚洲各国还没有瓷器，中国的瓷器是独一无二的”[①]。因而亚洲人民日常生活需要陶瓷，只有从中国进口。他们经常将瓷器作为装饰品炫耀，并作为礼品馈赠亲友。亚洲各国当时的生产力水平偏低，几乎无力购买昂贵的丝织品，而物美价廉的瓷器却在亚洲市场潜力巨大，更受消费者欢迎。与国外输入我国的象牙、香料等初级产品相较，宋瓷明显更具有贸易优势，在对外贸易中自然会占有主导地位，为宋廷带来巨额的财政收入也是顺理成章之事了。于是，“瓷器取代丝绸成为最大宗的出口品”[②]。

当然，瓷器的外销古亦有之。早在汉晋之时，中国的陶瓷就开始作为礼物随着丝绸之路向东北亚和东南亚流通。瓷器以商品的形式向外流传始于唐朝中晚期，但受到经济、政治、军事各方面的影响，特别是运输手段的限制，外销数量微乎其微。直到南宋时，瓷器的外销才出现了井喷似的增长，而这正是拜南宋海外贸易繁荣所赐。

① 著名的陶瓷鉴定专家冯先铭语。
② 出自黄艳纯《宋代海外贸易》。

在这繁忙的海运贸易当中，有众多港口获得了极大发展，其中以泉州港的发展最为典型。

宋初，宋廷指定广州、明州、杭州为对外贸易港，并设市舶司征收关税。凡与外国贸易有关的一切事务，都归市舶司管理。当时，广州所征占三地全税十之八九。随着南宋偏安一隅政治格局的形成，南宋朝廷开始发展海外贸易，泉州受“地利”所惠异军突起，对外贸易日益兴盛。

成书于南宋理宗宝庆元年（1225 年）的《诸蕃志》，是一部详细记载宋代瓷器对外贸易的重要文献资料。作者赵汝适（1170—1231 年）乃赵氏宗室，曾任泉州市舶提举官。

赵汝适不愿意只做个循吏，而是希望在市舶司的工作上能有所建树。因此在工作之余，他寻访在华胡商，了解其国山川地理、人物风情。《诸蕃志》中于关于货物产地，采制之法，如何辨识质量等，都有专门描述。书中还记载了多种贸易形式：有的国家及地区专门做转口贸易，有的冒称产地，种种不一而足。该书在广列进口商品的同时，还记述了许多中国出口商品，如瓷器、绸缎、漆器、药材、布匹、金银器皿、铜、铁等，以及不同国家的需求。

赵汝适在书中记载了与南宋有贸易往来的五十六个亚洲国家，其中用瓷器进行贸易的有十五个：

占城（今越南南部）、真腊（今柬埔寨）、三佛齐（今印度尼西亚苏门答腊岛的巨港）、单马令（今马来西亚南部）、凌牙斯加（今马来西亚南部）、佛罗安（今马

泉州崇武古城海滨

▲《诸蕃志》

来西亚南部）、兰无里（今印度尼西亚苏门答腊岛）、细兰（今斯里兰卡）、阇婆（今印度尼西亚爪哇岛北部）、南毗（今印度半岛西岸）、层拔（今坦桑尼亚桑给巴尔）、渤泥（今印度尼西亚加里曼丹岛北部文莱一带）、西龙宫（今印度尼西亚加里曼丹岛）、麻逸（今菲律宾垠都洛岛）、三屿（今菲律宾群岛）。

这十五个国家或地区分属今亚洲地区的越南、柬埔寨、菲律宾、马来西亚、印度、印度尼西亚以及非洲的坦桑尼亚，但其中却漏记了中国陶瓷销量最大的国家——日本和朝鲜。显然，上述地区只是赵汝适“暇日阅诸蕃图”或者“乃询诸贾胡”列出的，实际情况自然远盛于此。考古证实，从 8 世纪的奈良时代至 19 世纪的江户时代，日本从中国输入的陶瓷数量巨大。到 20 纪 70 年代止，在日本国内出土的中国陶器遗址有近千处之多。在这些出土的陶瓷当中，产自宋元时期的又占到了 75%。

宋之前，外商大部分乘坐本国船舶，但乘坐中国船的也不少。到宋元时，来华商人普遍乘中国船。因为构造、设备俱佳，当时航行在海洋上的船只基本上为中国造。不论是中国船还是外国船，在大海上航行无一例外需要借助风势。每年 4—9 月，从赤道到喜马拉雅山脉地区的低气压和海洋高气压所形成的西南季风推动贸易船只向东航行；从 10 月到第二年的 3 月，亚洲大陆高气压和海洋低气压形成的东北季风推动贸易船只由东向西行驶。于是，西南季风与东北季风将一年分为两个航行阶段。在东北季风期内，大多来自中国或东南亚的贸易船只先航行至印度，然后静待西南季风，再开始进行下一阶段的航行。因此向西航行，一般是在两个季风期内进行的。向东航行，西南季风可以将从波斯湾和红海地区出发的贸易船只在一个季风期内送达东南亚或者中国。

位于东南沿海的泉州港濒临台湾海峡，冬季盛行东北风，夏季盛行西南风。所以从泉州出港的船只无论是到东北亚的日本、朝鲜，还是到东南亚都很方便。广州港在东北季风时适合向南航行，但在西南季风时，贸易船只能回到广州，很难再次出港了。明州港则最适合对东北亚的贸易，如果与东南亚贸易，则须行驶至泉州港候风。所以，与东南沿海其他港口相比，泉州具有优越的地理条件，不仅适合与印度洋沿岸进行贸易，而且也是连接东北亚和东南亚的贸易中转站。《诸蕃志》中记载，下南洋，西去大食的中外船只均从泉州起航。

其实据史料记载，泉州早在南北朝时期就已经开始与外国交往了。唐朝时，政府始设市舶使管理对外贸易，泉州也一跃成为继广州、明州之后中国对外贸易的第三个港口，但唐廷并未将市舶使设于泉州。

祈风仪式

人们从陆地走向海洋，扬帆远航，最希望的是一帆风顺。想要借风远航，首先要认识信风的规律，然后利用这一规律为船舶出海服务。但在从前，人们对信风规律的认识毕竟有限，对海上瞬息万变的气象把握不足，只好寄希望于神灵保佑。于是，祈神以求船舶航行顺利的“祈风”仪式应运而生。最早的祈风活动属于民间自发行为，到了宋代由于海外贸易规模的飞速发展，祈风逐渐成了由市舶司官员主导的政府行为。

九日山延福寺

宋代祈风，一般是在夏、冬两季举行。夏季的称“回舶祈风”，祈求商船从东南亚顺西南季风归航。冬季的称为“遣船祈风”，希望商船顺东北季风南下，一路顺风。根据史料记载，广州、泉州二地祈风时间相差无几。

泉州的海外贸易，自广州、明州之后迅速发展，“每岁自八月以后，至六月以前，风信不顺，即无贩莅及海南回舶到岸”。南宋财政拮据，广州与泉州被视为天子南库，赵构“置官于泉、广，以司互市”，地方官员自然不敢懈怠。

广州“去以十一月、十二月就北风，来以五六月就南风”（《萍州可谈》）。广州地方官员每年会按时举行两次祭神祈风活动，祈祷风顺波平，海内外船舶往来平安。广州地方祈风祭祀的神祇是丰隆神，泉州祭祀的则是通远王。广州的祈风仪式，史料中鲜有记载，也没有如泉州一般在祈风仪式结束后刻石留念（妈祖信仰此时仅限于民间）。

每到季风来临前，泉州市舶司官员与地方官员都会来到九日山脚下延福寺举行祈风祀典，祈求海上船只顺风顺水一路平安。祈风现场十分热闹，江上船只遮江，山下彩旗飘扬，锣鼓喧天，围观的男女老少摩肩接踵。

九日山在南安县西一里，山连晋江市，“旧俗常以重阳日登高于此，故名”。山下延福寺“山水秀绝，为七闽之冠”。泉州市舶司官员和地方官员都在此地举行祈风仪式。祈风仪式具体为：第一天“致斋”，第二天“将祭”。将祭仪式依次为上香、奠弊、退诣、再诣、读祝、再拜、瘗弊。其中读祝就是当众宣读祝文，是祈风仪式中最为重要的环节。

曾两知泉州的南宋名臣真德秀作祈风祝文曰：“惟泉为州，所恃以足公私之用者，蕃舶也。舶之至时与不时者，风也；而能使风之从律而不愆者，神也。……神其大彰厥灵，俾波涛晏清，舳舻安行，顺风扬帆，一日千里，毕至而无梗焉。”祝文将泉州市舶司的重要性与祈风的动机，交代得清清楚楚、明明白白。隆重的祈风仪式结束后，一众官员登山泛溪，饱览九日山风光，至日暮兴尽而返。沿海各市舶司都有专门宴请蕃商的专用资金，每年冬天在商船出发前，便宴请来华贸易的各国商贾，昭示宋廷的好客之道。感谢他们为促进中外贸易付出的努力，并祝他们一路顺风，航行平安。祈风仪式结束后，地方官府命人将祈风之事刻石留念，直到今天，九日山上仍保留着两宋时期的十三方祈风石刻。

▲ ***黄巢进长安***

唐末政治腐败，各地势力割据称雄，战乱频仍。广大劳动人民流离失所，阶级矛盾激化。唐僖宗乾符元年（874 年），黄巢起义爆发。黄巢在山东起兵后，头几年还在长江以北活动，到乾符五年，就率军进入福建，夺取福州后又挥戈南下，经泉州、大同场（今厦门同安区）、漳州、潮汕攻入广州。黄巢在广州屠城，杀死蕃商十万，广州对外贸易一度沉寂。不过，黄巢率军由浙江进入福建时，由于军事上的需要，从衢州至建州开拓山道七百里。这条陆路开辟之后，就成为闽浙间新的交通要道。该交通要道既有利于各地区货物向泉州汇集，也便于进口物资由泉州运往内地，客观上为泉州港日后的繁荣夯实了基础。

唐代的泉州城（即子城），周围只有三里，设有四门：东曰行春，西曰肃清，南曰崇阳，北曰泉山。天祐年间（904—907 年），王延彬扩大了西门。为了适应海外贸易的发展，到了南唐保大四年（946 年），留从效在泉州城外，又建了罗城和翼城。扩修后的泉州城城高一丈八尺，有七个城门：东仁凤，西义成，南镇南，北朝天，东南曰通淮，西南曰通津、临漳；城周长达二十里，是唐城的七倍。唐初筑城时，泉州城周环植刺桐树，留从效在增筑泉州城时，又环城栽种了许多的刺桐，因此泉州城也称为刺桐城。泉州海外贸易繁盛，泉州港又被称为刺桐港。刺桐城、刺桐港之名在五代时即声名远扬，享誉海内外。五代十国时，南唐政权于泉州设立“榷利院”，专门负责对外贸易之事。

▶ 泉州文兴古码头。文兴码头始建于南宋，是古泉州沿江的集群商业码头之一。塔为元代所立，一说为宋代遗物

到了北宋元丰年间（1078—1085年），泉州和长沙、开封、京兆府（西安）、杭州、福州这些城市，人口规模都已经在二十万人已上，是全国六大都市[①]。由于人口的增加与经济的发展，大观元年（1107年），泉州由上郡升为望郡。

到了南宋，因为泉州地近杭州的缘故，泉州的对外贸易飞速发展，年盛一年，很快就与广州相颉颃。到南宋淳祐年间（1241—1252年），泉州的主、客户更是高达二十五万五千七百五十八户，比唐开元盛世期间增加了七倍多。等到了南宋末年，泉州市舶司的收入更是高达百万万缗，几乎占全国市舶司收入的一半，远远超过了广州。如果按10%的税率来计算，每年通过泉州市舶司的贸易额竟达到了惊人的一千万两。泉州被誉为当时世界上最大港之一[②]，完全是实至名归。

海外客商自南海来华，大多是在旧历四月末至五六月西南风起之际。十月末至十二月东北风起时，他们再从中国出海返航。所以每年的五月到十月的半年间内，是泉州市舶司所辖港口地区最为繁忙的时节。

泉州港作为当时世界著名港埠，港内经常是“风樯鳞集”“大舶百艘，小船则不可胜数”的繁荣景象，码头上的瓷器更是堆积如山。“涨海声中万国商”，反映的正是宋时海外贸易繁荣的盛况。从泉州输出的景德镇青白瓷，浙江、福建沿海等地的龙泉青瓷、泉州青瓷在世界上久负盛名，马可波罗曾赞不绝口地称：“制碗和各种瓷器既多又美，价格便宜，除这个港口外，其他港口都不出这个东西。”

瓷器贸易

提及瓷器，很多人可能都会想到景德镇这个词。北宋景德年间（1004—1007年），真宗命昌南进御瓷，底书“景德年制”，因其精美绝伦，昌南遂以“景德镇”之名风

① 出自王存《元丰九域志》。
② 出自伊本·白图泰《印度支那游记》第422页。

行于世。随着宋室南渡，许多著名窑场的能工巧匠流落南方，他们带来了北方先进的制瓷工艺，景德镇也在他们的添砖加瓦下更上了一个台阶。南宋时，景德镇生产的“影青瓷器”与“青白釉瓷器”驰名中外，通过广州、泉州等港口输往世界各地，成为风靡海外的名牌瓷器。据说，荷兰、葡萄牙的商人将景德镇的瓷器销往欧洲时，其价格几与黄金相等。宋时瓷器行销世界五十余国，最远曾到达非洲的坦桑尼亚。不过，仅凭景德镇一处，所生产的瓷器自然无法满足泉州那庞大的贸易需求。

在福建地区，古泉州所属各县已陆续发现古瓷窑四百二十多处，其中宋元时期的就有一百一十多处，比宋之前的瓷窑总和多了六倍以上。从窑址采集到的标本来看，宋代瓷器种类繁多，有碗、碟、盘、罐、瓶、杯、盏、粉盒等用具，这些瓷器无不色泽晶莹，光可鉴人。其中，尤以仿浙江龙泉窑烧制的青瓷（俗称“土龙泉”）声名最显。

早在五代十国时期，福建制瓷业的制作水平和产品质量，就比唐时有了大幅提高。瓷器除青瓷之外，还有白瓷、影青瓷和其他色釉，品种多样，造型美观。闽国徐夤所著《贡余秘色茶盏》中有诗云：“巧剜明月染春水，轻旋薄冰盛绿云。古镜破苔当席上，嫩荷涵露别江濆。”从诗中可以窥见，五代时福建所产秘色釉瓷的品质已经相当高了。

1962 年，在福州市郊发掘的五代闽王王延钧妻刘华墓中，出土的瓷器有青瓷罐、白瓷碗等，其中三件孔雀蓝的大陶瓶釉色晶莹剔透，造型优雅、线条流畅，反映了五代时陶瓷制作技术的成就。

到了南宋时，福建瓷业迎来了发展高峰期。窑址遍布全省各地，不仅数量多、规模大，而且品种齐全，质量一流。现代考古证明，两宋时中国陶瓷曾出口至日本、朝鲜、菲律宾、越南、泰国、马来西亚、文莱、印度、印度尼西亚、沙特阿拉伯、巴基斯坦、叙利亚、伊朗、伊拉克、也门等亚洲各国；非洲则有苏丹、索马里、埃及、坦桑尼亚、肯尼亚、埃塞俄比亚等国家，甚至津巴布韦和南非共和国等地都有宋瓷出土。亚洲地区则是以日本最多，之所以如此，应该与日本深受唐宋文明影响有关。

◀ ***南宋龙泉窑青釉小贯耳瓷瓶***

▶ **军持**

宋代的泉州窑瓷器主要销往海外，因此产品在国外市场的发展形势好于国内。中国瓷器在海外大行其道，深受各国人民欢迎，也是有原因的。比如东南亚许多国家在输入中国瓷器之前，饮食器具多是陶器、竹木器、金属器等，甚至极个别的国家还在用植物叶子盛食物。《诸蕃志》中记载的登流眉国（今马来西亚马来半岛），吃饭时用葵叶作碗，也没有汤匙、筷子这些东西，就是掬在手里直接吃。在波斯国（今伊朗），只有国王才用得上瓷器来盛饭。渤泥国（今文莱一带）的居民吃饭不用器皿，用树叶一捧就开始吃，饭吃完了，

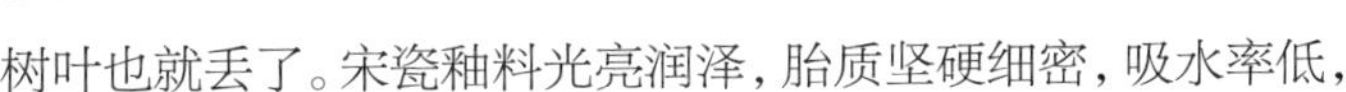

树叶也就丢了。宋瓷釉料光亮润泽，胎质坚硬细密，吸水率低，不易滋生细菌，而且清洗方便，不会与食物发生化学反应，所以宋瓷每到一地都大受欢迎。自从宋瓷进入这些地区，为他们提供精美、实用的器皿，当地人民的原始生活方式逐渐发生了改变。

“青白瓷的输入，使这些国家和地区的生活文明趋于更高层次，显示出更加高雅的格调，使他们在装盛菜肴、食物和调料，储藏化妆品，使用陈设用品和卧具时，都享受青白瓷制品提供的服务。仅在日本发现的中国青白瓷器就有碗、盘、瓶、盒、钵、壶、经筒、罐等多种类型。”①

在菲律宾、马来西亚、印度尼西亚等信奉伊斯兰教的地区，人们在做宗教活动时，喜欢用中国制造的“军持”②。非洲穆斯林喜欢蓝色和绿色，忌讳黑色，海商投其所好，专门运去青瓷，因此在非洲地方出土的中国陶瓷制品中鲜有黑色。

名窑瓷器在打开海外市场的销售渠道之后，因成本太高或供不应求，又为福建沿海各地仿烧名窑瓷器提供了新的商机。这些小规模的瓷窑紧跟市场热点，组织生产灵活，转产快，从器型、装饰特点对越窑、景德镇窑、龙泉窑、磁州窑等进行学习、模

① 出自冯先铭的《综论我国宋元时期“青白瓷”》一文，收录于《中国古陶瓷研究》。
② 宗教徒装净水的用具，又称净瓶。

▶ *建州窑黑釉茶碗*

仿。其烧制出的瓷器质优价廉，往往根据海外市场的要求组织生产，按具体要求定制，很快就占领了海外市场。20 世纪 70 年代发掘的德化屈斗宫窑址，出土了许多南宋时期的瓷器，有的釉彩绚丽，造型独特，有的花纹繁杂，刻有异域风情的图案。从该窑址还采集到了刻有“长寿新船”字样的粉盒，显然，这极可能是专为供海舶之用而烧制的外贸瓷器。在晋江的磁灶、德化的盖德等窑址也发现了大量的军持，这些东西明显也是针对东南亚各国和阿拉伯人民的需求而烧制的出口瓷器。在印尼、菲律宾以及日本等地，曾出土了大量这种类型的军持。著名的外销瓷专家、日本学者三上次男在《陶瓷之路》中道：“东南亚出口的陶瓷大半是福建和广东省的窑口烧制的。”而日本的博多“在 11 世纪、12 世纪形成了一个以中国为核心的陶瓷交易圈，也成了中国陶瓷器外销日本的集散地”①。

西方史学家研究后得出结论，宋代一年的对外贸易总额就超过了当时世界上其他国家同年对外贸易的总和。作为交易量最大宗的陶瓷，其销量之巨可想而知。不过，宋代瓷器大量出口东北亚、东南亚等国，并广受各国人民欢迎，不应简单地视为某一时的经济现象，而是政治、经济、文化、宗教等多方面因素形成的结果。

制茶业从唐代兴盛以来，一直在持续发展。到了宋代，茶成了人们生活中必不可少的东西，有了“开门七件事，柴米油盐酱醋茶”的说法。当饮茶成为一种风尚，制茶业自然有了更大的发展空间。于是，与制茶、饮茶有关的制瓷业在其带动下得到相应发展，也是顺理成章之事了。瓷器是最好的饮茶工具，沏茶泡茶的效果比起铜器、漆器来更佳。茶文化的昌盛，为瓷器的生产提供了广阔的市场。宋代盛行斗茶，流风所及，上自帝王、下至平民，概莫能外。而饮茶多用黑釉茶碗，因此黑釉茶碗成了南北瓷窑大批量生产的东西，其中尤以建州窑所产最为著名。

宋代瓷器工艺之精湛有目共睹，造型、装饰、釉色浑然天成几近完美，令人一见之下即爱不释手。黑色本是不怎么受人喜欢的颜色，可是在陶瓷师傅巧夺天工的创造下，多了神秘、内敛的美，在宋代反而成了流行色。

宋代茶碗多称“盏”，盏也作“琖”或“瓯”，是一种比碗小的器皿。宋代斗茶

① 摘自刘兰华《宋代贸易与对日贸易》，收录于《中国古陶瓷研究》。

以茶汤乳花纯白鲜明、着盏无水痕或咬盏持久、水痕晚现为胜。这种胜负，完全由视力决定。因此茶盏最好能易于观察以便评判胜负，而黑白色差最为明显，黑白分明、交相辉映，因此黑釉茶碗最适合斗茶。

唐人、宋人饮茶之风传至日本，爱屋及乌之下，黑釉瓷碗在日本也大行其道。宋神宗熙宁五年（1072 年），日本僧人成寻渡海来到中国求法，神宗亲自在延和殿接见了他，并询问成寻日本国内最需要的商品是什么，成寻据实回答是“茶碗”。

从一问一答中，即可知日本对中国瓷器的渴求之情。

日本平安初期（我国晚唐时期），日僧最澄（767—822 年）到浙江天台山学习佛法。学成后经明州归国时，他带走了大量的经卷，还带走了浙东地区的茶树和茶籽。这些茶树和茶籽种植成功后，饮茶之风在日本禅林逐渐开始流行。镰仓初期，日僧荣西禅师（1141—1215 年）又分别于 1168 年与 1187 年两次入宋，到径山学习佛法。他学成归国时，将临济禅带回了日本，也带回了茶种与制茶、饮茶的方法，更以自己的经验和见闻为基础，整理写下了《吃茶养生记》。其他僧人亦将径山寺院中的茶籽、茶宴的末茶法、茶礼和茶器带回日本，促成了日本茶道的产生。在他们的推动下，宋人点茶、斗茶之法在日本僧侣、贵族和新兴的武士阶层流传开来，有力推动了日本茶道文化的发展。日本茶道文化的流行，又为我国黑釉瓷器大量出口至日本提供了历史契机。

不过，伴随着海外贸易的兴盛，大量的铜钱流失海外，为宋廷带来了严重的钱荒。宋宁宗嘉定十二年（1219 年），针对这种情况，南宋政府严厉打击铜钱外流的同时，出台新规：进口商品进港后，不以金银铜钱结算，而是“命有司止以绢布、锦绮、瓷器之物博易”。其实，外商在返航时也会贩运瓷器等物满载而归，宋瓷品质举世无双，又是官方准许出口的主要商品，外商自然会就近采购以便再赚上一笔。宋瓷货币化之后，无形中为外商采购免去了一些中间环节，而宋廷一方则保证了铜钱不再大量外流，这样的双赢之事何乐而不为？于是，

◀宋代铜钱

在利好政策的推动下，南宋外销瓷迅速发展，行销世界各地。

在南宋政府的提倡下，瓷器出口成了一项利润丰厚的生意。在利益的驱动下，中外商人竞相囤积居奇，收购各类瓷器运往东南亚。《萍州可谈》中，就详细描述了商人贩运瓷器的情形：在深阔各数十丈的大船上，船舱中堆满了商人的货物，因为人太多，每人只分得数尺见方的面积，下面是货物，人晚上休息就睡在货物上。货物主要是瓷器，大大小小的瓷器一个挨一个，密密麻麻地排列着，一点空闲地方都没有。

香满丝路

当然，泉州乃至宋朝全境，不可能只经营瓷器。在宋代的对外贸易中，除瓷器外，包含丝绸在内的纺织品仍是两大支柱产业之一。以泉州为例，泉州各县在当时已经能生产麻布、苎布、蕉布、北镇布等，并为其染上颜色。棉布的生产也很普遍，"玉腕竹弓弹吉贝"[①]，加工棉花的声音几乎村村可闻。绸缎丝绢织品，民间也普遍生产，许多丝织品还因品质优秀，传出了良好的名声。北宋著名天文学家、药学家苏颂是泉州同安县人，他对家乡的丝织品有"绮罗不减蜀吴春"（《苏魏公文集》卷七）的赞誉。另外，泉州的纺织品，在宋元时期就已经是贡品了。《泉州府志》载，北宋元丰年间规定，上贡绵一百两，蕉布、葛布共五十匹；南宋绍兴年间则规定，上贡木棉布五千匹。泉州的纺织品也大量外销，据《诸蕃志》记载，泉州生产的木棉布，织染成各种花纹和颜色，销往国外。元代汪大渊的《岛夷志略》也有记载，称泉州出口的印花棉布，很受外国人欢迎。元代时来过泉州的摩洛哥著名旅行家伊本·白图泰说："刺桐城出产绸缎，较汉沙（杭州）及汗八里（北京）二城所产者为优。"张星烺在《中西交通史料汇编》中说："刺桐城在中国宋时，为丝业中心点，与杭州并称一时之盛。"

▼ **象牙**

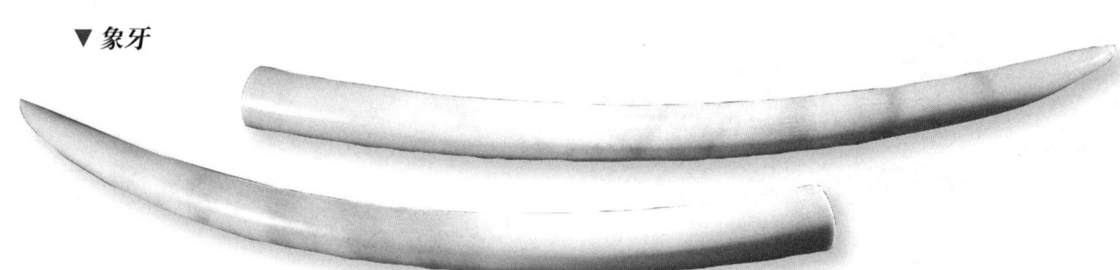

① 宋代林夙诗句，"吉贝"就是棉花。

▲ ***张骞出使西域图***

通过海上丝绸之路，中国所产陶瓷、丝织品、茶叶等物源源不断地输至海外，各种海外物资也通过市舶贸易进入中国。宋代外来商品主要分为奇珍异宝、纺织品、动物、文化用品和香料等几大类。其中犀角、象牙、玳瑁、珍珠等珍宝是特供宫廷或高级官员的奢侈品，不会进入流通领域。驯象、驯犀、红鹦鹉等珍禽异兽主要来自交趾、占城以及大食等国。纺织品主要有高丽纻布、大食锦和火浣布。文化用品主要来自日本和高丽，有高丽扇、高丽纸、高丽墨和日本扇。香料是外来物品中种类最多、数量最大、使用最为广泛的品种，以沉、檀、龙、麝四大类为主。

其实早在春秋时期，国人日常生活中就已经开始使用本土所产的泽兰、蕙草、桂皮等香料了。《大戴·礼记·夏小正》有“五月五日，蓄兰为沐浴”的记载，屈原《九歌》中也有“蕙肴蒸兮兰藉，奠桂酒兮椒浆”的诗句。西汉张骞通西域后，域外香料不断涌入中国，如赵合德“杂熏诸香，一坐此席，余香百日不歇”（刘歆《西京杂记》）。西晋时，西域贡来奇香，这种香一旦沾在身上，一个多月气味都不会消散。晋帝视若珍宝，只赐了贾充和大司马陈骞两个亲信大臣。哪知道贾充的女儿却把这香偷出来，送给了自己的情郎韩寿。韩寿偷香的传奇，也令这种域外奇香蒙上了一层神秘的面纱。东汉末年荆州刺史刘表死后，他的儿子在他的棺中放了许多香料，其中不乏苏合香这类用来防疫的。

唐代社会富庶开放，域外传入的香料品种更加丰富，孙思邈《千金要方》中就记载了许多香药①方剂。但香料仍是仅供官僚、贵族使用的豪侈品。唐时从事香料贸易

① 宋人亦习惯性地将香料称为香药，因为绝大部分香料既是香，也是药。

的多是阿拉伯人，而阿拉伯名产龙涎香和蔷薇水，则是在五代时输入中国的。《新五代史》载：“显德五年（958 年），其国王因德漫遣使者莆诃散来，贡猛火油八十四瓶、蔷薇水十五瓶……蔷薇水，云得自西域，以洒衣，虽敝而香不灭。”

进入宋代后，随着社会经济的发展，海外贸易呈现出欣欣向荣之势，香料作为大宗进口商品进入中国。除了统治阶级和官僚阶层享用之外，香料开始进入宋代社会的方方面面：祭祀礼仪、公私宴席、茶肆酒楼、科举考场、同僚聚会欢饮、朝堂办公、婚丧嫁娶等。于是大量的香料进入普通家庭，逐渐成为人们日常生活中不可或缺的消费品。因为市场巨大，香料很快成为仅次于布帛、米、盐、茶、酒的一项大宗消费品。

宋代从市舶司贸易进口的香料，主要来自大食、天竺、渤泥、交趾、占城、真腊、三佛齐、阇婆等国。

大食，是唐代中国对阿拉伯帝国的称谓。北宋初年，阿拉伯帝国已经衰微，所以大食也变成了对中东、西亚诸国的统称。周去非所著的《岭外代答》载：“大食者，诸国之总名也。有国千余所，知名者特数国耳。”综合各种史料记载，大食有勿巡、陁婆离、俞庐和地、麻啰跋（麻啰拔、麻啰抹）、麻嘉、吉兹尼、眉路骨惇、勿斯离、陁曷、奴发、哑四包闲、罗施美、木俱兰、伽力吉、毗喏耶、伊禄、白达、思莲、白莲、积吉、甘眉、蒲花罗、层拔、弼琶罗、勿拔、翁篱（翁蛮）、记施、弼斯罗等共计二十八国。

大食输入中国的香料品种计有：乳香、龙涎、木香、安息香、芦荟、没药、血碣、阿魏、腽肭脐、栀子花、蔷薇水等。因为许多香料是从大食运至宋廷的，所以阿拉伯与宋的海上贸易线，也被称为“香料之路”。

▶ **安息香**

一开始，大食输入宋廷的香料多是通过朝贡。究其本质，贡物与回赐，仍属于一种贸易行为。只不过贸易追求的是平等互利，但贡赐并不追求经济效益。整体而言，大食朝贡贸易在北宋时期繁盛，南宋时期萧条。出现这样的情况绝非偶然，而是与当时复杂的内外形势有着密切关联。在与辽、西夏长期对峙的政治格局下，北宋统治者多注重朝贡的政治、军事意义，而置经济利益于不顾。宋廷不但对大食来的贡使封官授爵，对贡物“估价酬值”，还会回赐贡使大量的贵重物品。在这种政策的鼓励下，各国贡使纷至沓来，庞大的贡使团队中，不乏滥竽充数冒充贡使的商人。宋人明明知道这些人只是为了牟利，却自欺欺人不加理会，仍一味给予他们优厚的赏赐。

此举，令宋廷背负了沉重的经济负担，这种情形直到真宗末年才逐渐有所改变。宋廷开始限制进京朝贡的人数，严查蕃商假冒贡使，并削减贡物数量。通过这些措施，宋真宗逐渐控制了朝贡贸易的规模。除此之外，进京所携之物，除贡物估值回赐外，其余全部作为商品，纳入市舶管理制度进行征税。这样做，不但减轻了政府的财政负担，也有利于市舶司对外贸易的良性发展。宋室南渡后，宋廷为维持偏安一隅的政治格局，需要保证庞大的官僚体制、巨额的军费开支以及沉重的岁币支出，所以更加注重发展海外贸易。市舶贸易成为财政重要来源后，重名不重实的朝贡贸易自然受到冷遇。务实的南宋统治者不但没有像先祖那样主动去招徕海外国家朝贡，而是一再压缩甚至拒收朝贡物资。

建炎三年（1129 年），大食遣使入贡。赵构对左右大臣道：大观、宣和年间，茶马之政（以茶易马）荒废，武备不修，以致金人侵侮，国家危在旦夕，现在再去浪费数十万缗的国家财政去换无用的珠玉，还不如用这些钱来养兵。于是，赵构命令沿海地方官员拒其贡物不纳。①孝宗即位后，更是直接颁旨地方：从今往后如果有外蕃进贡，令地方官劝谕遣返，不用上奏朝廷。总之，迫于经济压力，宋廷不得不摈弃了从前粉饰太平的愚蠢行为，朝贡贸易因受到冷落而开始转入低谷。

除了大食外，宋廷还在东南亚诸国收购香料，其中贸易往来频繁的有：

天竺（今印度），《诸蕃志》载：“天竺……其国出狮子……犀象、玳瑁……又有旃檀等香。”

渤泥，据《诸蕃志》记载，出产梅花脑、速脑、米脑（以上三种都是龙脑的别种）、黄腊、降真香。

① 《宋史》卷四百九十《大食传》。

交趾，主要出产沉香、蓬莱香……

占城，主要出产笺香、沉香、速香、黄腊、麝香木……

真腊，主要出产暂速细香、粗熟悉香、金颜香、笃耨香、沉香……

三佛齐，主要出产脑子、沉香、速香、暂香、粗熟香、降真香、丁香、檀香、安息香……

阇婆，主要出产龙脑、檀香、茴香、降真香……

总体上，宋廷从交趾、占城、大食、三佛齐等地进口香料最多，越南的使君子、麒麟竭、藿香就是在这一时期传入中国的。同时，中国药材也大量出口至阿拉伯各国，其中牛黄就是在宋代传到阿拉伯的，再由阿拉伯带到了欧洲。

南宋时，普通商贩在取得香料的合法经营权后，通常加价出售，从中获利。

家底一般的商贩，销售香料的途径主要是零售，有的干脆就走街串巷地叫卖。孟元老的《东京梦华录》卷二记载，在东京的酒楼茶肆，“又有向前换汤、斟酒、歌唱，或献果子、香药之类，客散得钱，谓之厮波。……又有托小盘卖干果子、诸般蜜煎、香药、果子、罐子党梅、林膏儿、香药小元……”吴自牧所著之《梦粱录》卷十三载，在临安城，“太平坊卖麝香糖、蜜糕、金铤裹蒸儿……中瓦前车子卖香茶异汤……”

条件略好的商贩可以开间香料铺子。据《东京梦华录》记载，过了御街一路南行，“过州桥，两边皆居民，街东车家炭，张家酒店，次则王楼山洞梅花包子、李家香铺、曹婆婆肉饼……”为招徕顾客，香铺甚至请来了和尚道士，敲锣打鼓地大搞促销活动。在张择端的《清明上河图》中，也绘有一家香料铺，门前立牌上写有出售香料的品种——刘家上色沉檀拣香[1]。

另外，还有许多商贾从事香料的贩运、加工、销售以及香具的制造，到了南宋时，香料形成了一条自上而下的产业链。与此同时，饮食、制茶、酿酒、制墨、制瓷、医药、建筑、器具制作等相关行业，也因香料的普及更加兴旺。作为舶来品的大宗香料，为宋廷的经济注入了新鲜血液。

① 意指上等乳香。

市舶通远

贸易的兴盛，让宋廷大吃甜头，为了奖励海外贸易者，政府甚至采取了授商以官的新政："绍兴六年知泉州连南夫奏请，诸市舶纲首能招诱舶舟，抽解物货，累价及五万贯、十万贯者，补官有差。大食蕃官罗辛贩乳香值三十万缗，纲首蔡景芳招诱舶货收息九十八万缗，各补承信郎。"（《宋史·食货志》）

宋廷还特意对福建、广东市舶司官员订立了激励机制："闽、广舶务监官抽买乳香，每及一百万两，转一官。"

唐及北宋，市舶使多由地方官兼任，时或由中央派遣内官担任。北宋末，广、泉、两浙市舶司乃置专任官。据《文献通考》载，从前虽然设有市舶司，但主官多由地方官兼任。北宋元丰年间，朝廷开始令转运司官员兼提举市舶司，州郡地方官不再兼任。再后来又设置了专职官员，转运司也不得干预市舶司的事务。

值得一提的是，宋代的市舶司并不单单承担类似海关的职务，还是设于港口、专门管理海上交通和对外贸易的机构，垄断着对外贸易的一切事务。

市舶司的主要职责是"来远人，通远物"。具体职责是招商引资，检查出港商船并颁发许可证，检查入港商船货物有无违禁品，对货物进行抽解、博买、保额并解送，另外还要负责发放舶货贩卖许可证。

商船入港，市舶司官员首先要做的事情就是阅货，检查入港货物。紧接着，就是根据货物的多寡抽解。抽解又叫"抽分"，即征收实物税。"船舶至，帅漕与市舶监官莅阅其货而征之，谓之抽解"（《萍州可谈》）。宋代抽税比例经常变化，大部分时候维持在10%的税率，也有20%的时候，最高时甚至能达到40%的高税率。只有经过市舶司官员抽解之后，舶来的货物才可以自由买卖。

市舶司官员另有一项重要职责就是禁榷。禁榷是指政府垄断、专买专卖的意思。之所以禁榷，是因为有一些商品属于宫廷专供，比如乳香、珊瑚、玛瑙……这类奢侈品宫廷及官府用量极大，一来满足奢侈生活，二来彰显身份地位。又如象牙，虽属贵重物品，可是宋廷规定超过三十斤的一律禁榷，不允许自由买卖，只能以极低的价格

◀ ***泉州市舶司***

卖给官府。上有政策，下有对策。海商通常在进港之前将三十斤以上的象牙全部锯短，人为地将重量控制在三十斤之内。另一种禁榷货物是军事用途方面的物品，如铁器、皮革、火药、药品这类军需物资在任何时代都属于严控范围，全部由政府收购，民间不得自由贸易。

禁榷的商品必须由政府收购，除此之外，针对利润较高的商品宋廷还设有专门的博买制度。也就是说，对于利润空间大的商品，宋廷要强制性地收购一部分。

比如前文提到的香料，因为获利甚厚，香料通过海上贸易大量输入中国后，很快就以市舶抽解、博买、禁榷等形式纳入国家管理与经营。《宋史·食货志》据实而言："宋之经费，茶、盐、矾之外，惟香之利博，故以官为市焉。"

因为进口的香料林林总总不下百种，禁榷的不过数十种而已，所以不完全属于禁榷范围，于是"官市之余，听市于民"，在政府专卖之余，普通百姓也获得了一定的经营空间。

总之，宋廷对海外贸易把控很严，但也没有竭泽而渔。博买的比例不同的历史时期不尽相同，宋太宗在位时，博买比例为 50%；真宗在位时"市其三四"；南宋初年，又规定细色博买 40%，粗色博买 40%；孝宗在位时，又将珍珠的博买率提高至 60%。细色是指珍珠、龙脑等，粗色就是乳香、犀牙、紫矿、檀香等物。总体而言，博买率最低为 30%，最高为 60%，大多时候维持在 50% 的水平。

为方便博买，宋廷特意设置了名为"博易本钱"的专用资金。这些资金专门用来支付禁榷物资与博买货物。这项专用资金以市舶司为单位，每年有数十万贯之多。但是因为贸易频繁，往往会出现资金使用捉襟见肘的情形。多数时候，在没有现金的情况下，市舶司往往用瓷器等货物进行博易。即使如此，也仍有措置不及的时候，据史料记载，南宋末年富可敌国的阿拉伯富商蒲寿庚从海外运来一批货物，市舶司竟然买不起，最后不得不卖掉一批库存的货物，这才勉强付清了货款。特别要提及的是，也正是这个蒲寿庚，在南宋将亡之际，暗通蒙古人，率自己的私兵将数千南宋宗室屠杀殆尽。

市舶司的行政职能主要是对往来贸易船只进行统一管理，其对出海船只的具体要求为：

一、开好清单向官府备案，内容包括人、船、货物名数，去往何地经商。

二、找当地家境殷实的富商三人作担保，保证出海者不携带军器等违禁品，亦不得制造军器等物。

三、在登记纳税之后，由市舶司发给公凭，听任出海。

四、商船返回时，必须要回到始发港抽解、博买。

五、如果船只没有公凭，或者违反了管理条例，船上货物将会被没收充公，并依法追究相关人责任。

公凭格式如下①：

提举两浙路市舶司 据泉州客人李充状，今将自己船一只请集水手，欲往日本国转买回货，经赴明州市舶抽解，乞出给公验前去者。
一、人船货物 自己船一只 纲首李充 梢工林养 杂事庄权 部首吴第（下列船员姓名，共六十七人） 第一甲　梁留 蔡依 唐祐 陈富 林和 郡滕 阮祐 …… 第二甲　左直 吴凑 陈贵 李成 翁生 陈珠 陈新 …… 第三甲　唐才 林太 阳光 陈养 陈荣 林定 林进 ……
物货 象眼四十匹 生绢十匹 白绫二十匹　瓷碗二百床 瓷碟一百床
…… 右出给公凭付纲首李充收执，禀前须敕牒指挥前去日本国，经他国赴本州市舶务抽解，不得隐匿透越。如违，即当依法根治施行。 崇宁四年六月 日给

这则公凭完整地保存在了日本，从上面的记载我们可以清楚地看到出口至日本的瓷碗有二百床，瓷碟有一百床。“如按当时一床200个单位计算，那么就有瓷碗4万个，瓷碟2万个，其贸易数量不可谓不大。”②

① 摘录自张晋主编的《中国法制通史·第五卷（宋）》。
② 摘自刘兰华《宋代贸易与对日贸易》，收录于《中国古陶瓷研究》第五辑。

市舶司自设立之日起，即为宋廷带来了源源不断的财政收入，所以两宋统治者都十分重视海外贸易的发展。宋神宗曾道，东南地方对国家赋税贡献极大，其中舶商的表现尤为突出。之前钱、刘占据浙江、广东，财赋供给有余，还可以对抗中原，就是因为笼络海商有一套。如果国家想方设法招商，每年一定会获得大量财富，况且外蕃来中国朝贡，也是件好事。

随着市舶收入的增加，上至官家下至百官，都意识到了海外贸易对国家财政的重要性。宋高宗对市舶司的态度非常重视，他派人改善港口设施，组建水军护航，清剿海盗，并投入巨资沿海岸线每三十里设立灯塔导航。之所以如此，他曾一语道破："市舶之利最厚，若措置得宜，所得动以百万计，岂不胜取之于民？"

由于统治者关注，加上措施得力，海外贸易占南宋初期收入的比重逐年增加。香港林天蔚先生在《宋代香药贸易史稿》一书中指出，宋室渡江之初，宋廷岁入不足千万，因市舶对外贸易的获利，海外贸易的收入竟然一跃占到宋廷全年收入的20%。随着政权的巩固，国家财政收入也开始逐年攀升。市舶收入虽然在国家总收入中所占比重开始下降，但对外贸易的收入却始终在增加。市舶收入在国家财源上的重要性，不言而喻。

宋室南渡之初，南方土地兼并情况依然严峻，封建剥削十分残酷，但海外贸易的繁盛，吸纳消化了大量的剩余劳动力，及时缓解了财政危机。南宋政权有惊无险地走出了内外交困的窘境，之后政权渐趋稳定，直至亡国也没有爆发大规模的农民起义。

因为外贸利润已经成为国家财政的重要支柱，所以两宋统治者无一例外地把"招徕远人，阜通货贿"当成一项重要国策认真对待。为了扩大贸易，宋廷不但主动走出国门去招商，还采取了封赏、补官等激励手段招诱外商来华。无论是出国贸易的中国船舶纲首，还是来中国贸易的外国舶主，或是在中国定居的蕃商，只要能为宋廷招徕外商，增收创收，都会受到封赏。南宋初年，因为国用极度穷困，市舶之税一度曾定为十取其二，由于抽解太重，曾严重影响了蕃商来华的积极性。迫于财政压力，宋高宗不得不下旨调整税率，依然按旧例"抽解一分"。

不但关税的高低会影响到蕃商来华的多寡，地方官府重复征税和巧立名目非法抑买，都会影响到蕃商的积极性。对此，宋廷立法严禁，规定凡蕃商"舶船物货已经抽解，不许再行收税"。"应抽解物不出州界货卖更行收税者，以违制论。不以去官、赦降原减。"（《宋会要辑稿·职官》）

上有政策，下有对策。虽然赵构三令五申不允许地方官员盘剥蕃商，但因山高皇

▲ 福建清净寺，始建于北宋大中祥符二年（1009年），是中国现存最早的阿拉伯建筑风格的清真寺

▲ 广州蕃坊

帝远、“吏鲜自洁”，仍有部分地方官顶风作案，既抽解又收税，和买之余又抑买的情况屡有发生。这种短视的行为既损害了蕃商的合法权益，也影响了宋廷财政收入的稳步增长。宋孝宗即位后旧事重提，颁旨凡对“抽解”“和买”之外的蕃货“违法抑买者，许蕃商越诉，计赃罪之”。

为稳定蕃商，净化招商环境，宋廷严惩贪官污吏，积极保护蕃商的生命与财产安全，并陆续出台了许多保护海外贸易的政策法规。

另外，为了方便管理，宋廷在蕃人居住的蕃坊和蕃巷中选择了有名望的蕃人为蕃长，代地方政府管理蕃人。宋廷还准许蕃人与宋人通婚，在华婚娶，又专门为蕃商子弟建立了专门的学校，使其在中国有受教育的机会与权利。来华贸易的蕃商，许多都是信仰伊斯兰的阿拉伯人，宋廷为尊重他们的宗教信仰，准许在蕃人聚居的地方建教堂，立教主，“依回回教风俗，朝觐礼拜”（《萍州可谈》卷二）。不但如此，宋廷还尊重蕃商的丧葬习俗，准许他们在中国建立公墓。

不过，宋廷所制定的一些法令法规，也出现了矫枉过正的弊病，甚至令蕃商的权利超过了宋民享有的范围。本来，依照宋廷律令，蕃人只能居住在蕃坊和蕃巷中，既不准城居，更不能与宋民杂居。但随着在华蕃商人数的激增，地方官员“方务招徕，以阜国计，且以其非吾国人，不之问”。不但“蕃商杂处民间”屡禁不止，而且个别富可敌国的蕃商已经定居城中。这些不差钱的蕃商用钱开路，地方政府官吏“上下俱受赂”，都选择了闷声发大财，法律法规不过是一纸空文。

对蕃人在华犯罪者，宋廷依唐律中的规定“诸化外人同类自相犯者，各依本俗法；异类相犯者，以法律论”（《宋刑统》卷六《化外人相犯》），即同一国家的蕃人在宋犯法，依照犯人本国的法律论处；不同国籍的蕃人在宋犯法，蕃人与宋人之间的法律纠纷，依照宋廷的法律论处。这项法律原则，既尊重了蕃人所属国的本俗法，也维护了宋廷独立主权国家的法律尊严。但宋廷的这项法令太过笼统，没有严格区分刑事与民事，没有说明适用“本俗法”的具体内容，仅以国别作为适用“本俗法”或宋法的依据，在实际运用当中难免会出现偏颇。尤其是宋廷在实行“宠绥蕃商”“绥抚远俗”的政策后，这一弊端更加突出。例如：蕃人与宋人争斗，只要没有闹出人命，地方官就会转交蕃长处置。而蕃长自然会回护蕃人，只是判令“以牛赎罪”，而不予深究。有蕃商为匿税者寄物不坐罪，而且犯法后，除徒刑以上送交宋廷地方治罪之外，其余则一概“送蕃坊行遣”。蕃长按照蕃俗，将人绑在木梯上，以“藤杖挞之”，敷衍了事而已。这样做，显然有损一个独立主权国家的尊严。有识之士愤愤不平，有的官员也对有罪蕃人只用“本俗法”处置十分不满，纷纷质疑“安有中国而用夷俗者”？

宋孝宗淳熙二年（1175 年），日本船员滕太明打死了中国人郑作。案件事实清晰、证据确凿，是一起发生在中国境内的“异类相犯”的杀人案，理应按宋律治罪。宋孝宗却网开一面，“诏械太明付其纲首归，治以其国之法”（《宋史》卷四百九十一《日本传》），将杀人犯交由船长带回日本处理，至于结果如何就不得而知了。这样的处置结果，显然严重影响到了独立主权国家的尊严，宋人虽然不满与愤慨，但也只有徒唤奈何。可以说，日后蒲寿庚能成为泉州一霸，甚至率领私兵屠杀南宋宗室，其开端就是始于这种不合理的政策。为“宠绥远人”而丧失国格，这样的事情在历史上绝非孤例，其中教训值得深思。

海上风云

海上丝绸之路的繁荣兴盛，与宋室南渡有着密切关系。南宋初立时，宋廷因边防形势危急，被动地加强了水军建设，建立了相对完善的海防体系。此后，宋人数次粉碎金人的进攻，依靠强大的海防力量在江南站稳了脚跟。随着时间的推移，宋廷与金廷之间的军事差距逐渐消失，双方势均力敌，形成了南北对峙的局面。

到了南宋中后期，蒙古人以不可遏制之势迅速崛起于漠北草原。与此同时，金朝在与南宋的多年竞争中实力不断衰退，更是陷于南北受敌的困境。但金朝不但没有想方设法抗击强敌蒙古，反而为了争夺战略生存空间，不断南下侵宋。于是，迫于无奈的宋廷选择了与蒙古联合。在蒙古与南宋的联手攻击下，金王朝于南宋端平元年（1234 年）覆亡。

而就在灭金的次年，曾经的盟友露出了狰狞的本来面目，以金人故伎，兵分三路侵宋：一路直趋四川，一路进攻京湖地区，另一路进逼两淮地区。理宗端平三年十月，蒙古大军首次大规模进攻两淮地区。由于两淮地区靠近宋廷京畿，宋人于此素来布防严密。在宋军的严防死守下，这一路蒙古大军铩羽而归。

在宋蒙对峙前期，南宋保持着绝对的水上优势。此前，经过数十年的建设，南宋的江海防线已经日臻完善，形成了一个“两线”“三环”的江海防御体系。

所谓“两线”，即是指沿江、沿海两条防线。“三环”，即以临安所在的江浙核心地区为一环；以长江以北、淮东路沿海为前沿一环；以福建、两广地区为外环。最核心的江浙一环，为了加强临安城的防御，宋廷又将之细分为内外两环。内环即以两

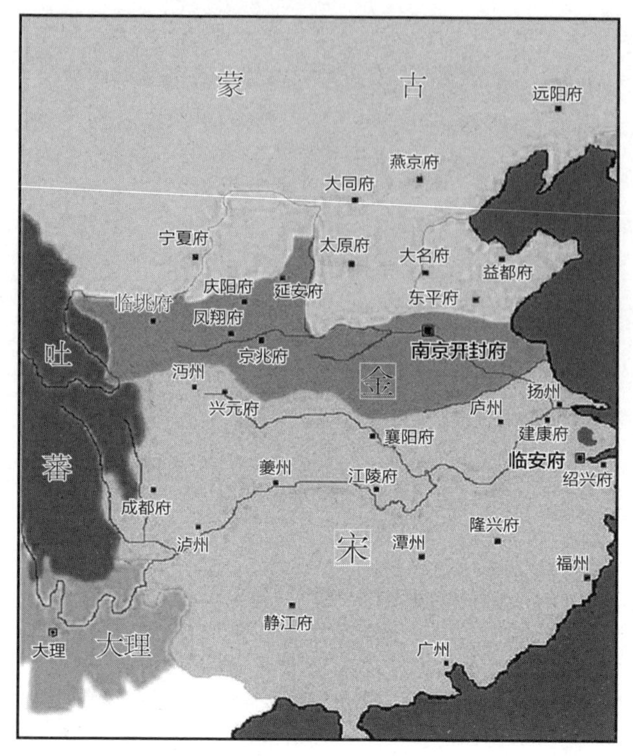

◀ ***1227年蒙古、金朝、南宋形势图。此时西夏亡国，金朝只剩河南地与关中***

浙路两端的许浦水军、定海水军为外层防御，外环则是以两浙路中间的澉浦水军、金山水军、浙江水军为内层防御。如此层层布防，正是为了拱卫临安城。在东南沿海，宋廷更设有巡检寨六十五处，各地水军以这些水寨为依托，在水面巡逻、侦查，以防敌人偷袭。在一番苦心经营之下，宋廷的海防体系得到强化，水上实力亦有所增加。这套防御体系有效地维系了宋金南北对峙之局，即便是面对当时世界上最为强大的军事力量——大蒙古国，南宋政权仍然坚持了四十余年。

由于在短时间内无法突破宋廷的长江防线，蒙古人不得不放缓攻势，转而大力发展水军。

南宋咸淳二年（1266 年），元世祖忽必烈下旨大量打造战船，学习水战。

同年，忽必烈麾下董文炳“造战舰五百艘，习水战”（《元史·卷六·世祖三》）。

咸淳六年（1270 年），投靠蒙古的刘整向忽必烈建议成立一支强大的水军舰队，于是忽必烈下诏“教水军七万余人，造战舰五千艘”。在与南宋的对峙中，蒙古不断招降纳叛，壮大自己的水军力量。

▶ ***忽必烈***

咸淳九年（1273 年），襄阳沦陷后，京湖制置副使、知襄阳府吕文焕降元，原驻守襄阳的南宋水军和战舰全部成了元军[①]的战利品。

南宋德祐元年（1275 年），丁家洲之战中元军大获全胜，缴获南宋战船一千余艘。此后元军顺江而下，又占领了被陈亮称之为“一水横陈，连岗三面，做出争雄势”的镇江。镇江背山面江，地势险峻，是控扼长江的战略要津。为了挽回败局，南宋与元军在焦山展开了一场殊死海战。焦山海战中，元军获宋军海船八十余艘、“黄白鹞船七百余艘”。此消彼长之下，元军水师从无到有、由弱变强，海上力量逐渐超越了南宋。

经过几次海上争锋，元人侦知了南宋的海防虚实，他们汲取金人教训，有意避开了宋廷防守严密的沿海和长江下游防区，转而集中优势兵力，将主攻方向定在了长江中下游地区。从结果来看，元人避重就轻的战术完全奏效，此举不但令宋军疲于奔命，又进一步削弱了宋军的水上实力。

随着元人南侵的进一步加剧，宋廷水军缺额严重、装备不足、战舰年久失修、战略战术僵化死板等各种弊端逐渐暴露。

宋廷虽对各地海军编制有规定，但在实际执行过程中，往往名不符实。如镇江水军兵力定额为五千人，但真正有战斗力的却不过五百人；定海水军是宋廷水军精锐，宝祐年间的定额为六千人，但实际人数仅为五千人，缺额比例达到了六分之一。不仅如此，在五千人当中，老弱病残、滥竽充数者“又居十分之一”。崖山海战中，宋军兵力号称二十万，实际上文官、太监、宫女等非战斗人员占了半数以上。

另外，由于此前多年无战事，南宋水军管理混乱，将领或骄惰，或徇私，或贪渎，或冒领，吃空饷更是司空见惯之事。凡此种种，战斗力自然大打折扣。雪上加霜的是，宋廷装备短缺，器甲老旧腐朽，戈矛戟凋残不堪用，弓弩等物缺乏更新，水军装备严

① 1271 年，忽必烈改国号为“大元”。

▲ *陆秀夫*

重老化，情势不容乐观。由于缺乏战船，朝廷又强征民用船只。这样做不但无助于提高舰船质量、增强战斗力，还额外增加了人民的负担，恶化了军民关系。有的人“典田卖产，货妻鬻子”，有的人走投无路干脆做了海盗。南宋初年，在宋廷的严厉打击下，沿海“盗贼屏息”。但到了后期，海盗死灰复燃，对地方安全构成了严重威胁。如此种种，南宋初期的水上优势，也就逐渐丧失殆尽了。

宋蒙战争后期，南宋水军在战术方面的表现也很难让人满意。在丁家洲之战中，宋“淮西制置使夏贵以战舰二千五百艘横亘江中”，摆出一副被动挨打的阵势来，结果，元军“左右翼万户率骑兵夹江而进”，水陆协同作战，大败宋军。焦山之战中，张世杰采取的战术与夏贵如出一辙，宋军在镇江水域集结战船，每十艘为一舫，停在江中以阻止元军进攻。结果元军施以火攻，将宋人打得溃不成军。崖山海战，张世杰故伎重施，“以舟师碇海中，棋结巨舰千余艘，中舻外舳（船头朝里、船尾向外），贯以大索”，结果遭遇惨败，左丞相陆秀夫背着卫王赵昺赴海而死，南宋灭亡。

虽然南宋水军有种种不如人意之处，但不可否认，南宋海防体系的建立对保护国家安全，维护地方稳定，保护海上贸易起到了决定性作用。正是因为重视加强海防力量，南宋才能抵御北方金国的侵犯，稳定住政权。

但随着海防体系的崩溃，南宋政权也走上了覆亡之路，曾经繁荣的海上丝绸之路暂时中断。元人统治者统一中国后，继承了南宋王朝的对外开放政策，鼓励对外贸易，一度因战乱而阻塞、萧条的陆路、海上丝绸之路重现兴旺景象。明代以后，陆上丝绸之路由兴而衰，发生了重大变化，而海上丝绸之路则被高度重视。因此也就有了著名的“郑和下西洋”。而郑和为保留下西洋的船队，苦口婆心地劝说明仁宗：“欲国家富强，不可置海洋于不顾。财富取之海洋，危险亦来自海上……一旦他国之君夺得南洋，华夏危矣。我国船队战无不胜，可用之扩大经商，制服异域，使其不敢觊觎也。”

到了清朝，清政府统治前期实行了严格的闭关锁国政策。19 世纪初，陆上丝绸之路上的大规模绢马贸易受国际形势影响和沙俄不平等条约的控制，被迫终止。海上的情况同样糟糕，随着西方资本向东方市场迅速扩张，罪恶的鸦片交易破坏了正常的海上贸易，丝绸之路自由、平等、文明的贸易精神不复存在。鸦片战争之后，中国完全丧失

▼ *郑和*

了自主的对外贸易，沿海贸易、通商口岸、关税、内河航运、领事权利、海关管理都控制在列强手中。可以说，弱国无外交，弱国也无外贸。

影响深远

陆上、海上丝绸之路是连接世界文明的纽带，它们促进了东西方文化的交流，加快了世界文明的进程。因陆上丝绸之路开辟得早，与沿途约五十多个国家有货殖交往，加上司马迁在《史记》中浓墨重彩的渲染，这使陆上的丝绸之路的影响力显得更大一些。但实际上，海上丝绸之路的开拓虽然较陆上丝绸之路略晚，但无论持续时间、货运能力，海上丝绸之路都胜出陆上丝绸之路许多，而且海运的安全性大大高过陆路，运输成本却远低于陆路。从“丝绸之国”到“瓷器之国”的称谓变化，可以看出，两汉时期，陆上丝绸之路的影响力略大一些；但魏晋六朝以后，尤其是宋元时期，海上丝绸之路的影响力远远超越了陆上丝绸之路。

汉代丝绸之路的开拓是出于政治、军事联盟的需要，明代郑和下西洋更多是为了宣扬国威，唯有宋代却是将发展海上贸易当作经济效益来重点考量的。此举，虽旨在增加政府财政收入，但在某种程度上也减轻了对普通百姓的盘剥，缓解了社会矛盾。为了开拓海外贸易，宋人制定和实施了一套完备的管理制度，将对外贸易纳入国家严格有效的管理控制当中，确保了对外贸易的繁荣有序，客观上刺激了国内陶瓷、绢帛、香料等各行业的快速发展。

唐代以来，我国商品经济已经有了较大发展。进入宋代后，随着海上贸易的昌盛，由此引发的社会内部各方面的变革也变得明显起来。繁荣的海外贸易，还促使丝织品加工业与手工业蓬勃发展，也让更多的劳动力从土地中解放出来，投身到了商业大潮。

许多人认为明末是中国近现代资本主义的萌芽期，其实这种萌芽，早在数百年前的宋朝就已经出现了。宋代商品市场较唐时更趋活跃，在此基础上又出现了纸币和商业信用制度。这些新生事物又进一步降低了商品交易成本，交易成本的降低又有力地推动了商品的交换，最终导致城镇化浪潮以迅猛之势扩展，城市经济崛起，成为不可忽视的新生力量。国家也正式将坊郭户单独列籍定等，唐时的坊市制度被打破，新的厢坊制度建立起来。手工业、商业的发展，使自给自足的庄园式、小农式自然经济受到了剧烈冲击。

宋代从事海上贸易的人员急剧增长，许多人常年在海外经商，有的甚至十年不归，这种情形，朱彧在《萍洲可谈》中称之为“住蕃”。住蕃，其实就是今天在东南亚各国定居的广大华侨的前身。在东南亚出现侨民，完全是因为宋代海上贸易繁荣的结果，也是我国与东南亚国家互通有无、商业往来频繁的结果。据周达观《真腊风土记》记载，在宋时就有华侨移居柬埔寨，有的还娶了当地女子为妻，协助其经商。

宋代的海上交通路线，是在唐代广州—波斯湾—东非沿海线路上的进一步延伸，宋人的海船已经可以驶达红海口的亚丁乃至东非。宋代海上丝绸之路的发展既与政府鼓励、航海技术支撑有关，更与贸易往来双方民众的强烈意愿更有关。宋廷鼓励支持海外贸易，不干涉他国内政，与海上丝绸之路上的各国形成了互通有无、互惠互利的贸易合作关系。

丝绸之路是我国和平对外开放政策的产物。在丝绸之路这条沟通东西方文明的道路上，留下了许多中外人民的历史足迹。海上丝绸之路更是凝聚了亚欧非文明的宝贵财富，是各民族间友好往来的见证。

参考文献

1 马伯乐，鄂卢梭．秦代初平南越考·占婆史 [M]．冯承钧，译．上海：上海古籍出版社，2014

2 周宝珠，陈振．简明宋史 [M]．北京：人民出版社，1985

3 谭实，赵和曼，张万生．柬埔寨 [M]．南宁：广西人民出版社，1985

4 葛金芳．宋代经济史讲演录 [M]．桂林：广西师范大学出版社，2008

5 张铁牛，高晓星．中国古代海军史 [M]．北京：解放军出版社，2006

6 《泉州港与古代海外交通》编写组．泉州港与古代海外交通 [M]．北京：文物出版社，1982

7 方豪．中西交通史 [M]．上海：上海人民出版社，2008

8 马欢，万明．瀛涯胜览校注 [M]．北京：海洋出版社，2005

9 桑原隲藏．蒲寿庚考 [M]．陈裕青，译．北京：中华书局，2009

10 赵汝适，杨博文．诸蕃志校释·职方外纪校释 [M]．北京：中华书局，2000

难民

欧洲的梦魇还是新生？

（这些人类）在游历各地之际，开始聚在一起组成家庭，进而成为部落，说着不一样的语言，追求不一样的生活方式。这就是民族的起源。一旦他们分开，强者就会开始去劫掠弱者。这就是帝国的起源。

——《西方帝国简史：迁移、探索与征服的三部曲》［英］派格登著

大迁徙与大征服 日耳曼人与阿拉伯人的扩张及征服

作者 / 龙语者

大迁徙时代，狭义上是指日耳曼各部族在整个欧洲的超大规模南迁行动。一般来说，历史学家将大迁徙时间定为公元 376 年—公元 800 年间。迁徙的尾声阶段也成为欧洲古典时代与中世纪早期的分水岭。在日耳曼人眼中，大迁徙时代是他们崛起的标志，也是现代西欧国家形成的缘起。但对于当时自认为是“文明人”和世界霸主的罗马人来说，大迁徙则是完全的“蛮族入侵”，是一次毁灭性灾难。在这个时代，民族大迁徙直接或间接地造成了罗马帝国的分裂，并在随后灭亡了西罗马帝国。

而广义的民族大迁徙，则可以算上发生于 7 世纪的阿拉伯人大扩张。狂热的伊斯兰军队在极短的时间内崛起，并以令人惊异的速度进行扩张。在东方，他们迅速而直接地摧毁了拥有战象和具装重骑兵的萨珊波斯帝国。后者的末代王储带领拜火教徒流亡中国，王储本人更在唐高宗的禁军骑兵中担任了禁军将军。在西方，阿拉伯军队击败了当时拥有最专业化军人，并处于常胜状态的东罗马（拜占庭）军队。在公元 636 年的雅穆克战役中，无论是纪律严明的东罗马重步兵方阵，还是身经百战、人马俱甲的东罗马铁甲重骑兵，都未能挽回败局。随后，阿拉伯人的力量横扫整个北非与西班牙，建立了兴盛 300 年的横跨欧、亚、非的阿拉伯帝国。日耳曼民族大迁徙与阿拉伯人的扩张，彻底改变了整个欧洲、中亚、西亚、北非的势力分配。

毁灭性的迁徙浪潮

其实日耳曼人的迁徙，自公元前 1000 年左右就开始了。但当时长期处于原始部落状态的日耳曼人显然没有成为毁灭者的力量，他们只是迁出了斯堪的纳维亚半岛的南部，到达了易北河与奥得河地区。在公元前 200 年，一部分日耳曼人转向西南，来到了西莱茵河地区。另一部分，大约于公元前 100 年到达了罗马共和国的高卢行省边界。不过，他们被当时罗马共和国大名鼎鼎的执政官、罗马军制的改革者盖乌斯·马略所阻挡，之后又被更有名的尤里乌斯·恺撒所阻挡。在记载中，这些日耳曼人虽然“相当野蛮与凶悍，同样作为蛮族，高卢人甚至不敢看他们的双眼”，但毕竟整个军事装备与战术均处于原始水平，不能给罗马人造成真正的威胁。

恺撒的继承者屋大维建立了罗马帝国，随后帝国势力不断扩张，这个时代属于“罗马全面扩张”而非“蛮族入侵”。虽然在公元 9 年的条陀堡森林战役中，罗马军团在不宜列阵的森林地带遭到日耳曼人袭击，损失了 3 个军团达 25000 人，连屋大维都

▲ ***大迁徙中的日耳曼人在救治伤员***

气愤地叫喊着："瓦卢斯[①]，你还我军团！"但之后，罗马人很快调整了部署，名将提比略调集了6个军团前往日耳曼尼亚地区。他细致谨慎，不急于求成，在巩固了莱茵河两岸后，逐步向前推进，积小胜为大胜。3年之后，提比略颇有成果。罗马将领日耳曼尼库斯也依靠此法逐步前进，又过了5年，他在公元17年的安格里瓦尔瓦战役中大败曾经在条陀堡享有盛誉的日耳曼将领阿米尼乌斯，夺回了之前被缴获的两面罗马鹰旗，也算为先前的惨败报了仇。

总之，1—2世纪是属于罗马的时代。五贤帝时代，尤其是图拉真和哈德良时代是罗马帝国的全盛时期。但到了2世纪后期，罗马帝国政局不稳，内战频频，危机不断涌现。罗马皇帝赛维鲁以干练与狡猾的个性暂时稳定了局面，但在他死后，罗马持续爆发内乱，外省的大规模叛乱也频繁发生，罗马帝国迈入"三世纪危机"。但在"世界光复者"奥勒良的东征西讨下，各处叛乱与内乱又被镇压。之后的皇帝戴克里先终止了元首制时代的罗马帝国，罗马帝国成为真正的君主制国家。

① 当时北部罗马军队的总指挥。

罗马帝国长达两个世纪的大规模内乱与行省叛乱给了外族人可乘之机。在之前的数个世纪里，日耳曼人在与罗马人充分接触之后，逐渐拥有了先进的生产方式与军事装备。日耳曼人的原始公社逐步解体，部落首领与军事贵族渴望向外掠夺新的土地和财富。加之人口的增长，也进一步促使日耳曼人不得不谋求更多的土地与生产资料。同时也有历史学家指出，当时气候上出现了一个小冰河期，变冷的天气促使日耳曼各部族为了生存向南大规模迁徙。除了日耳曼人的冲击外，雪上加霜的是，罗马帝国往日的荣耀——罗马军团因为前文所说的那些内乱与叛乱出现了衰退的迹象。甚至罗马边防军的兵员，也渐渐由蛮族来担任，而他们往往在动乱中，成为潜在的不安定因素。

但这次民族大迁徙的直接导火索则是来自东方的“匈人入侵”。在这里，我们不建议将与汉帝国长期作战并被其向西方驱逐的匈奴人，与入侵欧洲的匈人完全等同起来。因为根据记载，无论是在装备上，还是在人种的描述上，匈奴人与匈人都有很大的不同。但也并不排除匈奴在西迁中与大量没有被记载的民族相融合，构成了这种演化的一个因素。不过，因为这个问题不是本文的主要内容，所以不便详叙。

匈人于 4 世纪中期出现在顿河草原上。在公元 370 年前后，匈人大规模向西方迁徙，在此过程中，他们征服了阿兰人与萨尔玛提亚人。根据史料记载，匈人的社会结构非常松散，生产力水平低下，他们居无定所，极少进行农业生产，主要以放牧绵羊与山羊为生。但他们从幼年起就惯于忍受饥渴与严寒，因此性格剽悍好战、残忍贪婪，曾被古罗马历史学家称呼为“上帝之鞭”，认为他们简直是原始的野兽，比日耳曼人还要野蛮得多。

匈人善于饲养与驾驭战马，并长期在马背上训练和作战，这让其具有很强的军事实力。在会战中，哪怕敌人已经组成了密集的战斗阵型，匈人仍会待在马背上，坚持不步行。

在著名的匈王阿提拉创立匈人帝国之前，匈人不对任何君王效忠，但服从于分散的军事首领统治。他们彼此之间没有同族那种亲切和团结的感情，因此匈人各部落间也经常互相攻打。即使匈人帝国成立后，阿提拉仍要继续忙于征服黑海东部与他为敌的匈人部落。

简单松散的社会结构很可能是匈人帝国之后迅速解体的原因，但这种结构也为西迁提供了非常高的效率。比如匈人在征服阿兰人与萨尔玛提亚人之后，很快就将后者的部落族群、军事装备、军事战术融入自己的军事体系中去，其中最为重要的就是萨尔玛提亚与阿兰人所擅长的冲击型重装骑兵战术。

马鞍用前、中、后三根
肚带固定，有的时候也
用前、后两根肚带固定
金属压花羽毛状装饰，是传统的
匈人样式，可能会附加在鞍桥上
装备着复合弓、小盾与
轻型矛的匈人骑手
马匹肚带上装饰
的挂件
耐寒的草原马

▲ 匈人轻骑兵

匈人还很擅长用掠夺的战利品与贡品迅速提升自己的装备，比如在部分匈人的墓葬中，发现了 3 米以上的重型萨尔玛提亚骑矛。匈人本族人主要是轻装弓骑兵，大部分弓骑兵完全不着盔甲，只有贵族与显赫的军事成员才装备重型金属鳞甲。但随着在西迁中反复地掠夺，匈人军事贵族成员的数量不断扩大，拥有良好装甲防护的匈人贵族阶层自然也就越来越多了。

那些装备良好的匈人贵族身穿鳞甲或札甲，这些铠甲有的可以一直覆盖至膝盖。他们的铁盔，根据考古研究很可能产自被他们征服的地区，其中绝大部分是阿兰人与萨尔玛提亚人的形制——通常由 6 块金属合铸成圆锥的形状。匈人还装备了用柳条或木头制成的小圆盾，为了不妨碍射箭，一般将其绑缚在前臂上。

匈人最有特点的本族武器是一种用皮带固定在左侧大腿处的尺寸相当大的复合反曲弓。经现代历史学家复原，这种弓的长度达到了 140—160 厘米，比古典时代的斯基泰人、帕提亚人或波斯人、汉人、匈奴人使用的弓都要大。凭借这种重型复合弓，他们能较轻松地射穿当时罗马人与哥特人使用的锁子甲①，并能在较近距离内对身穿重札甲与鳞甲的敌人造成杀伤。匈人最为人称道的是，他们可以在奔驰的战马上向任何方向发射箭矢。其中向后射箭的技术被认为最有价值，不过这种射术名称却以另一支擅长骑射的民族命名，这就是“帕提亚射术”。匈人在肉搏战的时候使用轻型的短矛与长剑，长剑一般都为长柄，适合在马背上使用。匈人有时候也使用套索。

匈人的坐骑——草原马是一种毛皮粗糙、性格坚韧的短腿马匹，肩高仅大约为 12—14 掌②，但这些马匹肌肉发达，耐力非常好。这样就给匈人骑射手提供了一个比骑兵肉搏战更优越的、可以较长时间奔驰的稳定射击平台。这种马几乎可以吃任何品质的饲料，甚至可以只食用草料③。这对于长距离的快速行军是一个巨大的优势。如同后世的蒙古骑兵那样，匈人不需要大量运输饲料，他们通常在一天快结束的时候让马匹自行觅食，这样匈人就可以发动快速的突然袭击，而且战争经费也低廉得多。当然这也会带来一些弊端：一是对战马的大量损耗，这对拥有许多战马的匈人来说，一开始并不是什么问题，但随着匈人深入欧洲腹地，影响便开始显现，其骑兵比例也开始大幅度下降；二是匈人的行军对草场存在巨大的依赖性，所以在季节转换时，尤其

① 锁子甲虽然比同时代的扎甲与罗马军团环片甲更轻便、防护更全面，也更易于弯曲，但其防护穿刺的能力却不如后者。

② 一掌约为 10 厘米。

③ 战马为了提供足够的体力，需要大量食用粮食或豆类。

▲ ***匈人弓骑兵在使用帕提亚射术发射回马箭***

是初春，牧草大量减少会导致匈人骑兵的战斗力大受影响。

另外，匈人的战马与罗马的相比，在攀登、跳跃、游泳等方面要强得多。虽然这些战马并不是特别适合于冲锋及肉搏战，但是匈人在征服了阿兰人及萨尔玛提亚人后，也获得了后者那些与波斯尼萨马同宗的、健壮而高大的马匹，这就使匈人骑兵的作战方式变得更加多样化。

此外，与当时还未使用马镫的欧洲骑兵不同，匈人已经开始采用马镫。这些马镫给骑手提供了一个稳定的作战平台，并在长途行军中改善骑手的腿部血液循环状态。但匈人并不是发明马镫的民族。最早的原始马镫——趾蹬大约在1—2世纪出现在北印度，另一种“钩镫”则出现在草原斯基泰人居住区。但现代历史学家大部分认为，标准意义上的马镫其发明者是5世纪的中国北方少数民族。不过，匈人虽然有马镫，但根据记载，匈人的马镫较为简陋，并非标准马镫，他们也没有马刺。也就是说，匈人是依仗优秀的骑术而非马镫，确立了对罗马人以及其他民族的骑兵技能优势的。

匈人的短板在于不擅长攻坚。虽然匈人在罗马帝国后期，如公元441年、443年、447年多次进攻罗马帝国，但就像绝大多数草原民族那样，他们更多是进行一种迅速的、令人猝不及防的物资劫掠，并尽量避免大规模的决战以减少自己的损失。在面对坚固的罗马大型城市时，匈人一般会选择放弃。这种情况在阿提拉建立匈人帝国之后有所变化，阿提拉的战略一般是深思熟虑的进攻而非劫掠。但这种战略持续时间并不长，在阿提拉死后，巴尔干地区就较少遭受匈人的大规模攻击了。不过对于并没有坚固城郭的日耳曼人中的一支——哥特人来说，可怕的匈人所进行的大规模劫掠与迁徙就足以将他们赶出自己的家园。

总之，在匈人的西迁中，阿兰人、萨尔玛提亚人大量加入了匈人的军队。哥特人则在匈人威胁、气候变化、原始公社解体、军事贵族渴望征服、罗马帝国衰退等诸多因素影响下，直接倾巢向色雷斯地区转移，这使罗马帝国在匈牙利平原与色雷斯平原上的军事压力陡然提升。

此外，罗马人承受的军事压力远不止于此。在4—5世纪期间，日耳曼各部族——法兰克人、汪达尔人、勃艮第人、西哥特人、东哥特人、阿勒曼尼人、伦巴第人，以及北方的盎格鲁人、撒克逊人等，不停地组成迁徙浪潮，大量涌入今天的英国、西班牙、法国、德国南部、意大利北部、匈牙利、保加利亚一带。于是，在罗马帝国边境线上，出现了一条西起西班牙西部，北至大不列颠地区，向南深入今天的法国，向东横穿德国、匈牙利，止于色雷斯地区的绵长而可怕的大迁徙浪潮。当时已经在内乱中逐渐衰弱的罗马帝国，绝不可能有足够可靠的军团防守这么大的区域，最后的结果只能是防线被冲击得千疮百孔。

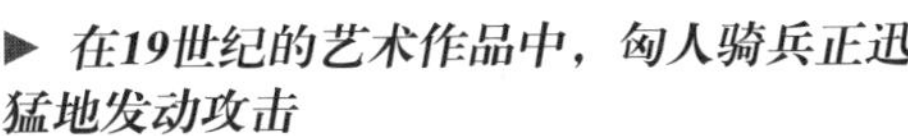

▶ ***在19世纪的艺术作品中，匈人骑兵正迅猛地发动攻击***

大迁徙时代的日耳曼军队

这些迁徙的日耳曼部族其实算不上是一个统一的民族，他们并非是在相似的民族或语言关联下结成的牢固联盟。所以虽然在对抗罗马人时，他们会进行暂时的合作，但他们同样常与罗马人联盟攻击其他日耳曼部族。

大迁徙时代的日耳曼军事贵族，并非建立在旧的氏族和部落系统上。年轻的战士通常会为了追求财富，从四面八方涌来加入一个由军事贵族建立与组织的成功战团。也就是说，他们的战争并非是国家之间的对抗，而是不同领导者与他们追随者所组成的集团之间的竞争。当一个领导者名望下跌时，追随他的战士就会自然而然地加入到更成功的战团中去。变弱的首领会以极快的速度被更强的人残酷取代。战争是日耳曼人社会的一部分，是积累财富和提升威望的主要途径。在战士准则中，这些追随者必须保卫他们的军事首领，并为他战斗到底，“任何战斗到死都胜过屈辱投降”。这种结构逐步在中世纪演变为各封建王国，而领导者与追随者就成为国王与骑士。

▼*日耳曼人首领正与自己的部下饮宴*

其实早在大迁徙时代之前，罗马历史学家塔西佗就认为日耳曼人：“很难被说服去安心耕种土地，（他们认为）这种靠汗水缓慢积累财富的方式是懦弱的，因此照顾家庭和田地的往往是老人与妇女，打猎和战斗则被认为是具有男子气概的行为。”在大迁徙时代，日耳曼人的小部落逐步凝聚成部族，法兰克人与阿勒曼尼人就是如此。

当这些日耳曼军事首领为罗马人提供军事服务时，他们就能得到土地。而这些首领由于手中可以分配给追随者的财富、资源与荣誉变得越来越多，他们的威望也相应地得到了进一步加强，于是就会有更多的追随者加入进去，直到他们强大到让罗马帝国难以控制。

从装备上说，大迁徙时代之前的日耳曼人装备简陋，缺乏生产高品质金属制品的技能，因此他们大部分只装备短矛与盾。不过德国地区拥有较多的铁矿，比如现代历史学家已经发现，日耳曼人在大迁徙时代拥有大量的冶炼炉，仅波兰就发现了 150 个，这说明日耳曼人已经能打造出金属兵器了。当大批日耳曼人涌入罗马土地之后，他们又获得了大量来自罗马的武器装备。比如哥特人在公元 376 年越过多瑙河前，还装备

▼***大迁徙时代的日耳曼人在锻造武器***

着自己的武器，但之后就通过战场缴获和夺取武器储备库等方式得到了诸多罗马武器装备。

在日耳曼军队中，武器装备是衡量身份的标志，那些已经享有盛誉的成功战士穿着鲜艳的服装，拥有自己的马匹、盔甲、剑、矛、斧和盾牌，而贫穷或还没有建立军事声誉的士兵，则只有矛与盾。在哥特人和阿勒曼尼人的队伍中，贫穷的战士一般担任弓箭手。

曾担任过罗马军官的历史学家阿米安，在其著作《晚期罗马帝国史》中，较为详细地描写了日耳曼人装备的变化情况。根据其描述，日耳曼人中仅有矛与盾、不着盔甲的战士变少了。战士均穿着头盔与胸甲，且掷斧与标枪的使用变得更加普遍，剑的数量则更多。由于挥舞这些武器需要阵型中留有较大的空间，于是早期那种大型木盾

▼ ***日耳曼军事首领赐予亲兵武器***

逐渐被更加小巧且得心应手、中心有锥顶的圆盾所替代。在分散的阵型中，这种盾会提供更有用的格挡作用，且盾的锥顶使盾牌也能作为一种攻击武器。但在防御型的紧密队形中，这些圆盾显然不如大型塔盾有用，因为盾的锥顶会伤害自己人，所以不能使用“后阵推前阵”这种压力式方阵。于是，日耳曼步兵在进攻的时候，通常“挥舞着他们的盾牌砸向对手的身体，并使用矛与剑猛刺”。

总的来说，4 世纪中晚期的日耳曼人，其装备水平已经接近他们的罗马对手，在战争中属于同一水准。只是在作战风格上，日耳曼人更加狂野且任性妄为，而罗马军团则保持着一贯稳健与谨慎的风格。

当时的日耳曼人，锁子甲是最主要的重型铠甲。不过因为他们的装备除了自己生产外，也来自战利品，因此很有地方特色。比如在东部的日耳曼人那里，诸如东哥特人，东方式的扎甲很流行，而西部的法兰克人，则在使用锁子甲的同时还使用鳞甲。双层甲在高级指挥人员中也会出现，比如将皮胸甲与链甲衫同时穿着。

虽然战争是他们生活中不可或缺的一部分，但他们更愿意进行短暂的、小规模的袭击与战斗。一场持续的战争或军事行动需要职业化军队与专业后勤组织，大迁徙时代的日耳曼人显然并不具备。日耳曼人的军事领袖总是合理地维持一支规模不算太大的军队，为他的追随者寻找财富与荣耀。因为这些军事行动不像罗马那样具备一个官僚政府与现金经济来支撑，因此当不能通过军事胜利进行掠夺来维持开销时，军事行动就会崩溃。当然在特定条件允许下，日耳曼人也会有大规模的军事行动，但这一般是由于遭到外敌驱赶，或是在迫切夺取迁徙居住地的时候，而这也正是罗马帝国最为担心的。

经验丰富的日耳曼战士作为单独的个体是强大且富有勇气的，他们熟悉各种武器，还擅长发动快速的突然袭击。东罗马帝国皇帝莫里斯（582—602 年在位）在《战略》中记载道：“浅发色种族①非常看重自由的价值，他们在战斗中大胆而无畏，认为任何胆怯甚至短暂的撤退都是一种耻辱。在激烈的肉搏战中，他们冷静地蔑视着死亡。”但是，当时的日耳曼人并不擅长处理复杂的战斗，通常的策略只是“向前冲”与“站立着接受敌人的攻击”。他们的军队虽然有一定的凝聚力，但没有接受过固定的整体操练，也不能够进行太复杂的阵型演习。他们更愿意用自己擅长的快速袭击，“迅速取得战斗胜利，并快速撤退”。而日耳曼人中的一些部族，诸如阿勒曼尼人，“拥有力量和

① 罗马人对西部、北部欧洲人的称呼。

身高的优势”，冲锋的时候带着“难以描述的怒火，长发披在背后，眼中带着一种疯狂”。

楔形阵是当时日耳曼步兵颇为喜欢的一种攻击阵型，他们期待以这种阵型将敌人的队伍撕开一道缺口。日耳曼士兵通常在首领的带领下，以一个 300 人的精锐部队充当“楔子”进行突击，其余士兵紧跟其后。一般来说，充当“楔子”是装备最精良、最富有战斗经验的人员，他们会围绕着他们的军事首领，站在前排充当先锋。这些精英武士身穿铠甲，携带较好的剑冲杀在前，进行最激烈的战斗。地位较低的武士则跟随在后面，加强冲击的力量，或用标枪、弓箭进行掩护。如前所说，日耳曼人平常不会操演楔形阵，所以无法像罗马人那样根据军事信号来做出行动。日耳曼人的楔形阵，完全是跟随军事领袖运动。领袖的位置就相当于一面军旗，有丰富作战经验的日耳曼战士会追随在领袖身旁，而后面的人则跟随这些有经验的战士。不过，当队伍向敌军冲击时，他们将很少或者根本没有时间做出调整。《战略》对他们这点也有较为详细的描述：“无论是步行还是骑马，他们的战斗没有固定的计划和阵型，起码没有大队或军团层面的谋划。他们根据部落和血缘关系，联合在一起，有共同的利益。通常，如果事情不顺利，他们的朋友被杀了，他们会冒着生命危险去战斗、去复仇。在战斗中，他们让自己的战线前部齐平而密集。在冲锋中，无论骑马还是步行，他们都是鲁莽而无纪律的，仿佛世界上只有他们不是懦夫一样。”

▼ ***5世纪中期，冲锋中的法兰克人***

▲ *在公元451年的沙隆会战中，西哥特人组成盾墙防御匈人与阿兰骑兵的冲击*

日耳曼军队确实更倾向于实施攻击战术，但面对强大的敌人，他们偶尔也会进行防御，比如使用“盾墙”。盾墙战术是把阵型进行紧密压缩，将战士们的盾牌重叠，为楔形阵中那些站位密集的精英武士提供更有效的保护。另一种著名的防守战术则是“车阵”。车阵本身很符合日耳曼人的习惯，特别是东哥特人，他们在草原上更愿意使用此类战术来防止敌军突袭。东哥特人的防守车阵大致是圆形的，依托大量远程武器，防备敌军近战。

对于大迁徙时代的日耳曼骑兵，德国历史学家汉斯·戴布留克认为他们是全方位的战士，并非固定地作为骑兵或步兵。骑兵懂得驾驭马匹，在马背上作战，但必要的时候，也经常下马作战。诸如在公元 357 年的斯特拉斯堡会战中，阿勒曼尼人的军事首领骑马进入战场，但下马步行带领冲锋。那个时期整个日耳曼人的军事系统都是基于个人的，这些“骑兵”并未形成战术部队的状态。进攻时他们也喜欢使用楔形阵，不过日耳曼骑兵更喜欢采用较浅纵深的队形，因为后阵不能提供太多的支持。

在防守时，他们不会像罗马帝国或者之后的东罗马帝国骑兵那样在前期避开战斗，以便在必要时发起迂回包抄、侧翼掩护或侧翼冲击，他们往往直接下马，以步兵的状态作战。在防御时，下马的日耳曼骑兵可以组成盾墙，“他们还可以敲击他们的盾墙发出震天的响声来惊吓马匹”，资料中多次记载这种密集的盾墙阵对于抵御骑兵非常有效。硬碰硬地骑在马背上面对纪律严明的罗马骑兵，日耳曼人并不处于优势地位。总体上，那些能在马背上熟练战斗的战士，级别高于那些只能用近战武器步行作战或只能步行射箭的战士。

在条件有利的情况下，日耳曼骑兵也会骑乘发动追击或实施突然性的迂回攻击，就像在亚得里亚堡的哥特骑兵那样。而且，许多小规模的战斗或劫掠也由骑兵来完成。相对于西部的表亲，东部草原的日耳曼人，如东哥特人、皮格德人，更倾向于骑在战马上作战，但这并不绝对。

根据《战略》所述，日耳曼骑兵冲锋时，“用盾牌保护着他们的头和战马的一部分脖子，并高举他们的骑枪平齐于肩膀”，这种握矛冲锋方式在大迁徙时代后期被东

▼ ***在公元357年的斯特拉斯堡会战中，阿勒曼尼骑兵与步兵协同攻击罗马骑兵***

罗马皇帝莫里斯赞赏，东罗马骑兵遂纷纷仿效。但罗马人没有复制日耳曼骑兵冲锋时的轻率，罗马人的骑兵仍以队列和秩序作为第一要素。日耳曼骑兵冲锋时却是欠考虑的，并且不太受控制。“他们不服从他们的领导。对复杂的外部安全或是自身优势很少关心。特别是在马背上的时候，他们轻视良好的秩序，”对此，6 世纪的历史学家普罗科比还描述道，“哥特骑兵冲出来，把步兵远远扔在后面，过分信任自己骑矛的力量，结果，他们自然承受了轻率冲锋的后果。”

这就是大迁徙时代日耳曼人的装备与战术情况，下面我们就来对比当时的罗马军队，也就是“帝国晚期的罗马军队”。

大迁徙时代的罗马军队

公元 212 年，罗马帝国通过了《安东尼努斯敕令》。此法令规定，凡是居住在罗马帝国范围之内的自由人，全部享有罗马公民权。这样，“罗马公民”和“外省自由人”之间的界限被破除了,而公民军团和辅助军团的区别同样也被打破。因此在3世纪早期，虽然部分公民军团在军事上仍保有精英地位，但他们的等级不再高于辅助军团。而大量“蛮族”也以个人身份加入罗马军队，虽然这是当时罗马帝国为了税收和军役的客观需要，但一部分历史学家认为，这增加了动乱的机会。

3 世纪时，罗马皇帝图拉真、哈德良的荣光正逐渐消退，罗马渐渐出现了混乱迹象。虽然也有赛维鲁、奥勒良等或狡诈干练或能征善战的皇帝率领罗马军团通过东征西讨稳定住局面，但 3 世纪末的罗马帝国还是在无休止的内战中不可避免地走向了衰落，这就是所谓的“三世纪危机”。动乱产生的野蛮破坏、杀戮和瘟疫沉重地打击了帝国的税收基础。政府发行越来越贬值的罗马银币，导致物价疯狂上涨，小麦的价格竟然涨至之前的 67 倍。货币经济的崩溃使军队只能通过直接的粮食征收来获得供应，这个时期的罗马军队，已经严重依赖征兵，但士兵们的薪水较 2 世纪少得多。罗马经济的衰败很难使其再以公民军团作为主要作战力量，因而帝国公民在军队中的比例变得越来越少，与此同时，大量蛮族士兵进入了以前只有罗马公民才能进入的重步兵军团。至 4 世纪中期，蛮族出身的士兵大约占据了罗马军队总人数的四分之一，在精英军团中甚至达到了三分之一。公元 395 年，罗马帝国永久性地分裂为西罗马、东罗马。此后，进入 5 世纪以来，大量掌握军事实权的蛮族将领与他们的军队直接成建制地存在于罗马军团中。

虽然蛮族士兵人数的持续增长必将带来隐患，但就当时而言，并没有直接造成罗马军团战斗力的下降，这和一部分人对罗马军团衰弱原因的认识是不同的。诸如在公元 357 年著名的斯特拉斯堡会战中，那些日耳曼人或其他蛮族成分占比非常大的军团，依然在战斗中表现出与传统军团一般无二的卓越和稳定。但到了公元 378 年亚得里亚堡战役失败后，大量蛮族将领开始进入军队高层，甚至在 5 世纪中期进入政界高层，这时情况就完全不同了。

欧洲民族大迁徙时代，罗马军队的人数并不少，西部与东部加起来估计有 35—51 万人。这个时期，罗马军团的编制与元首时期的罗马帝国不太相同，主要分成三种类型：

第一是帝国护卫军[①]，他们代替了原先经常发动叛乱的帝国禁卫军，但它们又不同于禁卫军。帝国护卫军往往规模庞大，可能达到 2—3 万人，而且全是装备精良的军队，包括大量的精锐骑兵。这些部队通常都由皇帝亲自指挥，但他们的作用并不限于保卫皇帝的安全。也许是考虑到 2—3 世纪频繁的叛乱，帝国护卫军的主要作用其实是充当皇帝手中的利器以防范篡位者，毕竟庞大的军队人数总能让人望而生畏。即使真有叛乱发生，皇帝往往只出动帝国护卫军就可以镇压下去。这种模式的帝国护卫军在 8 世纪之后的东罗马成为“帝国卫队”，虽然名为卫队，但实际上却是人数达到几万的精锐部队。此外，帝国护卫军还有另一个作用，就是在对外战争或反击大规模蛮族入侵的重大战役中陪同皇帝作战。

◀ ***4世纪的罗马帝国重步兵与轻步兵***

① 也译为直卫军。

第二种是野战军，他们在驻军方面与帝国护卫军相似[①]，也属于“移动式军队”，主要用途是作为机动部队支持边防军的防务。

第三种就是边防军，他们的职责是防备单一的行省。

一般来说，传统观点认为，在早期帝国阶段，罗马军队主要由边防军构成。但整个罗马的防线过于绵长，大迁徙时代日益增长的边境压力使得分散的边防军很难进行有效防御。帝国缺少机动部队，也缺少后备军事力量，只有皇帝的卫队可以机动调遣。戴克里先曾大力强化边防军，并创立了野战军。君士坦丁一世则将边防军加以削弱，大力增强野战军，如此可以把野战军部署在内部作为战略预备队反击蛮族入侵。但根据最新的学术资料显示，君士坦丁一世之所以把军队布置在内部，最大的原因还是为了防备篡位者。5世纪的罗马学者佐西默斯[②]曾强烈地批评了君士坦丁一世的这一政策，认为“破坏了戴克里先建立的边境防御线，塔楼和堡垒也被大量拆除，还把来自边境的大量军队抽回来，驻扎在不需要保护的内部城市”。佐西默斯的批评可能是过度的，因为一部分野战军是君士坦丁一世时期新增的部队，并非全部抽自边境。然而，根据一些现代历史学家的观点，他的新野战军多数还是从旧有的边防军中抽调出的精锐，这导致边防军精英人数下降，增加了蛮族大规模入侵时边境防御被破坏的风险。

▼ 4世纪，罗马帝国的持盾帝国护卫军步兵（也可称皇家野战军步兵）

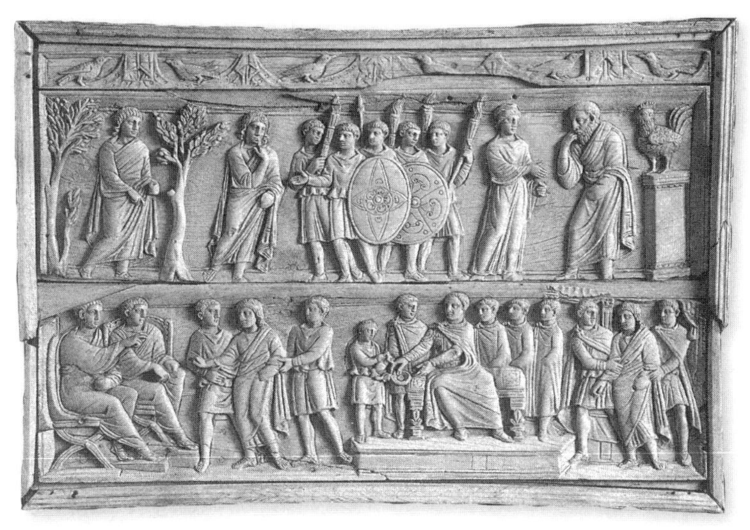

① 广义上说，帝国护卫军在君士坦丁一世之后也属于野战军的一部分，因此有人将其译为帝国野战军。
② 不是3世纪的那位罗马学者佐西默斯。

在上述三种军事编制之外，罗马军队中最高等级的部队是斯科拉瑞骑兵[①]，它相当于皇帝陛下的私人卫队。该部队是君士坦丁一世创建的，全部由精锐骑兵组成。当时的斯科拉瑞骑兵仍是一支旧式的但装备精良的罗马重骑兵，其装备有元首制时代的锁子甲、大型盾以及短骑矛等。他们处于指挥系统之外，主要职责是在军事行动中保护皇帝的安全。到 4 世纪后半期，12 支（每支 500 人）斯科拉瑞部队中 5 支被分配到罗马西部，7 支被分配到罗马东部。其中，只有被分到东部的两支斯科拉瑞部队是特殊的，一支是连人带马的全具装重型骑兵，另一支是骑射手。前者很可能就是未来东罗马帝国那支闻名遐迩、由全具装重骑兵组成的最精锐帝国卫队的前身。

另外，斯科拉瑞骑兵中有 40 人穿白色制服，他们作为皇帝的私人保镖，有时也被称为“白衣持剑卫士”，而且这个头衔及相关头衔直至 10 世纪的拜占庭马其顿王朝仍在使用。

罗马军队的蛮族化，就连斯科拉瑞骑兵也不能例外。在西部，斯科拉瑞骑兵中有大量法兰克人及阿勒曼尼人服役。在东部，则有许多哥特人服役。到了 5 世纪，东罗马斯科拉瑞骑兵中的哥特人逐步被本地化的亚美尼亚人及伊苏里亚人取代。不过这毕竟是皇帝的亲随部队，罗马人的分量仍是不可忽视的。无论是否为土生土长的罗马人，斯科拉瑞骑兵比起普通正规作战部队，拥有更高的工资与特权，并且可以获得额外的粮食补贴，还可以免除征募税。在 5 世纪，由于皇帝对外亲征次数大幅度减少，他们经常被安排到文职工作上，导致作战能力被严重削弱。西罗马帝国灭亡之后，其斯科拉瑞军团被东哥特国王狄奥多里克一世永久性解散，而东罗马的斯科拉瑞则堕落成一支礼仪部队，其中挤满了首都那些娇生惯养、出身名门的贵族青年。到了 6 世纪，据说查士丁尼一世（即查士丁尼大帝）曾要求斯科拉瑞军团出征，而这却造成了恐慌。不过皇帝召集他们，其实主要是为了从他们的财富中征集作战资金。

在 8—11 世纪，斯科拉瑞军团在东罗马帝国又是另一种光景了，因为到了 8 世纪之后，他们被君士坦丁五世进行了改组，成为直接被皇帝领导的专业重装骑兵——他们多数为人马俱甲的具装重骑兵。之后该部队不断增强实力，成为整个帝国卫队的核心作战力量，是对外征战的重要依仗。到 10 世纪中期，斯科拉瑞军团为了征战需要扩大为东西两支，因此需要注意的是，应将其与大迁徙时代的斯科拉瑞骑兵状态进行区分。

① scholares，可译为御林军。

连人带马身披重甲的
斯科拉瑞骑兵

在大迁徙时代，罗马军团被拆分成更小的单位，规模大致相当于元首制时代的辅助军团，但是军团的数量则大为增加。而且，那个时代的军事单位体制，要比元首制时期的公民军团和辅助军团要复杂得多。因为当时帝国建立了大量的新军事单位，也相应地增加了各军事单位的等级制度。而且，这个时代的步兵已经不再使用作为古罗马军团标志的环片甲，而是以锁子甲作为主要的重甲。于是，这个时代的重步兵装备更接近于元首制时代的罗马重型辅助骑兵。

环片甲不再使用，这被很多历史爱好者诟病，同时也被当作罗马重步兵衰落的标志。有人认为，环片甲的穿刺防御效果，优于当时辅助军团或辅助骑兵使用的锁子甲，且很适合在前线进行维护和修理。不过在真实的历史中，锁子甲在罗马军团的比例远比环片甲高得多。即使是环片甲被广泛使用的 1—2 世纪，仍是锁子甲数量占据优势。从使用效果来看，环片甲并不比锁子甲的防御力优越多少，而且穿戴烦琐，有长期使用不舒适、容易引起皮肤炎症、不适合骑兵穿戴、防护面积有限等诸多缺点。在罗马帝国晚期，随着大规模野战军的建立，原先的静态战争已经逐渐变为机动防御战，而仍以步行作为主要行军方式的罗马军队，并不再适合大规模使用环片甲。且从生产的角度来说，随着使用锁子甲的罗马骑兵部队的重要性被不断提高，锁子甲开始了大规模生产，而单独的环片甲生产线却因成本和使用率低而逐渐萎缩。

到了大迁徙时代后期，由于受到东方国家的影响，对穿刺伤害防御更佳但也更重的札甲逐步多了起来。东罗马的军队则出现了札甲、锁子甲甚至各种软甲混成编制的状况。往往穿刺防御效果最好但较为沉重的札甲被用作胸甲，锁子甲用来保护四肢、颈部以及关节部分，软甲则充当内衬或者外批，以求获得更好、更全面的防御效果，而且这样穿着也较为舒适。

除了环片甲的大量消失外，大型的弧面四方形塔盾也不再使用，转而使用大型椭圆盾。一部分历史学家怀疑这与大量进入罗马军团的蛮族士兵使用习惯有关。罗马古典时代著名的短剑（gludias）也不再使用，取而代之的是步骑两用的，长约 76 厘米的，在 2 世纪逐步装备罗马军团的长剑（spatha）。这种长剑最初可能借鉴了日耳曼人的武器，但之后在不断变化中又反过来影响着欧洲的长剑形制。之后，东罗马帝国将长度达 95—100 厘米的 spatha 长剑作为最重要的单兵长剑。在穿刺武器方面，罗马帝国晚期的步兵中重型长矛的数量大为增加，这既受蛮族作战习惯影响，也是为了对抗威胁性越来越大的骑兵。步兵不携带重型长矛的时候，也可能使用一种较重的掷矛（verutum）或是短标枪（lanceae）。帝国晚期的步兵还常携带 6 枚头部灌铅的重

▲ 穿环片甲、携四方形塔盾的公民军团步兵与辅助军团步骑兵的装备对照（1—2世纪）

▲ 战斗中身穿环片甲的罗马军团

型梭镖，他们将梭镖夹在盾牌后面。这种梭镖的有效射程可达 30 米。这种推崇轻、快、远的战斗作风与元首制时代只携带两枚重型标枪的重步兵风格迥然不同。

总之，罗马帝国晚期的步兵作战方式相比元首制时代是消极的。元首制时代，罗马重步兵依靠重型标枪进行一轮掩护后，步兵就发动冲击，以期在近战肉搏中击溃对手。到了帝国晚期，步兵则不积极于肉搏，也很少冲锋，而是等待敌人冲锋后，更多地发挥密集阵型的作用形成稳定压力。如前面所说，2.5 米的长矛代替了之前的罗马短剑成为主要肉搏武器。敌人攻击后，重装步兵们就组成盾墙，将长矛从椭圆形或圆形大盾组成的阵型中的“V”字形缺口刺出。同时，他们更愿意发挥远程的优势，用射程更远、数量更多的标枪与梭镖，取代了重标枪。所以一部分历史学家认为帝国晚期罗马军团的战斗素养低于元首制时代，以至于必须这样才能维持住阵型。也有历史学家认为在大迁徙时代，罗马帝国的军事压力陡然增高，而这种战术能更好地降低军队伤亡。事实上，这种方式在大迁徙时代被证明是有效的。当罗马军队胜利时，他们的损失相较敌人而言，往往微不足道。

在罗马帝国晚期，骑兵比例没有较大变化，与元首制时代的比例大致相当。不过，骑兵部队的装备较过去有所增强且更加多样化，而且还新增了许多专业单位，如具装

▲ **罗马帝国晚期的重步兵标准装备**

的罗马冲击型重骑兵及装备比较完善的骑兵射手。罗马冲击型具装骑兵装备着特制的盔甲，比如环臂甲。

总之，4 世纪的罗马骑兵地位较 2 世纪大为提高，这很可能只是制度变化带来的转变，并非罗马骑兵的战斗力在 4 世纪出现了脱胎换骨的改变。罗马骑兵的主力依然沿袭着元首制时代的战术，他们中的大部分仍保留着传统的辅助骑兵式装备——短矛、长剑、锁子甲及大型椭圆盾或圆盾。甚至精英骑兵，包括大部分斯科拉瑞军团也仍使

▲ *查士丁尼时代的具装铁甲骑兵*

用旧式装备。不过当时的罗马骑兵正处于变革期，来自东方、拥有更好骑兵战术的萨尔玛提亚人与萨珊波斯帝国正影响着帝国骑兵的变化。

公元 175 年，罗马帝国“五贤帝”中的最后一位——马可·奥勒留在击败了萨尔玛提亚人之后，流放了 8000 名萨尔玛提亚骑兵，其中有 5500 名骑兵留在了不列颠加入罗马军队。一个世纪之后，至少仍有 500 名骑兵驻扎在不列颠。一部分历史学家认为，他们就是 5 世纪“亚瑟王”真正的历史原型。如前面提及，萨尔玛提亚重型骑兵喜欢使用长达 3.65 米（12 英尺）的双手用长骑矛。这种长骑矛，希腊语称之为“康托斯”，直译过来就是“船稿”，可以说是生动地显示了这种长矛的形制与使用方式。这种长矛很快成为罗马骑兵的新式武器，他们把这种长矛叫作“孔塔里尼”（contarii）。

虽然罗马骑兵开始使用双手长骑矛，但马匹与盔甲还是旧式的，而且马匹不披甲。不过一段时间之后，在萨珊波斯帝国具装骑兵的影响下，罗马帝国东部的一支斯科拉瑞军团开始全部由新式军种——具装铁甲重骑兵（clibanarii）组成。在罗马帝国的其他部队编制里，如野战军，也有具装铁甲重骑兵，但他们大都装备在东部地区。这些重型骑兵除了装备“康托斯”长矛外，有时也携带弓箭，且人与马均披挂重甲，只露出双眼。骑手的臂甲则采用了特制的萨珊波斯重骑兵的环臂甲形制，这种圆形薄铁片层层重叠，与身体的曲线完全贴合，并覆盖整个四肢。根据记载，“那些被称为铁甲骑兵的，带着护面甲，身披金属胸甲和腰带。他们的四肢被薄铁甲片完全覆盖，这些薄铁甲片完全按身体的曲线非常巧妙地铰接起来”。

▼ ***罗马帝国晚期骑兵（中间为“康托斯”长矛骑兵）***

在战斗中，罗马重装骑兵的核心战术是使用强力冲锋，在指定位置上用压倒性的力量冲破敌军的阵线。在战斗中，他们或被布置在后阵作为预备队，比如罗马帝国东部那支全具装斯科拉瑞骑兵；或被布置在侧翼寻找机会对敌人发起冲击。大多数具装铁甲骑兵团驻扎在罗马东部，这当然跟东部地区敌方骑兵更加强大有关。

不过，罗马骑兵的战绩并没有改善。在帝国晚期几次著名的大规模战役中，骑兵甚至获得了无能甚至懦弱的名声。而步兵军团，即使没有了环片甲，人员大量由蛮族组成，但依然保留了其传统的卓越声誉。罗马骑兵这种令人担忧的状态直到 6 世纪东罗马帝国查士丁尼一世时期才有所改变。在那个时代，名将贝利撒留统帅下的东罗马铁甲具装骑兵及半具装骑兵，与当时世界上最好的重装铁甲骑兵——萨珊波斯重骑兵齐名，改变了过去罗马骑兵的窘迫状态。

斯特拉斯堡会战与亚得里亚堡会战

公元 355 年，日耳曼民族的南下狂潮仍在继续。被后世称为“叛教者”的尤里安，年仅 23 岁就被堂兄——罗马皇帝君士坦提乌斯二世任命为“副帝”前往莱茵河前线，负责抵御入侵高卢地区的阿勒曼尼军队及法兰克军队。尤里安出发时，身边有皇帝提供的一支 200 人的斯科拉瑞骑兵，他们是连人带马全身披甲的重骑兵，另外还有一支 160 人的弓骑兵。尤里安带着 360 名骑兵出发了，也就是说，他将主要依靠驻扎在莱茵河的本地军队。

有趣的是，之前尤里安对统帅军队并没有经验，且在出征之前，皇帝向尤里安隐瞒了一件重要的事——下日耳曼的城市科隆，作为莱茵河区最重要的要塞，已经失陷于法兰克人之手。于是有历史学家认为，这是皇帝企图清除尤里安的诡计。尤里安也曾说这个任命简直是“死路一条”，承认自己所面临的处境非常艰难。

到达前线后，尤里安发现前线军团的战士士气非常低落，但他鼓足勇气，致力于收复科隆城。他仅带领麾下的铁甲重骑兵与弓箭手沿路向前。在向特里卡西尼进发的路上，他击溃了比己方人数多得多的、包围住欧塞尔的敌军，但他的部队因装甲太重无法追击。在此战中，他逐步建立了信心。之后，他来到兰斯城，与驻扎在高卢的主力部队会师。在随后的战斗中，日耳曼人袭击了尤里安殿后的两个大队，但两个大队在援军支援下并没有崩溃，之后尤里安再次击败敌人。

再之后，尤里安与法兰克国王签订条约，收复了成为一片废墟的科隆。在军中的

尤里安的轻步兵偷袭了莱茵河岛上的阿勒曼尼人

▶ *尤里安在钱币上的形象*

时间里，他了解到当地将领之间勾心斗角、军队兵力匮乏、士气低落、物资供应不足等诸多问题。尤里安以自己过人的品德和高超的情商征服了士兵和将领们，且与麾下富有经验、深思熟虑且性格温和的将领赛维鲁相处很好。在后者的协助下，尤里安整顿了莱茵河一线的罗马军团，逐步让他们恢复了信心和士气。在此期间，他使用轻步兵，成功袭击了阿勒曼尼人在岛上的基地，掠夺到大量物资；并且重建了特雷斯·塔伯奈城，囤积了大量的军粮，缓解了供应紧张的问题。

阿勒曼尼人是日耳曼人中的一支，一直是高卢地区对罗马威胁最大的存在，斯特拉斯堡附近的阿勒曼尼人由他们强大的“高等国王”克略多玛与其他6位小国王统领。克略多玛据说身材非常高大，拥有惊人的力量，喜欢穿戴闪着金光的头盔（可能是镀金）及闪耀的铠甲，他被罗马人称为“巨人”。6位小国王之下就是贵族与勇士，勇士由专业的战士组成，而每一名贵族大约能够提供50名左右的勇士。

尤里安与罗马将军——步兵指挥官巴尔巴提奥制定了一个作战计划，准备对当前威胁最大的阿勒曼尼人发动一次钳形攻势。但这次攻势被精于劫掠的阿勒曼尼将领莱提瓦解，他率领军队穿过两支罗马军队，一举攻到里昂城下。虽然尤里安派遣轻骑兵部队缓解了这一危机，但之后步兵指挥官巴尔巴提奥遭到了阿勒曼尼国王克略多玛的伏击，被打得大败，钳形攻势亦被彻底破坏。不仅如此，巴尔巴提奥还丢掉了几乎所有的辎重与粮草，甚至在不经尤里安同意的情况下，私自带领军队撤出了战区。

大量军队的撤退与辎重的丧失，使本来缓解的局势又严峻起来，罗马士兵们的士气也开始低落。阿勒曼尼国王克略多玛不会放弃这个机会。他通过罗马“盾牌军团”的一名逃兵，了解到现在尤里安手中只有13000名士兵，于是下令总动员，并将军队集中到斯特拉斯堡。同时，他又招募了一些非阿勒曼尼人[①]。最终，国王集结了35000人的军队，这支庞大的军队跨过莱茵河，到达斯特拉斯堡足足用了三天三夜。

此时尤里安正面临一个艰难的选择：是迎面决战，还是躲在堡垒里等待支援？但他根据之前同僚的表现[②]，认为援军未必会来，而拖延下去只会使本来严峻的补给情

① 很可能是勃艮第人。

② 诸如巴尔巴提奥的表现，映射出皇帝并不那么信任他。

况雪上加霜。其次，如果躲在堡垒里，等收获季节到来时，将会引起阿勒曼尼人更大规模的入侵。

于是尤里安征求了军官们的意见，或许是因为别无选择，他们都决定迎战。而且罗马人对于集中在一起进行决战的阿勒曼尼人并不算畏惧，认为罗马军队良好的素养也许能弥补人数上的劣势。当然，这毕竟是一个高风险的选择，因为对方兵力近乎是自己的 3 倍。

战场在斯特拉斯堡西北大约 3 公里处。那是一个略微倾斜的斜坡，部分区域是小麦田。在战场的远处则有骑兵难以逾越的森林。克略多玛的布阵是这样的：包括他在内的阿勒曼尼人主力被布置在中央阵线，面对尤里安的罗马军团主力，并享有一定的坡度优势；右翼由他的侄子塞拉皮指挥，隐藏在战场远处的森林中，等待罗马军团接近时发动突然袭击；左翼则正对着罗马军团右翼，主要是骑兵。克略多玛很清楚罗马骑兵质量上的优势，之前就有大股日耳曼军队被尤里安的铁甲重骑兵击败过。因此他狡猾地安排了一部分轻步兵穿插在自己的骑兵阵型中。这些轻步兵所在地是小麦田，正好可以隐藏。一旦阿勒曼尼骑兵与罗马人的铁甲重骑兵交战，他们就匍匐着，攻击铁甲重骑兵没有保护的坐骑腹部和腿部。

尤里安的中央阵线则是标准的罗马阵容：最前方是罗马主力军团，之后是步兵弓箭手，弓箭手背后则是战场的总预备队——最精锐的步兵军团，尤里安与他的 200 名斯科拉瑞骑兵也在这里。罗马人的左翼则由与尤里安相处融洽的罗马将军赛维鲁统领，准备在合适的时候发动对阿勒曼尼人侧翼的攻击。右翼则是尤里安的骑兵，包括弓骑兵与铁甲重骑兵①。尤里安期望在质量上占据优势的骑兵能够尽快打垮阿勒曼尼骑兵，然后从侧翼或后方击垮克略多玛的中央阵线。

当两军列阵时，阿勒曼尼军中突然喧哗起来，士兵要求克略多玛及他的随从亲兵也从马背上下来与他们一同作战，表示无论最后是胜利还是失败，国王都不能逃跑。克略多玛这么做了，因为他认为胜利必将属于自己。但这样，他就将自己深陷在中央阵线中，一旦战斗开始，他将失去对战局的控制。尤里安则自由地站在罗马军阵中，身边有 200 名斯科拉瑞骑兵保护，可以根据情况调动自己的军队。

罗马军队首先发起攻击的是右翼骑兵。弓骑兵们拍马上前，向敌军发射箭矢，骚扰阿勒曼尼军队的左翼骑兵，并在他们追过来时撤退，这正是过去罗马的东方敌人们

① 这些铁甲重骑兵不属于斯科拉瑞编制。

大迁徙时代前，日耳曼战士喜欢将头发扎成一个独特的结（我们称为“施瓦本结”）
“弗朗西斯卡”手斧，它是大迁徙时代日耳曼人使用范围很广的一种斧，尤其是法兰克人与阿勒曼尼人。它也常被较穷的战士用来代替剑
阿勒曼尼式胸针，其中鱼形胸针是不常见的款式，可能属于信仰基督教的日耳曼人
日耳曼木制长弓
这是一件日耳曼人按自己喜好改造的原属于罗马人的头盔。其脸颊与颈部的保护已经被拆除，可能是为了舒适或者缴获时就已损坏。盔顶的野猪图腾象征着保护力量，并且还装饰有动物的羽毛

▲ *4世纪的阿勒曼尼战士*

惯于使用的“帕提亚战术”。但阿勒曼尼骑兵许是不愿意暴露他们埋伏在麦田的轻步兵，仍忍受着伤亡稳住不动。

本来罗马弓骑兵可以继续进行这样的消耗战术，或引出不愿继续遭受伤亡的阿勒曼尼骑兵，但这个时候罗马右翼的铁甲重骑兵直接对阿勒曼尼骑兵发动了冲锋。不知道这是否是尤里安的命令，如果是的话确实过于莽撞，因为之后无论是 6 世纪或是 10 世纪，能熟练使用具装骑兵技巧的东罗马军队，总是在合适的关头使用他们，而非在战斗一开始就将他们投入战场。很显然，具装骑兵很难在战场上隐藏，一般也都是敌方重点防范的对象，这样过早打出王牌确实会让最昂贵的部队冒过大的风险。

罗马铁甲重骑兵冲向阿勒曼尼骑兵，他们的长骑枪与重装甲很快对轻装的阿勒曼尼骑兵表现出压倒性优势。但这个时候，克略多玛的计策奏效了。隐藏在麦田里的阿勒曼尼轻步兵冲了出来，趁着双方骑兵肉搏之际，用短矛刺入没有铁甲保护的罗马重骑兵的坐骑腹部。重骑兵们纷纷从马背上摔下来，并很快被杀。战斗中，两名铁甲重骑兵部队的军官当即阵亡，而骑兵指挥官也负了伤。这立即引发了崩溃，重装骑兵们开始转身向后逃离战场，还差一点冲乱了中央阵线的右侧。最后骑兵被罗马军团右翼中两个训练有素的步兵大队“角盔”和“臂环”挡住了，终于冷静了下来。尤里安立即赶到那里，通过个人鼓舞，让他们重整旗鼓，但仍有一个大队的铁甲重骑兵仍拒绝参加战斗①。罗马其他的骑兵看见铁甲重骑兵攻击失败，立刻返回，撤回右翼，以避免取得优势的阿勒曼尼骑兵包抄罗马人的右翼。

在取得成功的阿勒曼尼骑兵鼓舞下，中央阵线的阿勒曼尼步兵发出了巨大的嘶吼声，随即奔向罗马阵线。罗马军队与阿勒曼尼军队都向对方倾射了遮天蔽日的标枪，“无数支标枪在天空中飞动着，飞扬的尘土中不断传来武器的撞击声和肉体的挤压声”。阿勒曼尼人反复冲击密集的罗马步兵阵线，希望依靠人多势众来冲破罗马阵线。但罗马军阵仍如磐石般稳固。在罗马盾墙与矛阵前，阿勒曼尼人遭受了巨大伤亡。这个时候，另一支日耳曼人——巴塔维人，作为阿勒曼尼人的援军加入了战斗。阿勒曼人顿时信心大增，更加勇猛地投入战斗，试图用长剑撬开罗马军团用盾牌组成的龟甲阵。“标枪、投枪和铁头的箭矢不分彼此地在空中飞来飞去。阿勒曼尼人身材高大，力量强悍，而我们的士兵则训练有素。前者野蛮而狂躁，后者则小心谨慎。罗马人相信自己的勇气，阿勒曼尼人则相信自己的力量。罗马人的伤员不时地重新冲上前线，有些阿勒曼尼士

① 事后他们被尤里安进行了羞辱性责罚。

在公元357年的斯特拉斯堡会战中，罗马铁甲重骑兵被阿勒曼尼步骑配合击退

兵尽管由于疲惫，已然无法站立起来，但还勉强用左腿支撑着身体，继续顽强地抵抗。”

这时，阿勒曼尼的国王、贵族与他们身边最精锐的亲兵，组成了一个楔形阵，其中还包括“持戒者”战团。这个战团大部分由“狂战士”和“长发剑士”组成，拥有非常好的装备并进行过良好的训练。由阿勒曼尼精英武士组成的楔形阵冲到阵线的最前列发动冲击，而楔形阵的外围则是身穿重甲的战士。阿勒曼尼人最精锐步兵的凶猛冲击终于在罗马步兵阵线上打开了一个缺口。本来这个缺口对罗马阵线是极度危险的，但第一战线的罗马军团很有经验，并没有因此崩溃，而是分成了两个部分，在两翼继续抵抗。

同时，赛维鲁命令罗马军团左翼向前，但他没有冒失地将自己的军队陷入包围圈，而是按照战前部署，搜查了那片丛林。于是赛维鲁很快觉察到前方有埋伏，他命令部下，既不要再前进，也不要忙于撤退。虽然当时参加战争的阿米安没有叙述细节，但现代大部分历史学家认为，是塞拉皮眼看埋伏无果，就直接带部下冲出了森林，向赛维鲁的精锐步兵发动了攻击，并最终被赛维鲁击败、驱散。

在中央阵线，大量阿勒曼尼人冲进了方才提到的缺口，但挡在他们面前的，是尤里安作为预备队最精锐的“第一”军团，“他们在那里摆开极为紧密的阵型，在敌人如潮的攻势面前像塔楼一般坚不可摧，而且还不时发动勇敢的反击，将敌人的攻击反推了回去”。这个时候，左翼获胜的赛维鲁开始包抄过来，对阿勒曼尼军队的侧翼发起攻击。严重的人员伤亡和疲劳使得最精锐的阿勒曼尼亲兵也无法坚持下去了，整个阿勒曼尼军队阵线被越来越紧密的罗马月型阵困在中央，阵线边缘的人不断被砍倒，而阵线中央的人则无法动弹。阿勒曼尼军队开始逃离战场，最终全线崩溃。

许多阿勒曼尼人跑得不够快，被罗马骑兵与步兵砍倒；也有很多人试图游过莱茵河，结果大部分被淹死；还有一些人在河中被罗马人的弓箭与标枪射死。疲惫不堪的克略多玛游过了莱茵河，“巨人”虽保住了一条命，但却被随后赶来的罗马士兵发现了。他们将克略多玛的藏身处紧紧包围起来，最终阿勒曼尼国王无奈投降。根据之前叙述的大迁徙时代日耳曼亲兵守则，由于首领投降，士兵们也选择了投降。“他们认为，抛下国王逃跑，任由他独自去面对苦难，是可耻的行为。”

最终，虽然铁甲重骑兵表现非常不佳，但罗马人还是以极小的伤亡赢得了斯特拉斯堡会战。整个会战中，罗马人仅损失 243 人，包括 2 个铁甲重骑兵大队的军官与 2 个步兵大队的长官。在阵亡的 4 名军官中，就有在此战中表现出彩的“角盔”大队的长官。阿勒曼尼人则损失了约 8000 人，其中 6000 人死在地面上，2000 余人淹死在

▲ *罗马军团的矛阵以及辅助的轻步兵（帝国晚期）*

莱茵河中。此战之后，阿勒曼尼人元气大伤。

其实会战开始前，尤里安手中的军团是由于形势而导致士气低落的，绝非实力不济。他们虽然人数处于劣势，但却是高质量的野战军。当时的罗马军队中，包括这些最好的军团在内，约有 33%—50% 的士兵是日耳曼人。但从此战来看，他们的血统并没有对当时的纪律产生什么负面影响。相反，这些“蛮族”军队似乎忠诚可靠。起码在这个时代，大量蛮族士兵以个人身份进入罗马军团中服役，没有导致战斗力削弱，或者出现比罗马人规模更大的叛乱。

但公元 378 年的另一次决战则让罗马帝国的命运走向了另一个方向。斯特拉斯堡会战之后，整个罗马北方前线的局势越来越严峻，之前被尤里安击败的阿勒曼尼人也卷土重来了。阿勒曼尼人于公元 366 年在莱茵河被第二次挫败，公元 378 年在阿根托瓦利亚被第三次击败之后，总算暂停了对罗马的攻势。同一时期，帝国军队还必须在多瑙河盆地迎战萨尔玛提亚人和夸狄人。接着 4 世纪末至 5 世纪末，对罗马人威胁最大、影响更深的哥特人出现了。哥特人遭到了前述的匈人大规模入侵，失去了家园，于是要求南下在色雷斯地区安置，成为帝国的农民和士兵。

▲ ***公元376年，哥特人渡过多瑙河***

罗马帝国东部皇帝瓦伦斯同意了哥特人的请求，允许其安置在色雷斯地区，并把他们编成外籍军团。但是当哥特人越过多瑙河后，罗马的地方长官鲁比西努斯和马克西姆斯对哥特人进行了残酷压榨，导致后者在公元378年全面叛乱。哥特人在击败了当地的罗马军队后就开始抢劫这一地区，当时的西哥特人联合了东哥特人，以及一部分尾随而来的匈人、阿兰人。而匈人、阿兰人与哥特人的联合使得整个色雷斯地区都遭到了劫掠和破坏。

面对这种情况，皇帝瓦伦斯只得从与萨珊波斯交战的前线急忙返回君士坦丁堡，之后奔赴亚得里亚堡，正面率军迎战入侵的大批蛮族。他曾向西部皇帝格拉提安请求援助，格拉提安也派遣了军队，但未取得决定性胜利。

之后，瓦伦斯计划与格拉提安进行一次联合大作战。瓦伦斯从叙利亚带来大量部队，而格拉提安则动用了他的高卢部队。瓦伦斯的一个新任军团指挥官塞巴斯蒂安，率领2000人开始从君士坦丁堡向亚得里亚堡前进，途中击败了一批哥特人。这一动向使哥特统帅弗瑞提格恩决定集中他之前大肆劫掠的军队，应对罗马人的威胁。

一开始，罗马人的联合行动捷报频传，格拉提安的军队击败了一支阿勒曼尼人，而瓦伦斯的军团指挥官也取得了一些小胜利。瓦伦斯感到信心十足，于是率领主力军队前往亚得里亚堡和塞巴斯蒂安会合，以继续扩大战果。8 月 6 日，罗马斥候报告，大约有 10000 名哥特人已经集中到了亚得里亚堡以北 25 公里的地方，并占有地理优势。尽管地形不利，瓦伦斯还是决定依仗精锐的军队，前往亚得里亚堡布防，强化那里的营沟和壁垒。

▼ ***5世纪的东罗马帝国重步兵***

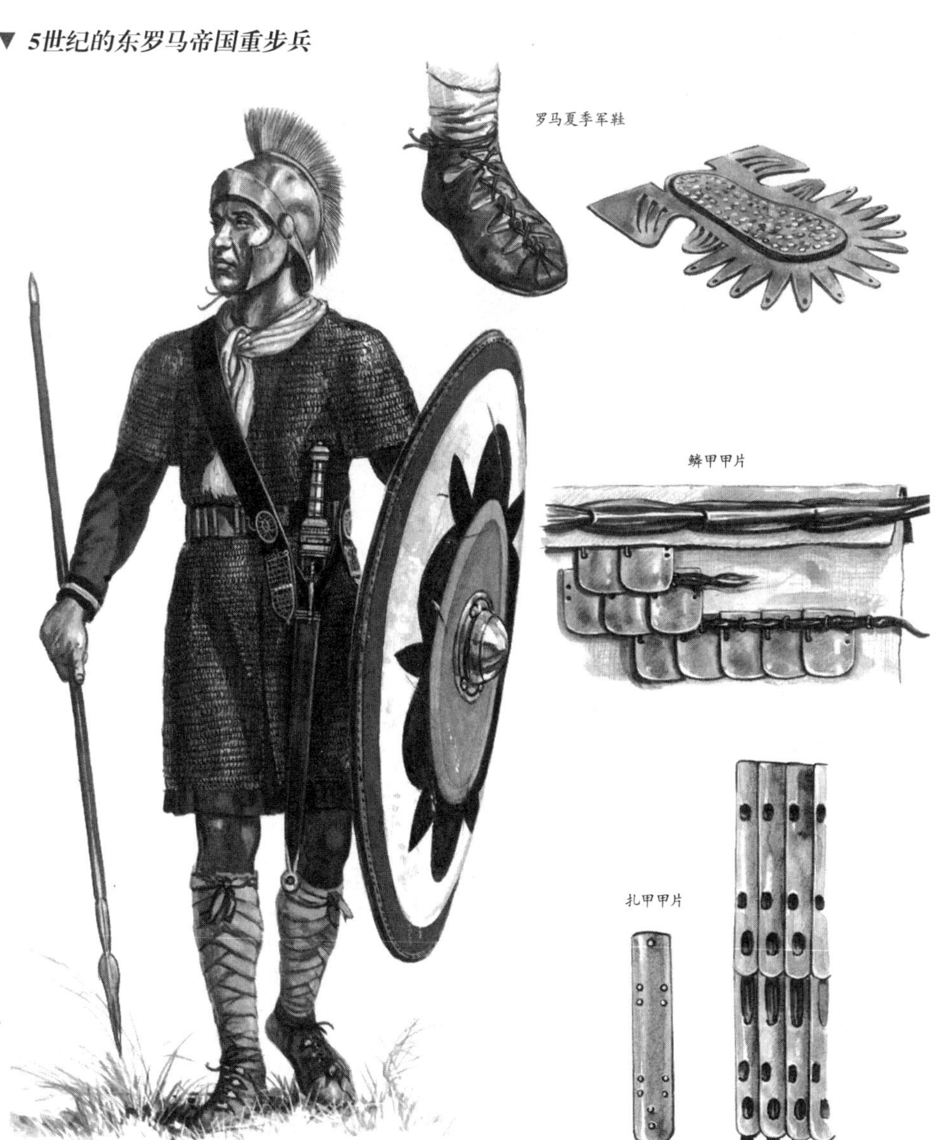

哥特人使用的传统“斯庞根头盔”
另一种哥特人广泛使用的筒式头盔，制造于法国南部
4—5世纪罗马人与哥特人普遍使用的腰带，一些有10厘米宽
4世纪日耳曼人腰带上的青铜配件
6世纪流行的窄腰带
生火用的火钢
挂在皮带上的钱包
5世纪的哥特式皮带扣
日耳曼风格的胸针
西哥特人的鹰型胸针
罗马式蝴蝶结胸针

▲ **西哥特战士**

瓦伦斯与塞巴斯蒂安会合后，收到了格拉提安的军队长官的信件，信中要求瓦伦斯等待格拉提安的援军一起进行决战。瓦伦斯的将军们也同意这个提议，“来自高卢的援军会让气焰嚣张的野蛮人心存敬畏”，但瓦伦斯被之前的连战连捷鼓舞，决定不再等待直接与哥特人决战。根据现代历史学家估计，瓦伦斯大约拥有10000名步兵与5000名骑兵。而且有不少都是斯科拉瑞骑兵、帝国护卫军、野战军中的老牌劲旅。

哥特人首领弗瑞提格恩也在密切地关注着罗马人的动向。他在8月8日向瓦伦斯提出了一个和平协议，期望以主动停战换取一些罗马领土。由于瓦伦斯相信自己一定能获胜，就拒绝了这一建议。但是他对哥特人的兵力有一个错误认识，那就是哥特将领拉瑟乌斯与萨弗拉克斯带领很大一批哥特骑兵及阿兰骑兵去远处寻找草料没有返回，他们并不在哥特人的10000人中。

8月9日，两军对战之时，哥特人在优势地形下摆出了他们的传统阵法——车阵，将人员全部躲避在大圆形的车阵内，并安排哨兵观察罗马人的一举一动。罗马军队向着哥特人的车阵前进，并摆出了传统阵型：骑兵稍靠前，而步兵作为预备队靠后。

弗瑞提格恩让哥特人站在车阵里，拍击盾牌，撞击武器，大声呼喊，其实是为了拖延时间等待拉瑟乌斯与萨弗拉克斯的骑兵。同时，他又派出使者去罗马营地，开始交换人质的谈判，以拖延更多的时间。此外还有一点对罗马人很不利：哥特人焚烧了草场。当时正值暑天，哥特人拥有车阵内的补给，而罗马人却在干渴中列阵，他们口干舌燥且精疲力竭。

谈判正在进行之际，跟随使者前往哥特人营地的罗马将领——来自小伊比利亚①王室的巴库鲁斯突然带领一部分斯科拉瑞骑兵与弓箭手发起了鲁莽的攻击，很快他们就被击退，然后懦弱地逃离了战场。士气受挫的罗马军队左翼急忙上前支援，经过一番苦战，才艰难地到达了车阵前。

在这个关键时刻，寻找草料的拉瑟乌斯与萨弗拉克斯的大批哥特骑兵与阿兰骑兵赶到，对罗马军队的侧翼予以闪电般的冲击。潮水一般的哥特骑兵将罗马军队彻底冲垮，罗马人开始向山脚下撤退或重整队伍，但他们处于极度的地利劣势和疲惫干渴中，且重装步兵的盔甲与大型盾牌也妨碍着他们机动。车阵内的哥特主力也居高临下地发起了冲杀，他们和骑兵的反复冲击最终让罗马军队完全溃败，血腥的杀戮一直持续到黄昏。

① 现在的格鲁吉亚地区。

▲ *亚得里亚堡之战*

大多数罗马骑兵逃走了，而步兵却被歼灭。皇帝瓦伦斯战死在这里，但也有历史学家考证，瓦伦斯逃入了一间民房。由于他的卫士从二楼向哥特人射箭，不小心点燃了房屋，结果在不知道瓦伦斯在内的情况下将他烧死了。

大约三分之二的罗马军队倒在了这个战场上，损失约在 10000 人以上，许多高级军官也一起阵亡，一些精英步兵团几乎成建制地一扫而光。这次会战失利对帝国军队的打击无疑是巨大的，之后多瑙河沿岸所有的军工场被尽数毁坏，这使罗马军队很难再获得后备力量。虽然亚得里亚堡会战只是让罗马的军事力量暂时瘫痪，并不能灭亡罗马帝国，但此战对罗马而言确实是一个重大的转折点。

此战之后，蛮族以个人身份进入罗马帝国服役的时代结束了，哥特人的军事首领开始带领成建制的日耳曼士兵为帝国“服务”。随后，罗马皇帝的继任者赛奥多西大帝不得不给予西哥特人与东哥特人永久性的居住点，他们享有完全的自治权、免税权以及为帝国服役的高额军饷。哥特人被成建制地纳入帝国“边防军”编制。罗马军队中，日耳曼人的影响力变得异常强大，最为重要的是将领也由日耳曼人担任，他们在未来甚至还把控着国家的部分权力。同时，这也让罗马本就捉襟见肘的财政情况再次承受巨大压力。

随后，日耳曼人，尤其是哥特人在罗马帝国内开始占据高位，诸如两个哥特人将领——阿拉里克和盖纳斯。但这个时代也成为分水岭，罗马帝国分裂后，东、西罗马由于反哥特政策的成功与失败走向了两个方向。在西罗马帝国，阿拉里克在狄奥多西大帝去世后立即终止了对帝国的“服务”，带领军队南下希腊进行大规模劫掠。虽然他被西罗马蛮族将军斯提里科击败，但西罗马皇帝霍诺留斯为权力之争将斯提里科处决，导致后者麾下的蛮族士兵大举投向阿拉里克。公元 410 年，已经丧失防御力量的罗马城被哥特人占领，“永不陷落”的罗马城终于被攻陷了，阿拉里克随即进行了大规模劫掠。西罗马帝国的局势江河日下。

到了西罗马帝国统治末期，即瓦伦提尼安三世统治时期，蛮族入侵情况愈演愈烈，达到了大迁徙时代的高峰。西罗马帝国依靠名将——“最后的罗马人”埃提乌斯在左遮右挡地支撑。甚至在匈人王阿提拉率领匈人联合部落大举侵袭之际，他还担当了罗马与西哥特的暂时联盟首领。联军于公元 451 年的沙隆会战中最终击败了阿提拉，埃提乌斯再次挽救了西罗马帝国。但他却被妒忌其威望与成就的皇帝瓦伦提尼安三世所杀，瓦伦提尼安三世随即又被士兵们杀死。这种混乱的局面已经预示着西罗马帝国离灭亡的时间不远了。公元 476 年 9 月 4 日，蛮族将领奥多亚塞罢免了最后一位西罗马皇帝，西罗马宣布灭亡。

与此同时，东罗马帝国的反哥特政策却取得了一定的成功，虽然哥特人仍大量作为帝国的士兵加入军队，但他们的身份是个人佣兵，归帝国将领指挥。而且哥特人及阿兰人将领在东罗马帝国上层势力虽然也很大，如阿兰人阿斯帕尔，就是对君士坦丁堡影响极大的人物，但东罗马帝国很快又依靠小亚细亚境内的伊苏里亚势力压制住了哥特人。伊苏里亚人同样大量进入到军队中，甚至出现了一位伊苏里亚皇帝，从而完全约束住了哥特人在政坛上的势力。到了公元 498 年，伊苏里亚人的势力也被控制并瓦解。虽然他们与哥特人依旧在帝国内定居与服役，但他们对国家政权的颠覆性影响已经消失了。东罗马帝国在欧洲民族大迁徙时代最危险的时候获得了喘息的机会，慢慢积累力量，为 6 世纪初查士丁尼一世的反攻时代打下了基础。

对于西罗马帝国的灭亡和东罗马帝国最终在大迁徙灾变中得以生存的原因，历史学家们曾从气候、经济、政治、军事、管理等各个角度去分析，其观点一直争论到今

◀ *罗马城陷落*

天，仍没有形成被广泛认可的权威意见。但从客观存在的军事原因看，西罗马统治的地区危机确实远超过东罗马，且从地缘上不易化解。

从防御战线上说，西罗马帝国的战线西起西班牙西部，北至大不列颠地区，向南深入今天的法国，向东横穿德国、匈牙利，止于潘诺尼亚，这是一条绵长得可怕的防线。而其面对的大迁徙民族则有法兰克人、汪达尔人、勃艮第人、西哥特人、阿勒曼尼人、伦巴第人以及北方的盎格鲁人、撒克逊人，之后还有匈人等组成的迁徙浪潮。西班牙、法国、德国南部、意大利北部、匈牙利地区均遭到较为严重的破坏。这些破坏往往给经济造成严重的损失，使西罗马帝国很难支撑各条战线上苦战的罗马军团。在这种恶性循环下，这条战线的漏洞也会越来越难于弥补。往往罗马军队面对单一的日耳曼入侵总能有办法应对，但对应几支大迁徙民族在各地段同时进行的侵袭，防御就会顾此失彼。根据大迁徙民族的作战习惯，他们往往尽量避免与罗马边防军进行正面决战，而是寻找一切时机进行破坏与掠夺，因此也让西罗马地区行省越来越难于支撑军团的后勤与人力储备。

其实从上述装备与战例来看，大迁徙时代的日耳曼各族在逐步扩张中，他们的军事装备与战术虽然比罗马元首制时代有了显著的提高，但并不能胜过同时代的罗马军队。在3—4世纪，苦战的罗马军团，战斗素养并非像一部分人认为的那样大大落后于元首制时代。在大迁徙民族的入侵狂潮中，即使军中蛮族成分不断增加，罗马军团的装备与战力依然保持了对大迁徙民族的优势。在较大规模的决战中，罗马人仍然是胜利远多于失败，并且也能够尽可能地控制人员伤亡，但破败的经济与遭到洗劫的地区使罗马遭受了难以承担的损失。

在共和国时代与元首制时代，我们看见的往往不是罗马军团以较小的代价获得胜利，而是无数次从失败的深渊中站起来。相反，即使是胜利，元首制时代的军队伤亡比例通常也很高。但即使是失败，罗马军队也能以强有力的储备兵力很快重新组建起来。比如罗马军队两次败于希腊名将皮洛士之手，结果皮洛士却哀叹“再来这样一次

▶ ***在公元前206年的伊利帕战役中，重整的罗马军团最终战胜了迦太基人***

胜利就完了”。在坎尼会战中，罗马人被汉尼拔歼灭了数万的整编军团，但之后仍彻底击败并毁灭了迦太基；在卡莱会战中，克拉苏军团被帕提亚骑兵重挫几近覆灭，但之后罗马军队仍能压制帕提亚，直至帕提亚灭亡。可是到了大迁徙时代，一次亚得里亚堡会战就让罗马处于难于恢复的境地。到了5世纪，即使有斯提里科或埃提乌斯这样能力挽狂澜的天才，帝国的军事力量仍在无法挽回中被逐步削弱。

重整军备的东罗马帝国

相对西罗马帝国，东罗马帝国虽然在大迁徙时代中一样遭受了灾祸，但所受威胁确实小了很多。从地缘上说，东罗马帝国主要防御西北方向，也就是多瑙河盆地与色雷斯防线上的东哥特人，以及尾随而来的匈人和阿兰人。但是南下入侵色雷斯防线的大批蛮族很快就找到了对他们更有利的战略：与其再向东南撞击君士坦丁堡的坚固城墙，不如转向西方，与他们的西方表亲一起攻击与劫掠西罗马帝国在亚得里亚海东岸的城市，这样损失更小，成功率与收益也更高。

东罗马帝国北方的黑海完全隔绝了大迁徙民族的入侵，当时黑海对岸的斯拉夫人部族，如安特人，还处于较为原始的社会状态，既无法对大迁徙民族形成吸引力，也无法威胁到东罗马帝国，而且较多时间里东罗马帝国和安特人还是同盟。这样，整个小亚细亚的核心地带就处于较安全的状态。另外，东地中海还保护了帝国的重要粮仓——埃及。这些地区在极小部分大迁徙民族（如汪达尔人）渡海之前，一直是没有入侵压力的。这些核心地区的安全也是东罗马帝国的经济能够在大迁徙时代稳定发展的重要保证。

东罗马帝国另一条需要重点防范的战线就是东方大国萨珊波斯帝国与叙利亚的交

▲ ***东罗马帝国在6世纪的反攻——名将贝利撒留收复罗马城***

界线。但只要防御住了尼西比斯地区的堡垒与防线，波斯人就无法突破这里。叙利亚南部交界处则是大片的无垠沙漠，在阿拉伯人兴起之前，无论是波斯人还是罗马人都无法穿越。事实上，波斯人与罗马人的战争是这样进行的——不断在尼西比斯附近省份进行长期拉锯战。

萨珊波斯帝国虽然是东方军事强国，但没有大迁徙的压力，“万王之王”不可能像日耳曼人一样，将所有人口与力量赌注式地向罗马帝国涌去。而且萨珊波斯的东方地区也会因嚈哒人、突厥人袭击，被分散掉一部分兵力。波斯人对罗马的攻击更多是谋取一些在谈判上更有利的筹码。因此，这条战线虽然长期存在，但压力并不是特别大。

从军队配置上来说，由于罗马帝国东部对敌萨珊波斯，所以这里的军队骑兵数量及质量都超过帝国西部。诸如 3 世纪最早的、以铁甲具装骑兵及弓骑兵组成的斯科拉瑞骑兵团就首先调往了帝国东部。对于这个时代频繁的机动防御作战，他们是很有用处的。因此帝国东部的罗马骑兵也在这种情况下不断增长战力，至 6 世纪初，东罗马帝国已经彻底改变了传统罗马骑兵相对孱弱的局面而成为骑兵强国。

7 世纪的军事资料较为稀缺，但我们依然可以从希拉克略（610—641 年在位）之前的皇帝莫里斯的著作《战略》中了解到一些。

骑兵实力和地位的再次大幅度提高是东罗马军队在这个时代的主要特征，毕竟从

▲ 与萨珊波斯军激战的希拉克略

马匹到骑兵建设，东罗马都拥有较好的资源。在6世纪查士丁尼时代，东罗马骑兵尤其是重骑兵，已经成为一支强悍的劲旅。在对抗大迁徙民族诸如哥特人、汪达尔人或法兰克人的时候，东罗马的重型骑兵一反4世纪末期的不利局面，占据了一定的优势。即使与东方最强大的重骑兵强国——萨珊波斯对抗上，双方也互有胜负。从战例表现来看，萨珊波斯重型骑兵的装甲似乎更加厚重，而东罗马重骑兵则拥有更好的纪律性。

6世纪末至7世纪初，日耳曼人的大迁徙逐步结束，他们的离去导致东罗马帝国的兵员开始紧缺，于是东罗马帝国与萨珊波斯帝国为争夺亚美尼亚这一良好的兵源地开始了长达20年的战争。最终，在莫里斯时代，东罗马帝国获胜，大量擅长骑兵战术的亚美尼亚人加入了东罗马军队，他们直至11世纪都是东罗马正规军的重要组成部分。

罗马帝国晚期至东罗马帝国查士丁尼时代，罗马具装重骑兵习惯于编成固定的作战单位。查士丁尼一世麾下名将贝利撒留更是以装备弓箭且兼具冲击能力的“双重重骑兵”令东西方对手头痛不已。不过在莫里斯与希拉克略时期，这种情况发生了一些变化，只因当时拥有现代意义上标准马镫的草原民族——阿瓦尔人开始出现在东罗马帝国的视野中。大多数情况下，阿瓦尔人是帝国的敌人并经常构成严重威胁，但他们极为优秀的骑兵技术也对东罗马军队影响深远。深谙军事的莫里斯皇帝曾赞叹过阿瓦尔人的骑兵装备、骑兵训练以及营帐设置：“罗马的骑兵们应该拥有阿瓦尔式的、配有旗帜的骑矛，枪杆中间要裹有皮革，剑也应该用外为亚麻内为羊毛的阿瓦尔式圆领缠绕起来。”“骑兵中的重要人物①或前列部队的坐骑，应当配有铁质札甲、马面甲和当胸保护，胸甲的材质或铁或皮，其他骑兵坐骑的胸甲和颈部覆盖物(马匹软甲护颈)用阿瓦尔式。”也就是说，罗马骑兵轻型马甲是阿瓦尔式的。“军人的服装根据阿瓦尔样式剪裁，这样可以牢固地覆盖膝盖，在行军中保持有整洁的军容。”“阿尔瓦式的帐篷很好用，是实用性和美观性的结合。”

当时的东罗马骑兵装备与战术并非完全是阿瓦尔骑兵的翻版，而是延续自查士丁尼时代的东罗马骑兵，只是借鉴了各方的成果。从《战略》上看，他们的装备基础仍然是罗马式的，特别是重型装甲，如重型马铠，依然是“配有铁质札甲、马面甲和当胸保护”。罗马骑兵的装备非常齐全，“他们应该配有从头至脚踝的锁子甲、装有修补用的铁钳与备用铁环的盒子，带着小朵盔瓔的头盔、适合士兵个人臂力的弓、宽大得足以放入上弦之弓的弓匣、能装下30—40支箭的箭袋。而备用的弓弦则放在马鞍下的马鞍袋中，小锤子与锉子则挂在肩带上。如果可以的话，还会给士兵配上铁手套。此外，他们的装备还有包括马匹胸前垂挂的胸带，以及覆盖在士兵锁子甲衣外、挂在他们肩上的小旗帜……”

在作战方式上，罗马骑兵也借鉴了擅长冲锋的法兰克骑兵及一些西欧浅发色人种的方式，“用盾牌保护着他们的头和战马的一部分脖子，并高举他们的骑枪平齐于肩膀”。但罗马骑兵不似狂放的法兰克人，他们依然遵守罗马式纪律，“在盾牌的保护下，骑行要保持良好的秩序，不要太快而是小跑接敌。避免在冲垮敌人之前就打乱队列，这是非常危险的”。

① 这里说的是四人长、十人长、伍人长、排卫。

▶ 东罗马半具装重骑兵与萨珊波斯半具装重骑兵的对决

在那个时代，具装骑兵已经分散到了各支骑兵分队中，而且原先特殊的“双重重骑兵”也成为正规骑兵的标准，范围扩大至整个骑兵队。“骑兵应该骑在自己奔跑的马上向前、后、左、右快速射击。他应该练习好跳跃上马，在奔跑的马背上，快速射出一到两支箭，并迅速放置好上弦的弓。然后他应抓起背上的长矛，用手举起长矛战斗。他还须做到很快将矛放回原位，再抓起弓。”“所有 40 岁以下的罗马人，哪怕箭法平庸，都必须配有弓箭以及两根骑枪。”只有缺乏射术训练的“年轻外籍骑兵”才仅装备骑枪与盾牌。

此时沉重的全具装骑兵似乎不被看重，但半具装骑兵的数量则大为增加。骑兵中的四人长、十人长、伍人长、排卫或者前排冲阵的骑兵，均为半具装，根据当时的军队阵型，约七分之一的骑兵都为装甲较重的半具装骑兵，那些在后阵的骑兵，也尽可能地装备阿尔瓦式的轻型马铠来保护战马。因此，莫里斯与希拉克略的时代可谓东罗马半具装骑兵的“全胜时代”。

根据莫里斯在《战略》中所说，当时较为强大的东罗马骑兵军团（meros）有时能达到 7000 人。而在单一战场中，东罗马甚至可以投入 12000 名骑兵。在希拉克略时代，亚美尼亚兵员的大量加入丰富了东罗马的骑兵人员储备，特别是轻装弓骑兵。当时的东罗马军队越来越重视骑兵，而希拉克略本人也十分强调轻装弓骑兵的重要性。因此，当时的东罗马骑兵无论轻重骑兵，皆是装备良好、训练有素、数量庞大，与他们的对手相比胜出不少。所以，东罗马重骑兵在面对重骑兵强国萨珊波斯时，占据了绝对优势。当时东罗马骑兵已经普遍采用了阿瓦尔人的铁制马镫，而萨珊波斯帝国的骑兵则使用马镫较晚，这可能也是其占据优势的原因之一。

在记载中，东罗马骑兵似乎并不太担心曾经非常有震撼力的萨珊波斯具装重骑兵发起冲锋。相反，东罗马将领在面对萨珊军队的时候，更多的却是考虑如何减少波斯

◀ *希拉克略亲率大军行动*

人箭雨造成的杀伤，并尽可能地将战场选在“无障碍平坦的地形下……不要有任何沼泽、壕沟或者能破坏阵型的灌木丛”，来进行“枪骑兵冲锋”。一旦进入波斯人的弓箭射程，罗马骑兵就“用整齐的、密集的阵型发起攻击或冲锋。而且要快，因为在接敌过程中任何延迟都意味着对方能保持稳定的射速，发射更多的箭矢对付我们的战士与战马”。

在公元627年12月罗马人对波斯人的决战——尼尼微战役中，希拉克略的表现如教科书般的经典。波斯人企图用大量的弓箭来阻挡东罗马骑兵的冲锋，但希拉克略利用冬季大雾掩护了骑兵们的行动，然后排山倒海般的东罗马骑兵突然出现，彻底冲垮了萨珊波斯军队的防御。在希拉克略离开首都，带领大军深入萨珊波斯后方长达6年的远征中，骑兵的机动性也保证了他总能摆脱波斯将领的围堵而在自己想要的位置发起攻击。

在这个时代，步兵的战术似乎是停滞的，莫里斯甚至说步兵是“一个随着时间推移被忽视和几乎遗忘的学科”。虽然一些传统的荣誉番号依然保留在步兵中，但更好的装备似乎被提供给了骑兵，步兵也更多是配合骑兵作战。尽管如此，东罗马的重步兵装备较周围对手而言依然是非常齐全而完善的。每一支步兵营都装备同样颜色的盾牌、日耳曼式的长剑、长矛、顶端有小羽饰和小流苏的头盔、护面甲[①]以及铁或木质的护胫。但莫里斯也指出，重步兵全部拥有完善的重甲只是理想状态，“链甲衣至少前两排士兵要有”，“铁或木质的护胫，至少每个纵队的第一排和最后一排的战士要有”。

与欧洲民族大迁徙时代或查士丁尼时代的步兵不同，此时重步兵的远程作战似乎没有那么重要，大多数重步兵已经不再装备远程武器。弓箭、轻型标枪、投石索的射击任务被交给了轻步兵。在大迁徙时代非常重要的标枪已经在重步兵队列中消失了，仅第一排士兵仍保留着投石索与梭镖。一般来说，带着轻标枪或飞镖的士兵应该布置在重步兵后面，或者在整个战线后面，弓箭手则在纵队后面。总体上，这一时期步兵

① 这里的护面甲应该不是指萨珊波斯式的铁面具，而是指护住脸颊两侧的锁子甲护面。

的任务就是稳固住阵型，并为出击的骑兵提供足够的掩护。

从对蛮族军事成员的控制上来说，东罗马反哥特的成功与西罗马反哥特的失败并不代表东罗马的政策特别高明，而是它相对具备更有利的条件罢了。如上文所述，在亚得里亚堡之战后，东罗马帝国军队的内部及高层也频繁被哥特人占据，只是无论在军事上还是政治上，东部小亚细亚境内的伊苏利亚人都能与之抗衡，起到了约束哥特人的作用，使其不至于无限制扩大，这让 4 世纪末至 5 世纪的东罗马帝国获得了宝贵的稳定期。显然，处于大迁徙民族包围之中的西罗马帝国就没有这样的条件。

▼ ***7世纪的东罗马武士，左为重步兵，中为指挥官，右为重骑兵***

▶ ***东罗马皇帝希拉克略在公元627年的尼尼微战役中彻底打垮了萨珊波斯军队***

无论如何，东罗马帝国逃过一劫，并在6世纪出现了一个强盛局面。查士丁尼一世麾下的军队能征惯战，不但可以保卫帝国，还有能力收复罗马帝国的失地，而且从某种意义上讲，短期内他确实带领军队做到了这一点。但被耗尽的国力还是爆发了一系列问题，导致西班牙与意大利的土地在日耳曼大迁徙的尾声中丧失。此后的7世纪初，东罗马爆发了一系列内乱，叛将福卡斯废黜并杀害了在军事上颇有作为的皇帝莫里斯，成为新的帝国统治者。但很快，他就被迦太基总督希拉克略起兵击败。公元610年3月，福卡斯被处死，希拉克略成了东罗马帝国的皇帝。

这位有着英雄气概的伟大皇帝力挽狂澜，重建了破碎的东罗马帝国机构。他建立了以军役土地为主体的“军区制”①，并亲自带领军队，迎战从北方侵入的阿瓦尔人与斯拉夫人，以及趁东罗马帝国内乱大举入侵的萨珊波斯军队。公元626年8月10日，在君士坦丁堡战役中，东罗马海军力挫阿瓦尔人及斯拉夫人的舰队。希拉克略则离开首都数年，在东方通过一系列艰苦作战，最终在公元627年12月萨珊波斯首府附近的尼尼微击败了萨珊帝国军队，取得了决定性胜利。次年，波斯皇帝侯斯洛埃斯二世在内乱中被杀死，继承者不得不与东罗马帝国签订条约，东罗马帝国彻底收复了全部领土并取得完胜。

当君士坦丁堡的元老、教士、臣民为希拉克略的胜利而欢呼时，他们不会想到这十几年无休止的战争与动乱对帝国是一场多么巨大的破坏。阿尔瓦人与斯拉夫人曾在色雷斯地区大肆劫掠，并南下攻入希腊，波斯人则趁乱打到了博斯普鲁斯海峡。虽然他们最终都被挫败，东罗马帝国也收复了所有地区，但造成的破坏依旧无法忽视。罗马人也从未想到，东罗马帝国的劫难远未结束。这个从日耳曼大迁徙浪潮中存活下来

① 虽然在他统治时期军区制似乎还未对帝国的军事机构产生决定性的影响。

的罗马帝国延续者，刚刚获得艰难胜利需要休养生息时，却将面对另一场大规模的民族迁徙。这次大迁徙同时还伴随着人类历史上第一次宗教狂热式的军事征服。

大征服时代的阿拉伯军队

东罗马帝国在亚美尼亚战胜波斯人那年正是穆斯林“徙志”年。当时，穆罕默德正忙于奠定阿拉伯世界政治与宗教的统一基础。他的工作充满了活力和极大能量。公元 627 年，穆罕默德坚守“先知之城”麦地那，挫败了麦加大军对该城的围攻。公元 630 年初，穆斯林军队在半岛上的伊斯兰教势力日渐巩固后，降服了麦加城，随后，阿拉伯半岛的各个部落纷纷派遣使者前往麦地那表示归顺，少数对抗者遭到镇压。自此，阿拉伯半岛上的各部落民众开始以伊斯兰教为核心建立一个统一的阿拉伯伊斯兰国家。这个政教合一的国家在之后的岁月中以极快的速度壮大起来。

穆罕默德去世几年后，阿拉伯人开始军事大扩张，而其狂热的宗教力量促使阿拉伯人较过去的日耳曼人更加积极与义无反顾地远离贫瘠的故土。他们的目的并非是使非穆斯林皈依新信仰，而是征服新领土，实现对非穆斯林的控制。作为先知继承者的哈里发们，为了巩固自己的统治，满足阿拉伯人对商路和土地的需求，掀起了长达一百多年的扩张运动，历史上称之为“阿拉伯大扩张时代”。

很多人在认识上对阿拉伯大扩张有误解，认为阿拉伯扩张最主要是依靠戴着头巾、只披袍子不穿甲的“阿拉伯轻骑兵”。根据现代诸多历史学家的研究，在 7 世纪初进行的大征服初期阶段中，阿拉伯军队的主力既非轻甲，也非骑兵，而是步兵，骑兵数量急剧增多则是在阿拉伯帝国征服了北非及西班牙地区大片领土之后。在大征服初期阶段，阿拉伯军队的步兵中最出色的当属步兵弓箭手，他们在战斗中往往以强力复合弓的倾射箭雨为特点。阿拉伯弓箭手的箭头是重型箭头，其沉重的箭矢往往可以在一定距离内射穿较重的铠甲。它的外形也被阿拉伯的对手——萨珊波斯帝国的士兵嘲笑为“女人的纺锤”[①]。但很快，阿拉伯弓箭手的强大杀伤力就让他们再难笑出来。

阿拉伯重步兵的作战素养并非是在大征服时代被训练出来的。在长期参与东罗马帝国与萨珊波斯帝国的战争中，他们充当佣兵，拥有丰富的作战经验。因此在大征服时代，阿拉伯重步兵的作战方式近似于东罗马帝国。他们也以密集队形作战，并使用

① 萨珊波斯弓箭手习惯使用重量较轻、射速较高的弓箭。

▲ 左为穆斯林指挥官，中为穆斯林步弓手，右为贝都因骆驼骑手

矛与大盾作为主要作战武器。如果遇上骑兵，他们可以将长矛尾端插在地上组成拒马枪。他们的标枪数量不多，会用在两军刚刚接触的阶段，军官也会配备标枪。除此以外，他们装备着类似古罗马式的短剑，而非当时罗马人已经普遍使用的长剑。装备上，沙漠地带的阿拉伯人虽然做不到全部装备金属盔甲，但披甲率很高。当然阿拉伯人比同时代东罗马帝国步兵的披甲率低一些，且头盔较为罕见。大征服时代的阿拉伯重步兵拥有非常顽强的战斗意志，在实战中擅长打长时间的阵战，特别是防御战，复合弓箭雨与密集矛阵几乎是他们不变的阵型。

虽然大征服时代阿拉伯骑兵并不多，但阿拉伯马兼顾速度与耐力，质量非常高。阿拉伯马一般来自阿曼与也门，其中也门的最好。而且，宝贵的马匹也没有像 9—10 世纪的阿拉伯帝国那样，被多用途使用，而是多集中在精英战斗部队里。为了让马匹有足够的体力在战斗中使用，骑兵在行军时宁愿选择骑骆驼。阿拉伯骑兵一般被布置在侧翼，使用不同于罗马骑兵的分散队形，他们用来打击敌方的散阵或轻步兵也非常适合用于追击。

▼ ***左为阿拉伯安萨尔骑兵，中为波斯阿斯瓦兰骑兵，右为伯伯尔人辅助军***

骑矛被认为是最重要的骑兵武器，其次才是剑。大征服时代阿拉伯骑兵的骑矛有的非常长，达 5.5 米。而骑兵在使用剑的时候，不仅用单手剑，也使用双剑——除了长剑以外，另一把是被称作“khanjar”的来自阿曼的短剑。阿拉伯人当时并不使用弯刀，这是 10 世纪之后骑兵武器逐步突厥化与波斯化才有的状态，这也是容易被人误解的。

不同于 10 世纪之后突厥化的装备，这个时代的阿拉伯骑兵不擅长骑射，而是更擅长近战搏杀，阵前叫阵单挑是阿拉伯骑兵的传统之一。已经为萨珊波斯帝国或东罗马帝国充当雇佣骑兵多年的阿拉伯骑兵也非轻甲。在 7 世纪中期，阿拉伯骑兵一般身穿铁甲，披挂着竖立的肩带，肩带内放着剑。与大多数时间在马背上训练，“保证一次猛烈震撼性冲锋”的东罗马重骑兵部队不同，阿拉伯的装甲骑兵在步行作战时一样勇猛。阿拉伯骑兵在数量众多，或包围了敌军，抑或面对坚阵时，通常会选择下马作战。大征服时代的阿拉伯重骑兵没有具装骑兵，也没有马匹披甲的记录。

与他们普遍使用铁质专业马镫的东罗马帝国对手不同，阿拉伯骑兵在这个时代尚处于一个马镫过渡期，皮革马镫有是有，但却经常被视为软弱的表现，于是他们宁可不用马镫作战。这种情况一直到 7 世纪末 8 世纪初征服了呼罗珊地区，被装备铁质马镫的呼罗珊重骑兵影响才开始改变。

当贝都因人大量加入阿拉伯的大征服行动时，他们对阿拉伯军队最大的贡献是提供了大量的单峰骆驼。这些单峰骆驼使阿拉伯步兵在沙漠地带拥有其对手难以比拟的战略机动性，给予战争巨大的帮助。尼西比斯南部的沙漠天险对阿拉伯人来说，不再是罗马人或波斯人以为的天然屏障了，其中部分沙漠地区阿拉伯人是可以穿越的，他们会在对方意想不到的地方出现，在敌人尚未完全动员之际发动突然攻击。叙利亚中部、南部在他们面前不再安全，但阿拉伯人不会像波斯人那样骑骆驼作战，骆驼在他们手中是标准的战略运输工具而非交战时的坐骑。

阿拉伯军队还有另一个特点，就是在狂热宗教信仰影响下，妇女也会跟随军队作战，这与现代穆斯林社会的情况完全不一样。大征服时代早期的阿拉伯妇女地位较高，也常常参战，她们与对手相反——非但不会担惊受怕地希望丈夫与孩子舍弃军队回到家中，反而鼓舞疲惫的他们回去继续战斗。

决定性的雅穆克战役

从上文可知，大征服时代阿拉伯军队的装备与训练虽然不算劣质，但仍明显逊色于同时代的萨珊波斯帝国与东罗马帝国。因此，一些出乎意料的阿拉伯军队大胜的结局也在困扰着军史专家们。

公元 636 年爆发的雅穆克之战，是阿拉伯帝国“圣战”的重要组成部分，因此其过程与结果都被神化了，其实传说般的故事与真实的历史记载相距甚远。诸如“东罗马军队参战人数达到 20 万”，实际上东罗马军队当时的最大动员能力仅约此数的四分之一或五分之一。

当时的东罗马帝国与萨珊波斯帝国已在长期的拉锯战中两败俱伤。先说东罗马帝国，除了军队一直在消耗其国家财富以外，波斯人趁福卡斯发动叛乱之际，一直打到了博斯普鲁斯海峡，原先在日耳曼民族大迁徙中安然保存的小亚细亚地区遭到了严重的损失。北方阿瓦尔人的入侵则对帝国的西部与西南部——色雷斯地区与希腊地区造成了严重的破坏。尽管这些问题最终得到解决，阿瓦尔人又被赶回草原，斯拉夫人也被安置妥当，但造成的损失却是不可估量的。再看萨珊波斯帝国，波斯人的防线被力挽狂澜的希拉克略亲自带兵打穿，并在萨珊波斯帝国后方造成了比东罗马帝国更严重的损失：萨珊波斯帝国的脊梁被击碎了，篡位者相继登基引发了巨大的混乱局面。但萨珊波斯帝国的惨痛局面弥补不了作为胜利者的东罗马帝国的损失，反而让崛起的穆斯林更容易征服这个奄奄一息的中亚老牌帝国。从事实上看，征服萨珊波斯显然更容易。同时向东罗马与萨珊波斯开战的阿拉伯人，只通过几次战役就在公元 642 年彻底终结了萨珊波斯帝国。

而希拉克略那令人惊异的体力与勇气，甚至运气，似乎都在与萨珊波斯帝国的战争上耗尽了。曾经在战场上手刃敌方大将，富有英雄气概的皇帝变得体弱多病。东罗马在战争中耗尽了资源，需要休养生息的帝国显然无法应对另一次在宗教领导下的民族大迁徙。更糟糕的是，此时军区制的改组也才刚刚开始，东部的省份并未因此而受益，再加上长期开战引起的高额税收，导致它们在阿拉伯入侵时很快倒向了侵略者。

公元 634 年，阿拉伯伟大的征服者——哈里发奥马尔开始攻入帝国领土，而他麾下被誉为“安拉之剑”的名将哈立德则连续击败东罗马军队，并带领军队骑骆驼以闪电般的速度直指叙利亚重镇大马士革。经过围攻，大马士革陷落并被哈立德屠城。

公元 636 年，希拉克略计划反击阿拉伯人的入侵，但他由于身体原因不能亲自指挥军队作战，于是派遣弟弟狄奥多西率领一支大军前往叙利亚。狄奥多西是文职人员，并不擅长军事，真正的指挥者是亚美尼亚将军瓦汉。此外，希拉克略也以条约和联姻的方式拉拢了萨珊波斯，打算与波斯人同时出兵。伊嗣俟三世积极动员了他的军队，

▲ **哈立德带领麾下的阿拉伯军队穿越沙漠**

但因为当时萨珊波斯残破的政府状态与低效的动员能力，使其没有赶上关键性的雅穆克战役。

注意到东罗马军队正在集结的哈立德，立即召集他分散在四处的部队。最终哈立德在叙利亚南部的雅穆克集结了他的军队，而瓦汉带领的东罗马军队也一路进军，在收复了大马士革之后，同样到达了那里。决定性的一役即将拉开序幕。

关于参加此役的东罗马军队人数，从古至今历史学家的意见差异很大，即使是现代学者，穆斯林学者给出的数字往往较为庞大，而其他史学家则恰好相反，大体上人数估算在 15000—150000 人不等。根据当时东罗马帝国的状况，一部分历史学家认同的“东罗马军队有 20000 人，加上联盟军达到 40000 人”是较为可信的。因为人数再多就超出了东罗马帝国的出兵能力，也超出了当时叙利亚所能承受的补给能力。至于阿拉伯军队的人数，现代学者一般估计为 15000—24000 人，在这一点上差异不是特别大。

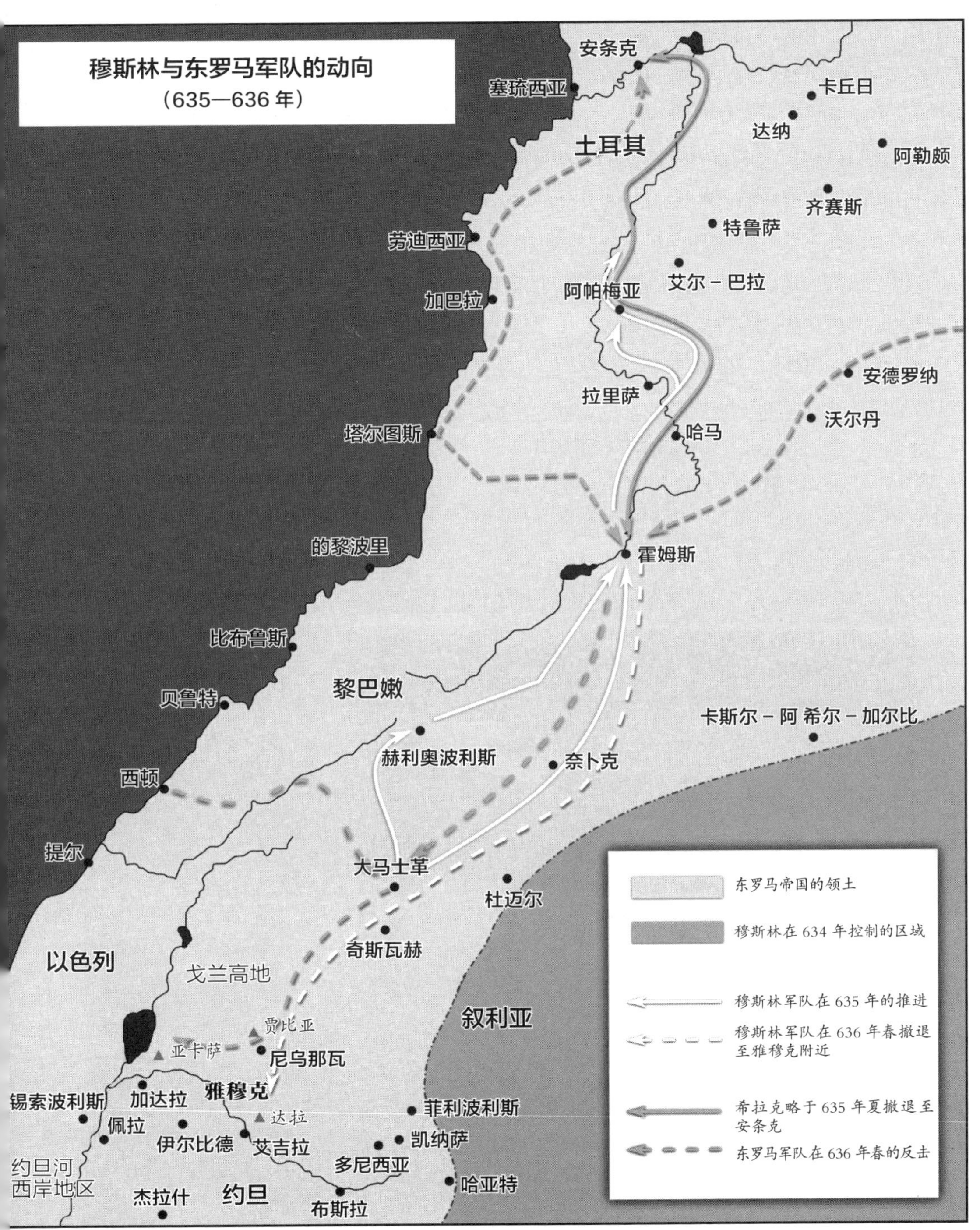

▲ *雅穆克战役前穆斯林和东罗马军队的调动*

东罗马军队在叙利亚集结后依靠大马士革提供补给，但这里刚遭到严重破坏与屠杀，因此补给负担让军队与地方的关系严重紧张。不信任的气氛也弥漫在军队中的罗马人、亚美尼亚人与当地信仰基督教的阿拉伯人之间。再加上各民族之间的宗教隔阂，军队指挥官不得不将大量精力都用在平息军队中这些紧张的宗教分歧上。这些内部争斗影响了东罗马军队的协调规划，也是导致之后灾难性溃败的一个原因。

双方军队到达雅穆克后，哈立德占据了相对有利的地形，特别是一些山丘，如塔尔艾尔贾穆阿。这里既可以作为阿拉伯军队右翼的屏障，也可以隐藏一些预备队，事实上，后来隐藏在这里的预备队发挥了重大作用。依托山谷，瓦汉占有人数优势的军队也很难包抄阿拉伯人。

战斗开始前，瓦汉根据希拉克略的安排，与阿拉伯人进行了外交磋商，这也许是

雅穆克战场的地形

为了等待波斯人的援军。谈判当然是未果的。不过，因阿拉伯军队同时也在向波斯人开战，以致在东方的卡迪西亚，人数较少的阿拉伯军队正面临萨珊波斯军队的威胁，是以拖延战术正是哈立德所欢迎的。之后，穆斯林援军源源不断地进入雅穆克，这使罗马人担心阿拉伯军队将得到大量增援，于是瓦汉决定率先发动攻击。但他并不知道抵达雅穆克的阿拉伯军队只是小股援军，其目的是给东罗马军队造成一种援兵不断的印象，以迷惑东罗马军队率先发动攻击，这样阿拉伯人就可以使用他们擅长的阵地防御战术作战。

公元 636 年 8 月 15 日，战斗正式打响。两军列阵，罗马人以惯用的一阵箭雨拉开了战斗序幕。随即，东罗马军队派遣他们的勇士前来挑战，阿拉伯军队则命令他们专门用来决斗的勇士（mubarizun）上前迎战，这是一种精于步骑角斗以削弱敌方军官力量的专业战士。到了中午时分，在损失了一些勇士之后，瓦汉命令罗马人尝试了一次试探性攻击。罗马人想利用其装备上的优势，找出穆斯林军阵中可以突破的地方，但是东罗马军队并不能击破由经验丰富的阿拉伯老兵组成的阵型。低强度的肉搏战一直持续到黄昏，两军才暂时休战。

第二天，大概因为了解到一些伊斯兰文化上的习俗，东罗马军队突然在黎明时分发动攻击。瓦汉的意图是在保持中央战线攻击的同时，利用侧翼攻击来压到数量较少的敌人。当罗马人如此这般三次成功攻击对手之后，穆斯林军队右翼开始败退，罗马人随即冲进了阿拉伯人的营地。那里有撤退的穆斯林士兵，还有大量的随军家属，特别是穆斯林女性。但此举不但没有造成穆斯林军队的崩溃，相反，这些女人重新鼓舞了她们的丈夫与孩子。她们用鼓声进行激励，甚至用石块将他们砸回去，让这些被击退的穆斯林士兵重新返回战场与东罗马军队拼杀。

同样的事情也在阿拉伯军队左翼发生了。虽然进度稍慢一点，但罗马人组成密集枪盾阵的重步兵也击退了阿拉伯左翼军队，但穆斯林士兵和他们的右翼同伴一样被营地的妇孺所鼓舞，奋起反击。这样不可思议的事情也造成了罗马人的极大困惑，他们不知道该如何应对这样的场面，罗马人最有利的攻势就这样被挡住了。哈立德随即派遣骑兵，先后对阿拉伯右翼和左翼进行了支援，同时穆斯林中央阵线也发起了反击。阿拉伯侧翼骑兵在东罗马军队的阵线上突破了一个点，但也无法取得进一步战果。第二天结束后，双方军队再次退回营地。

第三天，东罗马军队继续用这样的方式发起攻击，不过这次侧重于战场的北部（也就是东罗马军队的左翼）。这次攻击造成了穆斯林右翼与中央阵线偏右军队的败退，

▲ *影视作品中的哈立德骑兵*

然而他们再一次被营地里的老弱妇孺逼出来与东罗马人拼命，甚至有阿拉伯士兵这样叫道：“罗马士兵比我的老婆好对付多了！”后阵的哈立德立即又派遣骑兵支援，恢复了阵线。但这一次，阿拉伯军队遭到了较大的伤亡。

第四天是穆斯林军队最困难的一天，也是决定性的一天。在前一天的攻击中，瓦汉差点就突破了阿拉伯军队的战线，而且连续几天战斗也使阿拉伯军队丧失了绝大部分的步兵弓箭手。瓦汉仍是重复使用前两天的战术，利用装备优势进行猛烈攻击。战场的地形也使他没有太多选择，只能强攻。在这天，瓦汉的亚美尼亚军团在迦萨尼德[①]骑兵的掩护下，将阿拉伯军队中央阵线右侧的军队再次击退，中央阵线与左翼的阿拉伯军队则还在苦苦支撑。这时，哈立德决定投一个重注——将阿拉伯军队的骑兵主力全部集中在自己右翼，这会让阿拉伯中央阵线与左翼的军队完全丧失骑兵的掩护。

这个决定使中央阵线的阿拉伯军队完全陷入困境，他们之前已经损失了大多数的弓箭手，现在又没有了骑兵。东罗马弓箭手向他们不断倾射箭雨，弓骑兵则毫无顾忌地直接冲到很近的距离向他们发射箭矢，这天也被阿拉伯人叫作“失明之日”，因为当天有大量的人被射瞎。在极度不利中，阿拉伯中央阵线中的一部分军队被东罗马军

① 东罗马帝国在约旦地带的附属国。

队的猛攻分割，大多数士兵战死或重伤。中央阵线与左翼的阿拉伯军队开始溃退，这次妇孺们再怎么激励都没用了。

但这时候，妇女们站了出来，她们竟然组织起来，一面呼喊男人再次投入战斗，一面直接扑向东罗马军队，这里面甚至包括骑兵统帅扎拉尔的妹妹，战斗结束后在重伤员中找到这个女人时，她头上还插着罗马人的剑。狂热的力量再次爆发在阿拉伯人中，阿拉伯中路与左翼竟然在摇摇欲坠中没有失守，哈立德的豪赌成功了。

现在在右翼，哈立德则亲自带领集中的骑兵主力，对正在前进的亚美尼亚军团和迦萨尼德骑兵发动了反攻。退却的阿拉伯右翼军队也返回冲杀，将东罗马左翼挫败，迦萨尼德骑兵损失惨重。

东罗马骑兵在左翼发动猛攻时与步兵脱节，出现了一个缺口。这个缺口很快被对方利用，阿拉伯骑兵迂回到这里发起进攻。在损失了大量的骑兵之后，东罗马骑兵们慌不择路地奔逃，哈立德立即使用他的骑兵，猛攻罗马人的左翼。另一支在东罗马军队突击前就迂回隐藏在塔尔艾尔贾穆阿山丘之后的阿拉伯骑兵，则在追击东罗马骑兵

▼ ***雅穆克战役第四天，东罗马军队攻破阿拉伯军营地后，妇女们加入了战斗***

时发挥了重要作用——高速袭来的阿拉伯骑兵使东罗马骑兵再也无法重整编队，直至被完全击溃。接着，这些阿拉伯骑兵追赶着溃败的东罗马骑兵，轻松地夺取了东罗马大军后方的战略要地——瓦迪鲁盖得桥。夺取这个桥意味着整支东罗马大军的后路被切断。东罗马大军陷入绝境，只有向北突围，但穆斯林军队的主力已经移动到了那里。这让整个东罗马军队进退不得。

第五天，精疲力竭的穆斯林军队与东罗马军队的主力都在重新编组，但因为军事要点的丧失，这并未给陷入绝境的瓦汉带来任何机会。他试图夺回后方要点瓦迪鲁盖得桥，以求得逃生之路，但被击退。东罗马军队在第五天已经开始出现崩溃的迹象。

到了第六天，阿拉伯大军全线推进，东罗马右翼统帅战死，接着崩溃延续到了中央阵线和左翼。一些人在逃跑中落入深谷，一些人试图跳入水中逃生，又被高地的阿拉伯人投掷石块砸死。大量的人在逃跑中被直接杀死，不过仍有许多士兵成功逃脱了杀戮。

瓦汉很可能是战死了，希拉克略的弟弟狄奥多西也亡于此役。东罗马大军据现代学者估计损失了将近 45% 的兵力，但最关键的是，即使有大量士兵活了下来，其军事建制也被摧毁得一干二净。阿拉伯人同样付出了数千人伤亡的代价，当然与失败者相比，这个损失微不足道。

这场决定性战役的失败使曾经的东罗马英雄一蹶不振，也失去了收复失地的勇气。他目睹自己一生的成就毁于一旦，挫败波斯人、拯救帝国的巨大胜利不过是替新征服者铺平了道路。就在他曾通过史诗般奋斗、千辛万苦收复的土地上，阿拉伯人的大侵袭如洪水般在泛滥。希拉克略在震惊中只能发出“永别了，美丽的叙利亚，这么好的河山，就永远属于敌人了”这样的哀叹。

雅穆克战役的胜利使“安拉之剑”哈立德被誉为最出色的骑兵指挥官之一。他是非常出色的人才，懂得如何发挥自己的优势和控制自己的劣势，也清楚在军备与数量劣势中通过机动防御来发挥自己的地形优势，并在战斗中把握战机，在关键时候有决心投入自己的精锐部队，进行充满勇气的而富有决定性的部署。

但同时从整个战役来分析，他的胜利与当时大征服阶段阿拉伯人狂热的宗教鼓舞及决心是分不开的。其实他的对手东罗马统帅瓦汉在第二天就攻入了他的营地，不过瓦汉不但没有因此扩大战果，反而被狂热的阿拉伯妇女鼓舞已经败退的士兵扭转了败局，第三天也因同样不可思议的原因被击退。在正常情况下，军队中携带大量家眷是起不到积极作用的，这种情况显然完全出乎任何军事指挥官的预料。

在决定性的第四天，哈立德成功的豪赌让他直到今天都享有名将光环，但我们假设，如果他集中所有骑兵在右翼造成了己方中央阵线与左翼的完全溃败呢？在一般的军队中这是很有可能的，因为正常情况下，“失明之日”这样的损失已经可以造成军队的崩溃了。事实上，穆斯林的中央阵线和左翼也“几乎”崩溃了，中央阵线与左翼的阿拉伯军队开始溃退，连前两日有效的妇女激励都失去了作用。这个时候，妇女们却组成敢死队抵挡住了东罗马军队的攻击，并激励他们已经败退的丈夫与孩子继续返身投入战斗。抛开特定的环境，这是正常军队做不到的。

东罗马军队的统帅亚美尼亚人瓦汉，他的骑兵相对于对手，是分散在左、中、右三个方向上的，这也是他之后被军史学家批评的最主要原因。但他的布阵也许是因为当时在叙利亚的这支“多民族”“多宗教派系”的东罗马军队内部的争吵与不和所导致的妥协方案。他不可能像哈立德那样，随意调动阿拉伯人的精锐部队集中到自己想要攻击的方向上。东罗马方面，可能也只有健康状态下的希拉克略亲自挂帅才能做到这一点。

但总体的来说，瓦汉的用兵是符合逻辑的。决定性的第四天，如果在正常的军事环境中，即使是哈立德击败了东罗马军队左翼，瓦汉的军队也会突破哈立德的中央阵

▼ **阿拉伯的征服路线**

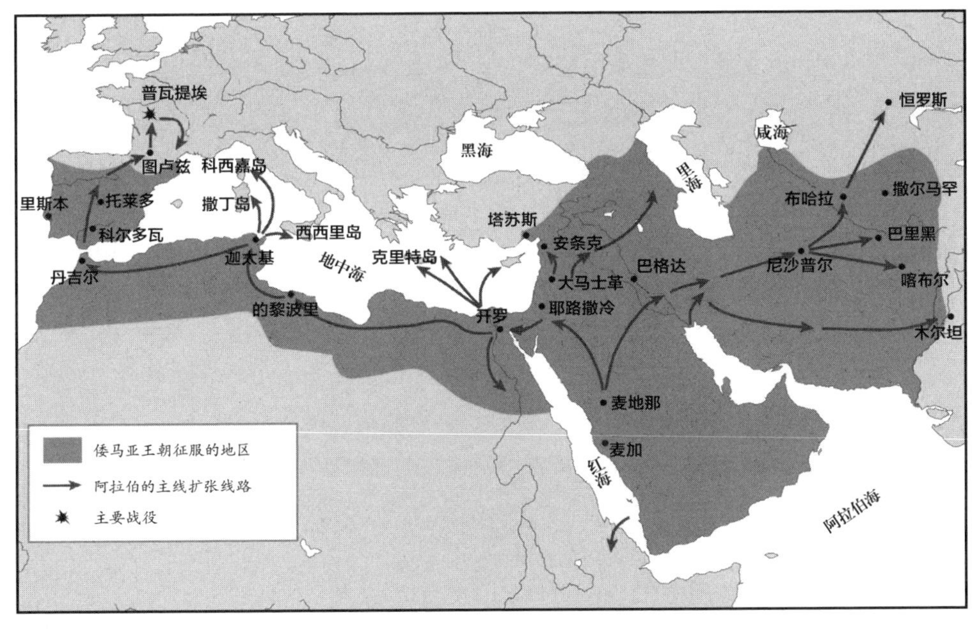

线和左翼，最终造成有利于他的局面。事情的发展却完全超出了他作为一个普通东罗马将领的认知范畴。在整个人类历史中，他是第一个在大决战中遇见大规模狂热穆斯林“圣战”局面的罗马将领，他是不可能有任何经验或者是前任借鉴的。

但无论如何，哈立德获得了全胜，雅穆克战役直接决定了叙利亚的命运。东方首府安条克没有做任何抵抗就向入侵者投降了，接着叙利亚南部的耶路撒冷也在巨大的压力下打开了城门。随后，阿拉伯军队又发动了对埃及的进攻。在之后长达一个世纪的时间里，阿拉伯军队几乎所向披靡。在东方，他们以极快的速度在数次战役后灭亡曾经的中亚霸主萨珊波斯帝国；在西方，除了在攻击小亚细亚核心地带和君士坦丁堡遭到失败外，阿拉伯军队几乎战无不胜。他们逐步占领了北非，并通过直布罗陀海峡进入西班牙。在那里，他们又消灭了统治西班牙的西哥特人。就这样，一个横跨亚、非、欧的庞大穆斯林帝国被建立起来，曾经的罗马文明在北非彻底被伊斯兰文明所取代。

但狂热的“圣战”精神并不能一直强化军队的战斗力，阿拉伯帝国在之后倭马亚王朝与阿巴斯王朝逐步建立起伟大文明的时候，理性的发展也使狂热逐步消退。当时的阿拉伯帝国已经拥有比大征服时代更多的军队、更好的装备①以及更完善的训练，但他们与罗马人的战争却渐渐出现胶着状态，无法取得突破性战果。

到了 9 世纪，东罗马帝国在公元 863 年的战役中全歼阿拉伯统帅奥马尔的主力军队，成为东线战场的转折点。东罗马帝国后来逐步发动反攻。在 10 世纪的东罗马帝国“征服者时代”中，公元 965 年，“白色死神”尼基夫鲁斯二世带领着装备具装铁甲的东罗马军队，在托罗斯战役中彻底打垮了小亚细亚东部的阿拉伯人，收复了安条克城和北部叙利亚。后继者约翰一世与巴西尔二世又扩展了东方的疆域，拿下了叙利亚中部、亚美尼亚等地区。这一时期，阿拉伯军队仍会使用“圣战”来动员军队奔赴前线与东罗马帝国作战，但很明显，这个时期的“圣战”不再那么义无反顾，士兵们更加注重风险与收益，比如有来自呼罗珊的数千名精锐士兵参加“圣战”，但听闻前线不利，转而坐船打道回府。

结语

无论是日耳曼人的大迁徙还是阿拉伯人的“圣战”，都使得原本居住在边缘地带

① 在阿巴斯王朝全盛时期，其步骑兵装备水平很可能超越了东罗马帝国。

的民族，在巨大的破坏中，进入曾经富饶繁华的中心地带，彻底终结了欧洲和中东古典时代。大迁徙时代的结束也是中世纪的开始。但显然，拥有狂热圣战精神的阿拉伯人的迁徙更具备让原定居民族惧怕的威力。时过境迁，曾经的欧洲“蛮族”在昔日罗马帝国的土地上，建立了一个又一个生机勃勃的国家，它们逐步演变成现代的英国、法国、德国、西班牙、意大利……成为世界文明地区的象征。中东的局势则愈发不稳定，无休止的战乱与宗教纷争使这个地区充满了不安定因素。

参考文献

1 Ammianus Marcellinus.The Later Roman Empire(A.D.354−378)[M].Penguin Classics, 1985

2 George T. Dennis.Maurice's Strategikon: Handbook of Byzantine Military Strategy[M]. Univ of Pennsylvania Pr,1984

3 Procopius. Procopius:History of the Wars[M]. Harvard University Press

4 Tacitus.The Agricola and the Germania[M]. Penguin Classics, 1970

5 Hugh Elton.Warfare in Roman Europe AD 350−425[M]. Clarendon Press,1996

6 Hodgkin, Thomas.Huns,Vandals and the Fall ofthe Roman Empire[M]. Mechanicsburg,1996

7 Antony Karasulas.Mounted Archers ofthe Steppe 600 BC−AD 1300 [M].Osprey Publishing.2004

8 Moshe Gil.A History of Palestine 634−1099[M].Cambridge University Press,1997

9 J. F. Haldon.Byzantium in the Seventh Century:the Transformation of a Culture[M]. Cambridge University Press ,1997

10 Fred M. Donner.The Early Islamic Conquests[M].Princeton University Press, 1981

11 Walter E. Kaegi.Byzantium and the Early Islamic Conquests[M].Cambridge University Press,1995

12 Noel Lenski.The Cambridge Companion to the Age of Constantine[M].Cambridge University Press,2005

13 奥斯特洛洛尔斯基 . 拜占庭国家史 [M]. 陈志强 , 译 . 青海：青海人民出版社 ,2006

14 威廉・穆尔 . 阿拉伯帝国 [M]. 周术情 , 译 . 青海：青海人民出版社 ,2006

15 陈志强 . 拜占庭帝国史 [M]. 北京：商务印书馆 ,2003

战乱与流散
欧洲历次战后难民潮

作者 / 郭晔旻

2015 年 11 月 26 日，荷兰首相马克·吕特语出惊人：如果欧盟不重新对边界加以控制，并阻止中东及中亚难民“大规模涌入”，就会有重蹈罗马帝国覆辙的危险，“我们都知道罗马帝国的命运，如果不能保护好边界，巨型帝国也会衰亡”。然而，历史正是如此的讽刺，今日属于日耳曼人一支的荷兰人，正是 1600 多年前毁灭（西）罗马帝国的“蛮族”难民的后代之一。难民的悲剧，在接下来的日子里接二连三地在欧洲的土地上上演……

摩尔人的叹息与犹太人的离散

西罗马帝国在“蛮族入侵”中倾覆，西哥特人却在伊比利亚半岛建立了自己的王国。到了 8 世纪初期，西哥特王国内乱迭起，已经控制了北非沿岸地区的阿拉伯人，十分清楚直布罗陀海峡对面这个王国发生了什么。公元 711 年，以北非土著柏柏尔人为主力的阿拉伯帝国军队渡过宽度仅有 3 公里的直布罗陀海峡进入伊比利亚半岛，他们被当时的欧洲人称为“摩尔人”。

西哥特王国崩溃了。摩尔人的军队像龙卷风一样扫过伊比利亚半岛大地，很快征服了西哥特王国的大部分国土。在交通和通讯都十分落后的时代，哈里发居然能如此顺利、快速就成了这片土地的新主人，即使今天看来也颇有些不可思议。曾经抵抗罗马军团 300 多年的西班牙，只 7 年功夫就沦为穆斯林的殖民地。

作为伊比利亚半岛的征服者，穆斯林将在此逗留几百年时间。作为哈里发朝廷的一个行省，这里在阿拉伯语中被称作“安达卢西亚”。公元 749 年，阿拉伯帝国改朝换代，倭马亚王朝被阿拔斯王朝取代，随着倭马亚王室仅存孑遗阿卜杜·拉赫曼（拉赫曼一世）的到来，伊比利亚半岛成了一个完全独立的阿拉伯伊斯兰国家，史称后倭马亚王朝（756—1031 年），开始谱写伊斯兰历史上最辉煌的篇章之一。

拉赫曼三世（912—961 年在位）统治时期，后倭马亚王朝臻于极盛。穆斯林统治的西班牙在欧洲和欧洲事务中的政治影响比此前和以后任何时期都要大。当时的后倭马亚王朝首都科尔多瓦变成了欧洲文化最昌盛的地方，与君士坦丁堡和巴格达齐名，是西方世界三大文化中心之一，“在中世纪欧洲的智力史上，写下了最光辉的一章”。这个穆斯林首都的声誉甚至深入到了遥远的德意志，萨克森的一个修女称呼科尔多瓦为“世界的珍珠”。科尔多瓦有 50 多万人，街道长好几英里，道旁小屋中射出的灯火，把大街照得通明，而“七百年后的伦敦，还连一盏路灯都没有”。当牛津大学仍

旧认为沐浴是一种异教徒的风俗时，安达卢西亚的科学家们早已在富丽堂皇的澡堂里享受了好几个时代。在摩尔人眼中，中世纪的欧洲人简直就是野蛮人，“缺乏机智和洞察力，他们普遍愚蠢和拙笨”。这个时代的安达卢西亚同样也是欧洲最富庶的地方，农田水利之发达，西方无出其右，光科尔多瓦的纺织工人就多达13000人。农业与手工业的发达，奠定了国家富足的基础，每年超过600万第纳尔（金币）的税收，足以供养10万常备军和数千禁卫军。今天只剩下了遗址的科尔多瓦宫殿曾住有25000人，其中有13000名男仆、6000名女人、3000名侍童和宦官，宫殿大得无边无沿。

不过，即使是在如此辉煌的时代，摩尔人也不曾彻底征服伊比利亚半岛及其倔强的居民。从一开始，阿拉伯人就犯了一个极其严重的错误。他们没有立即粉碎一小伙西哥特逃亡者，使这些人得以在伊比利亚半岛西北部的荒凉山区重新集结起来，建立了阿斯图里亚斯王国，成为西班牙基督教势力最后的残余。

公元718年的科瓦东加（Covadonga）战役是长达700多年的“再征服”恢弘史诗的开端。在此战役中，培拉约阻止了摩尔人的前进。这次规模不大的胜利虽然被日后的基督教徒们夸张得完全与实际不符①，但却在精神上给予他们极大的鼓舞。阿斯图里亚斯王国的独立再也没有受到摩尔人的威胁，开创了北方基督教诸小国出现的先河。此后，莱昂、卡斯蒂利亚等诸多基督教小王国也先后建立，摩尔人养痈成患，终于自食其果。

“再征服”运动进展虽然缓慢，但却坚定地持续了7个多世纪。1229年，穆斯林失去了地中海的巴利亚利群岛；1236年，拉赫曼三世的故都科尔多瓦沦陷；1248年，另一个摩尔人首都塞维利亚弹尽粮绝后被迫投降；1262年，西班牙最古老的城市，

① 摩尔人军队可能仅有千人，但中世纪文献却声称杀死了12万摩尔人。

位于大西洋沿岸的加的斯宣告易主。摩尔人在伊比利亚半岛只保有格林纳达一隅之地。随着1469年阿拉贡国王费迪南二世与卡斯蒂利亚女王伊莎贝拉的结合，将两个王国的王冠永远联合在了一起，两个王国合二为一。统一的西班牙王国的形成，给伊比利亚半岛的穆斯林敲响了丧钟。

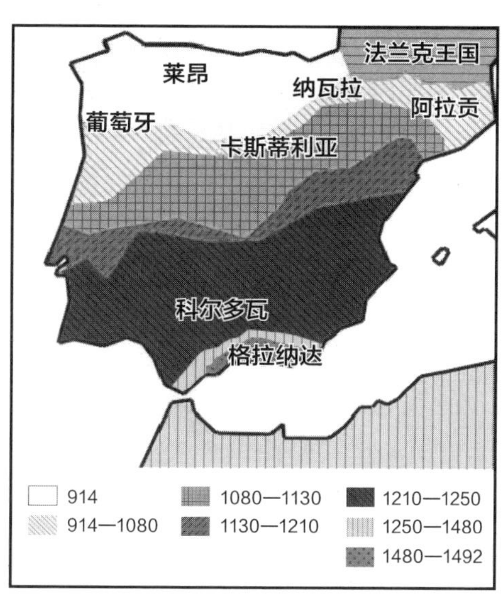

▲ *伊斯兰势力退出西班牙的时间*

在“再征服”这一宏伟史诗中扮演终结者角色的是伊莎贝拉女王。她金发闪亮，眼珠蓝得接近绿色，是个典型的美人，但她不是风情柔和之辈，而是爱好体育、能骑烈性骏马、喜欢猎鹿、经常处理国事到凌晨的人。理论上，伊莎贝拉只是协助丈夫治理国家，但她无比傲慢、固执己见，又善于掩饰，常常装出天真烂漫的样子裁断大小事务。她“是一位女性十字军英雄”，亦是整个再征服事业的灵魂。虽然格拉纳达王国的幅员不过东西200英里，南北60英里，但是由于遍地多山，道路稀少，加上山顶或者峭壁上的无数碉堡，可谓易守难攻。中世纪的主力重骑兵对于围攻战没有什么用处，这迫使伊莎贝拉对西班牙的整个军事体系进行彻底改革。

▲ *伊莎贝拉女王*

伊莎贝拉重金雇佣瑞士佣兵——当时西欧最著名的精锐步兵，他们成为西班牙步兵学习的模范，亦使西班牙步兵在接下来的半个世纪里享誉欧洲。与此同时，伊莎贝拉从法国、德意志和意大利聘请了许多技术人员成立兵工厂，制造火药和炮弹，建立了当时欧洲最强大的一支炮兵。当时，最大的攻城炮有 12 英尺长，口径达 14 英寸。它们是由 2 英寸宽的铁棒锻造而成，用铁钉和螺钉绞紧，发射铁弹、石弹和燃烧弹。后者在天空飞过时，据目击者说，会拖着一道光亮的长尾，落在屋顶上足以引发大火。

1485 年，准备就绪的西班牙军队向摩尔人发起了进攻。这支令人生畏的军队多达 8 万人，包括 1 万多名骑兵、2—4 万名步兵，以及炮兵、工兵等其他部队，另有 8 万多匹骡马。西班牙军队的进展非常顺利，火炮的使用彻底改变了围攻战的攻守对比，“过去那些能在任何敌人的围攻下坚持一年的坚固城池，现在一个月就陷落了”。至 1487 年 4 月，在攻陷了一座座城池后，摩尔人王国中地位仅次于格拉纳达的马拉加也被西班牙军队从陆海两面重重包围。亲临前线的伊莎贝拉女王就像圣女贞德一样，激起了士兵最高度的英勇精神。在十字军时代的欧洲，几乎每个西班牙城市都发起了“圣战”的呼声，于是有许多志愿投效的援军纷纷赶往前线。

这时的马拉加居民不到 15000 人，守军约有数千，但都是最精锐的柏柏尔人部队。经过 3 个月的炮击，西班牙军队乘坐巨型的木质攻城楼（下面装置车轮，上面有吊桥和云梯之类的设备）对坚固的城墙发起突击。与此同时，西班牙人挖掘坑道，在城墙下埋设炸药。终于，在 8 月 18 日，马拉加城破，所有基督教叛徒都被处决，所有的犹太人叛徒都被烧死，其余人则充为奴隶，城市被彻底毁灭。

马拉加的陷落使得格拉纳达的被征服成为定局——后者从摩尔人盘踞的非洲获得的补给和增援大都是途经前者运来的。从 1490 年春天开始，费迪南二世指挥部队毁灭了格拉纳达城外的富庶平原，将城外的 24 个小城镇以及许多村落夷为平地，所有粮食和牲畜一扫而光，“使被围困者不可能种一点蔬菜、收一点粮食”，完全断绝了格拉纳达城内 20 多万

▶ ***穆罕默德十一世向格拉纳达告别***

人的物质供应。1491 年 4 月，8 万西班牙军队包围格拉纳达。尽管格拉纳达的城防工事仍十分坚固，却已毫无意义，守军即使不战死，也会饿死。1492 年 1 月 2 日，格拉纳达投降，西班牙国王费迪南二世手持银制十字架，带领军队入城。清真寺上的新月一律被十字架取代，宣告基督徒赢得了“再征服”运动的最后胜利。同时，这被看作是整个基督教对伊斯兰教的胜利，这一天欧洲几乎所有的基督教堂都响起了钟声。

至于西班牙领土上的最后一位摩尔人国王，不幸的穆罕默德十一世，随即被迫离开了红宫，向着非洲大陆的方向一去不返。相传途中他曾在一个高地上回首遥望格拉纳达，发出最后一声叹息。后来，这处高地又被称为“摩尔人最后的叹息”。与他同行的母亲看到他泪流满面的样子，讥讽地说：“你未曾像男子汉一样保卫国土，怪不得要像妇女一样流泪痛哭。”

不过，大多数的摩尔人暂时留在了西班牙，费迪南二世和伊莎贝拉为了尽快结束战争，答应保护清真寺不受破坏。不许基督徒闯入穆斯林宅院，保证穆斯林的土地所有权，保障穆斯林生命财产安全，允许穆斯林享有信仰自由以及迁移和外出旅行、经商的权利，不强迫穆斯林改奉基督教，不许将穆斯林变为奴隶，穆斯林仍由自己的法官按照自己的法律审判，穆斯林不被强制服兵役等。

看起来，天主教国王对摩尔人施行的政策宽大得惊人。在这种情况下，穆斯林继续穿着传统服装，说阿拉伯语。在经济上，他们占据重要地位，从事农业、手工业和商业活动；在政治上，他们依附于封建主，向其提供农畜产品，是主要的纳税人。

然而，基督教政权经历 7 个多世纪后在伊比利亚半岛终于“逆袭”成功，使西班牙的统治者确信上帝是站在他们这一边的，从而产生了强烈的宗教使命感。这种使命感既成为统一后的西班牙对外扩张的动力之一，如在格拉纳达易手的同一年，航海家哥伦布在伊莎贝拉与费迪南二世的资助下远航美洲；同时，西班牙人也将异端裁判所变成了迫害异教徒的工具，最终导致了对留在西班牙的摩尔人的彻底驱逐。1556 年，西班牙国王菲利浦二世颁布了一条法律，要求留下来的穆斯林立即放弃自己的语言、宗教、风俗习惯和生活方式。他甚至命令拆毁西班牙的一切澡堂，因为澡堂是外道的遗物。从 1569 年 6 月起，大规模穆斯林驱逐行动开始。这些人遭到围捕，被捕后排成长队，带上镣铐，被赶去非洲。据说，有 50 万人遭到这种厄运，他们在非洲登陆，或坐船到更远的伊斯兰教海岛。摩洛哥的海盗队伍，招募的大多就是这些难民。

这些穆斯林的勤勉和伊斯兰文化曾是西班牙经济繁荣的保证。随着这些异教徒被驱逐，不仅西班牙的工商业，比如丝绸业彻底消失了，连灌溉农业都不复存在了。在巴伦西亚平原，穆斯林被驱逐后，甘蔗种植业几乎灭绝，柑橘类水果的生产数量也急剧下降，羊群亦开始游牧于过去曾是阿拉伯人美丽园地的南西班牙地区，以致政府难以征收赋税。1664 年时，卡斯蒂利亚政府只能派人带着军队到乡村搜寻食物。17 世纪 40 年代后，西班牙经济轰然崩溃，再也无力复原——“摩尔人被放逐了；基督教的西班牙，像月亮一样，暂时发光，但那是借来的光辉；接着就发生了月食，西班牙一直在黑暗中摇尾乞怜”。

成为西班牙统治者宗教狂热牺牲品的还有遭受池鱼之殃的西班牙犹太人。驱赶穆斯林的同时，一场大规模的排犹浪潮也出现了。

犹太人定居西班牙的历史较为悠久。早在公元前 3 世纪，就有一部分犹太人从巴勒斯坦和埃及来到西班牙；公元 1—2 世纪，罗马人镇压犹太人两次大起义后，又有更多的犹太难民流落到这里。信奉基督教的西哥特人占领西班牙后，对这里的犹太人实行政治歧视和宗教迫害，犹太人的权利受到很多限制。因此也就毫不奇怪，当阿拉伯人的征服浪潮到来时，这些对西哥特人十分憎恶的犹太人马上就成为新征服者的盟友，为了自身的解放和自由，大力支持穆斯林。“当托莱多的基督徒在复活节到来之前的礼拜天，前往劳迪西亚聆听布道时，背叛的犹太人从城内关上了大门，并派人向穆斯林军队报信，在他们到来后才打开城门。”

当穆斯林王朝建立后，犹太人得到阿拉伯君主的信任和优待，进入了一个政治、宗教和文化的宽容时代。只要顺从哈里发的政权，缴纳包括人丁税在内的异教徒特别税，犹太人便享有宗教信仰自由、择业居住自由，及独立管理自己社团事务的自治权，可以从事包括农耕、贸易、手工业、医学等各种职业。一些具有外交、金融和语言天赋的犹太人成为穆斯林政权中的各级官员，甚至充当哈里发的外交、金融、军事顾问。西班牙的摩尔人与犹太人和睦相处，伊斯兰教与犹太教共存。在政治上，犹太人得到重用，在文化上，出现了大繁荣。在把东方阿拉伯文化传递到西方世界方面，熟练掌握阿拉伯语的西班牙犹太人发挥了突出的桥梁、纽带作用。他们中的众多学者将阿拉伯著作直接译成希伯来语，或在其希伯来著作中接介绍阿拉伯文化，再由欧洲犹太学者译成拉丁文，传播给基督教世界。

“犹太人的移动像一条河，从最缺乏抵抗力的地方流出。宽容使他们流入，迫害使他们大量涌出。”在当时的欧洲，某种程度上，犹太人口的多寡，可以看作是这一地区是否繁荣和开放的标志。中世纪的安达卢西亚因宗教政策宽容，穆斯林西班牙一度成为当时各地犹太人眼中的“机会之乡”，又有大批犹太人从阿拉伯半岛南部经埃

▶ *巴耶济德二世*

及和摩洛哥迁移而来。12世纪的西班牙，成为除巴比伦尼亚之外犹太民族的最大居留地。托莱多一度被称为“犹太之城”，是犹太人在西班牙的中心。豪华、博学和虔诚使这座城市获得了“新耶路撒冷”的称号。希伯来诗人阿尔·哈里西说那里有十二座犹太会堂，并称赞它们“华丽无比”。

而这一切在1492年画上了句号。由于摩尔人对犹太人所持的宽容态度，使犹太人在基督徒眼里变得跟穆斯林同样邪恶。1492年3月31日，伊莎贝拉和费迪南二世共同签署了驱逐法令，下令全体犹太人必须改宗，在3个星期内接受天主教信仰，要不就“在四个月的期限内全部离开西班牙”，即同年7月最后一天一定要离开西班牙。但如果选择后一种，人走钱留，他们的财产将归西班牙王国所有。

大部分犹太人宁可离开西班牙，也不改信基督教。“有12万至15万犹太人选择了放弃他们的国家，而不是放弃他们的信仰。”一时间，地中海沿岸港口聚集了众多的犹太人，他们在这里成了被抛弃的贫穷难民，几十万犹太人被迫离乡去寻找新的家园。在西班牙生活了一千多年，为西班牙社会和人类文明发展做出贡献的犹太社区从此不复存在了。随着善于经商的犹太人离开了这个国家，巴塞罗那被“完全毁弃”，西班牙的工商业也就荡然无存。

伊斯兰国家主要是奥斯曼帝国接收了大量的犹太难民。奥斯曼帝国苏丹巴耶济德二世（1481—1512年在位）惊讶于费迪南二世愚蠢的驱逐犹太人行为，他说：“你们称费迪南为英明的亲王，可是他正在使自己的王国变得穷困，使我的国家变得更富足。”奥斯曼帝国苏丹立刻派遣海军到西班牙，接那些被西班牙驱逐的犹太人到帝国各省，并要求各省人民友好对待犹太人。以中世纪的欧洲标准来看，伊斯兰世界整体上是一个相对宽容的地方。在奥斯曼帝国苏丹看来，犹太人是最理想的臣民。只要他们支付特殊的人头税，就可以相对平静地生活。1493 年，正是这批犹太人中的一位在伊斯坦布尔制作出了奥斯曼帝国的第一台印刷机，并建立印刷机构，以至于巴耶济德二世写信“称赞”斐迪南二世是个“伟大的统治者，宁愿自己贫穷也要把财富赠送给别人，我实在是太需要这些人才了”。

巴尔干火药桶的伏笔

奥斯曼帝国一面大度地接纳了犹太人难民，一面却制造出了更多难民。在 1389 年科索沃战役后的近两个世纪里，奥斯曼帝国将整个巴尔干半岛收入囊中，铁骑直抵维也纳城下。为了逃避“异教徒”的奥斯曼帝国的统治，塞尔维亚人纷纷赶在土耳其军队到来前，成群结队地北逃到多瑙河的彼岸。1483 年，匈牙利国王在给教皇的信中称，4 年中足有 20 万塞尔维亚人在他的国土南部定居。

与此同时，为了有效抵御南方的土耳其人入侵，奥地利哈布斯堡王朝从 1578 年起建立了边境军事特区——边屯区（克拉伊纳），位于克罗地亚境内的斯拉沃尼亚和波斯尼亚北部地区，后来又向西扩展到亚得里亚海沿海地区，向东伸展到伏伊伏丁那，并沿着多瑙河继续向东延伸，从而形成了一条从亚得里亚海到喀尔巴阡山脉的完整军

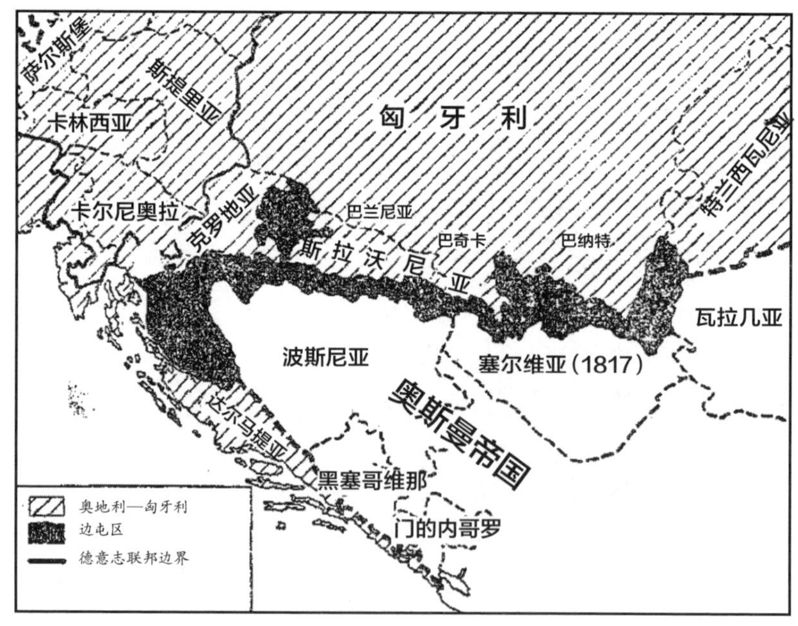

◀ 边屯区“克拉伊纳”

事防卫带。边屯区内遍布堡垒、瞭望塔和烽火台，格兰尼恰尔（Granicari，边屯民）按照优惠条件租种土地，作为尽军事义务的报酬。

这些边屯民最初是由当地的克罗地亚人和德意志人组成，后来人口锐减，为了增加居民，边屯区大量引进其他地方的移民。于是，大批奥斯曼帝国征服地区的塞尔维亚难民，以及其他信仰东正教的民族成群结队地涌入，构成了以塞尔维亚移民为主要成分的新的边屯民。他们被安置在逃离家园的克罗地亚贵族遗弃的土地上，享受免除一切税赋的优惠权利，只承担戍边的军事义务，受边屯区的奥地利军官直接指挥。这些边屯民后来还争取到相当程度的自治权，并建立了东正教堂和当地的东正教大主教辖区。边屯区“克拉伊纳”逐渐成为塞尔维亚人的聚居区，克罗地亚失去了对该地区的管辖权。18 世纪，随着奥斯曼帝国不断走向衰微，边屯区逐渐非军事化。1881 年，边屯区被撤销，这一地区才重归克罗地亚（隶属匈牙利）管辖。

17 世纪后期，奥斯曼帝国盛极而衰。1664 年，奥地利军队在圣哥达一役中战胜了土耳其军队，这是欧洲基督教世界军队在陆上战争中首次对土耳其获得重大胜利。奥斯曼军队于 1683 年第二次兵临维也纳城下，“既是奥斯曼帝国在巴尔干半岛上的绝对优势盛极而衰的又一征兆，又是进一步的灾难前奏曲”。奥斯曼军队尽管将维也纳包围了两个月，但最后还是被逐退。奥地利人趁势发动反攻，在塞尔维亚人的帮助下一度光复贝尔格莱德，甚至兵临科索沃这一在塞尔维亚人心中地位特殊的古战场。最后，1699 年 1 月，哈布斯堡王朝迫使奥斯曼帝国签订《卡尔洛维茨和约》，确定原土耳其人统治下的匈牙利、特兰西瓦尼亚（除巴拉特），以及克罗地亚和斯洛文尼亚归并奥地利。这个条约对土奥双方意义重大。它既是奥斯曼帝国第一次作为战败国签订的和约，为奥斯曼帝国进一步走向衰落、在巴尔干的势力逐渐减退的节点；又是哈布斯堡统治的奥地利开始对包括巴尔干在内的中东欧地区发挥重要影响的标志。

然而，尽管塞尔维亚人奋起反抗土耳其人，但塞尔维亚仍然被留在奥斯曼帝国的版图里。当奥地利人与土耳其人的拉锯战结束，奥地利人撤退后，塞尔维亚人随即面临了土耳其人的残酷报复。1691 年，塞尔维亚东正教的佩奇总主教阿尔塞尼三世便组织大批塞尔维亚人从科索沃地区的佩奇、普里兹伦和北马其顿周围地区北迁。在这次“塞尔维亚人大迁徙”中，大概有三四万户人家北渡多瑙河，沦为难民。奥地利皇帝允许他们在匈牙利南部（伏伊伏丁那）定居，并享有充分的宗教信仰自由。

这些难民是幸运的。随着奥斯曼帝国国力渐弱，地方官吏变得越来越贪婪，甚至土耳其的法律也无力保护留在本土的塞尔维亚农民免遭奥斯曼军队的勒索。“这原是

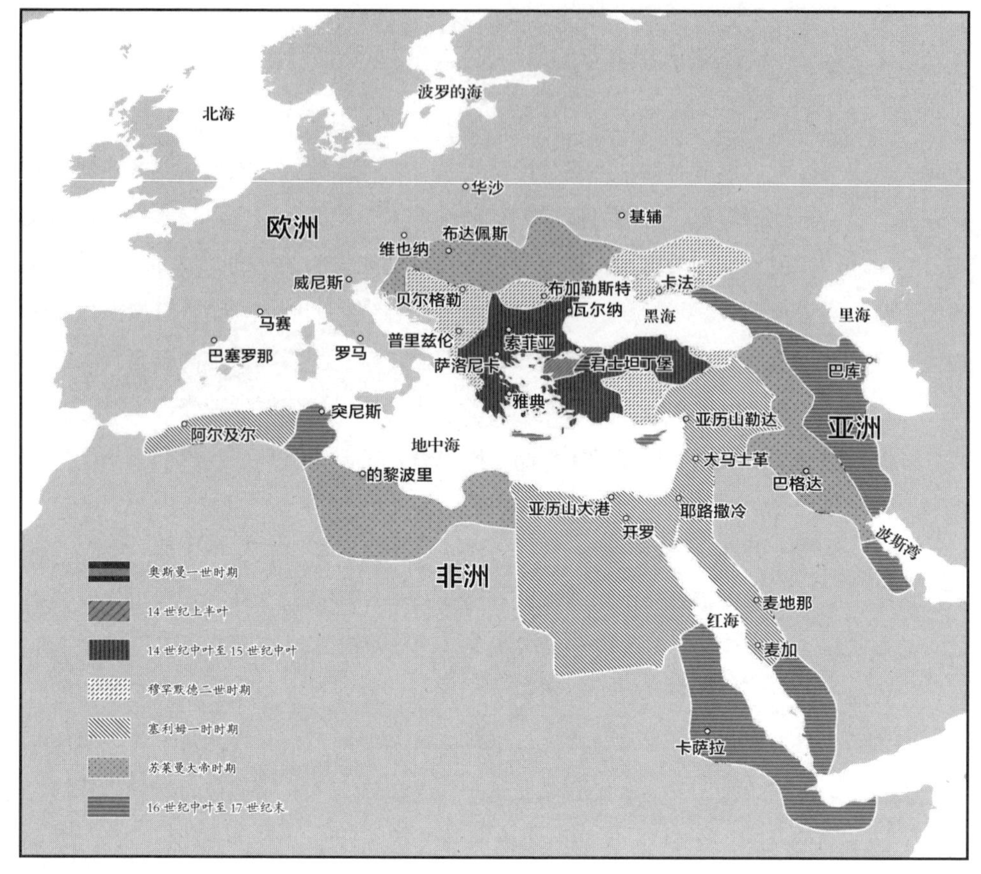

▲ ***极盛时的奥斯曼帝国疆域***

一片富饶的土地，如今却芒草丛生。（塞尔维亚）居民是勤劳的，但所受压迫是如此之重，他们只得背井离乡，荒废耕作。他们的家业是（奥斯曼帝国）近卫军掠夺的对象……他们在沿途的那些可怜的村庄横行霸道……”

塞尔维亚本土人民的悲惨处境，正好与那些逃过多瑙河的同胞境遇形成鲜明的对照。土耳其人当年留下的是一片无人耕种的荒凉土地，在塞尔维亚难民的努力下却成为精心设计的开拓场所。伏伊伏丁那的塞尔维亚人排除了洼地积水，兴修了道路桥梁，有自己的学校和教堂，甚至掌握了很大一部分南部匈牙利的贸易，使伏伊伏丁那成为塞尔维亚的文化中心，其重要性远远超过仍旧沦陷着的塞尔维亚本土。“塞尔维亚的塞尔维亚人之所以没有灰心绝望，全靠（始终保持独立的）黑山的塞尔维亚人，而他们之所以没有变得愚昧无知，全靠南部匈牙利（伏伊伏丁那）的塞尔维亚人。”

奥斯曼帝国的征战在巴尔干制造的“难民潮”彻底改变了巴尔干半岛的种族分布，为未来的“巴尔干火药桶”埋下了祸根。20 世纪 90 年代的南斯拉夫内战与科索沃战争就与之相关。在克拉伊纳，当地的塞尔维亚居民争取和捍卫自治权利的民族运动一直持续不断。发源于奥斯曼帝国入侵时期的边屯区问题，最后构成了南斯拉夫民族问题的一部分，成为近现代塞尔维亚人与克罗地亚人之间民族关系中的一大症结。最后还是克罗地亚政府军于 1995 年用武力摧毁“克拉伊纳塞尔维亚共和国”，并使大批塞尔维亚人沦为难民逃亡而告结束。

在“塞尔维亚人大迁徙”之后，大量已经皈依伊斯兰教的阿尔巴尼亚人便向北方与东方迁徙，来到这片自从 7 世纪以来即属于斯拉夫人而如今已无人居住的地方，成为科索沃的主要居民。到 19 世纪后半叶，科索沃甚至成为阿尔巴尼亚近代民族运动与民族主义组织的发源地。1878 年，阿尔巴尼亚人于科索沃的普里兹伦城成立“阿尔巴尼亚人同盟”，史称“普里兹伦同盟”，是近代阿尔巴尼亚民族觉醒的标志。1899 年，阿尔巴尼亚人又成立了佩奇同盟，科索沃进一步成为阿尔巴尼亚人反土耳其人斗争的中心。这自然是念念不忘“为科索沃的失败报仇雪耻”的塞尔维亚人无法接受的，但在北约军队的轰炸之下，塞尔维亚人仍然在 1999 年后失去了科索沃。

“白俄”：意识形态难民潮

1914 年 6 月，巴尔干半岛上萨拉热窝的枪声点燃了第一次世界大战的导火索。在历时 4 年之久的厮杀终于停下来后，欧洲的政治版图已经面目全非。三个古老的帝国——奥匈帝国、德意志帝国和沙皇俄国相继垮台。一些新国家在民族自决原则下被建立起来，一些国家则修改了版图：波兰复国，奥地利与匈牙利分离，罗马尼亚进一步扩大，南斯拉夫和捷克斯洛伐克成立，巴尔干国家独立，芬兰获得自治。在欧洲，总共产生了 14 个新的民族国家。

但最重要的地缘政治变化是，沙皇俄国的瓦解与苏维埃政权的建立。1917 年，“二月革命”爆发并取得胜利，它推翻了统治俄国长达 300 多年的罗曼诺夫王朝，这时依附罗曼诺夫王朝的贵族和政府官员担心被迫害而离开俄国。同年，“十月革命”爆发，在以列宁为首的布尔什维克党的领导下，革命派推翻了资产阶级的统治，建立了社会主义国家。在 1917 年的革命年代，有少量的俄国人离开了俄罗斯，其中一些是拥有很高地位的贵族成员或者是企业家。

第一次世界大战后欧洲国家疆界变迁
（1918—1923年）
1914年国界
1914年的德国
1914年的奥匈帝国
脱离德国的地区
脱离奥匈帝国的地区
脱离保加利亚的地区
脱离俄国的地区
莱茵非军事区
1923年国界
冰岛
雷克雅未克
挪威海
挪威
瑞典
芬兰
贝辰加（贝柴摩）
波的尼亚湾
法罗群岛（丹）
设得兰群岛
赫尔辛基
彼得格勒
奥斯陆
斯德哥尔摩
爱沙尼亚
拉脱维亚
立陶宛
苏联
大西洋
北海
波罗的海
丹麦
哥本哈根
北石勒苏益格
英国
都柏林
爱尔兰
伦敦
德国（东普鲁士）
波兰走廊
柏林
德国
华沙
波兰
基辅
荷兰
比利时
英吉利海峡
上西里西亚
布拉格
加里西亚
捷克斯洛伐克
卢森堡
萨尔
巴黎
洛林
阿尔萨斯
维也纳
布达佩斯
特兰西瓦尼亚
比萨拉比亚
奥地利
匈牙利
罗马尼亚
法国
瑞士
日内瓦
比斯开湾
伊斯特里亚
亚得里亚海
塞尔维亚—克罗地亚—斯洛维尼亚
意大利
保加利亚
葡萄牙
安道尔
马德里
科西嘉岛
罗马
阿尔巴尼亚
马其顿
色雷斯
土耳其
爱琴海
里斯本
西班牙
巴利阿里群岛
撒丁岛
第勒尼安海
希腊
雅典
地中海
西西里岛
直布罗陀海峡
突尼斯
西属摩洛哥
阿尔及尔
摩洛哥（法）
阿尔及利亚（法）
突尼斯（法）
克里特岛

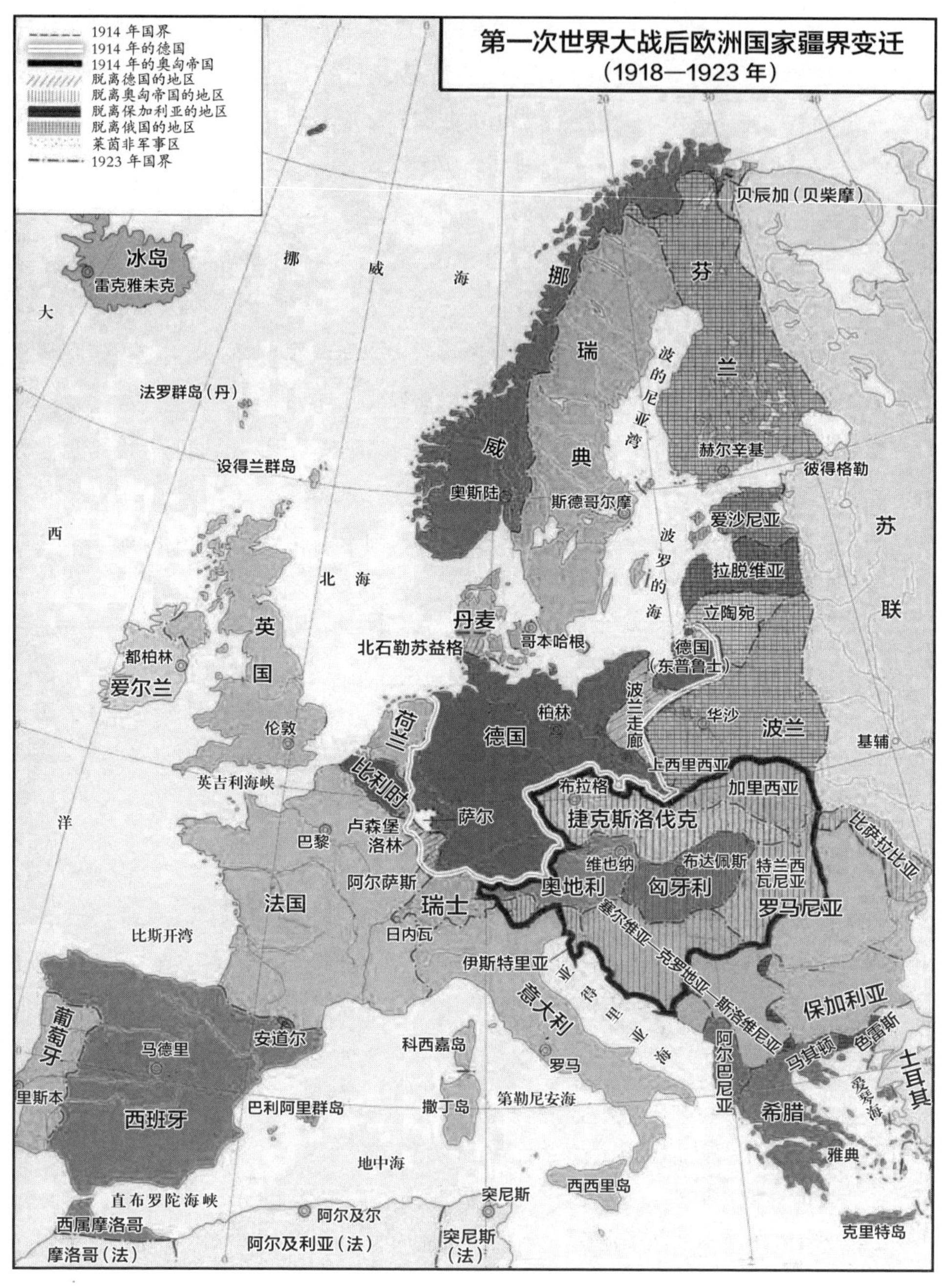

▲ *一战后欧洲疆界的变迁*

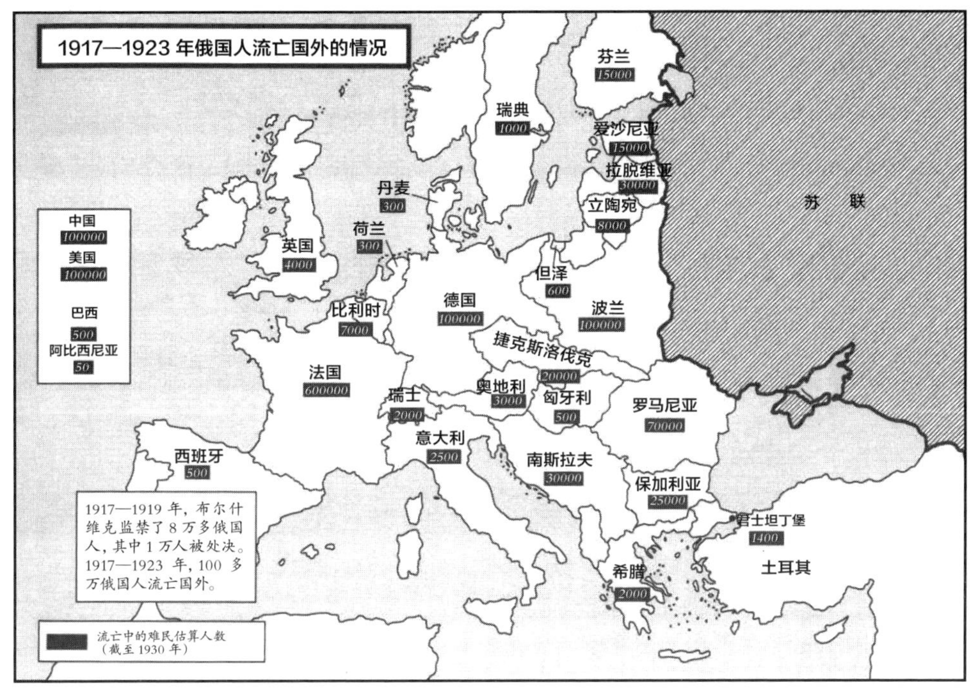

▲ *流亡国外的俄国人情况*

1917 年 11 月至 1922 年，俄罗斯帝国官员和军队成员组成白卫军，在外国武装力量的帮助下发动了反对苏维埃政权的国内战争，结果战败。大量白卫军官、士兵以及他们的支持者和家人逃离苏维埃俄国，难民数量大增。紧接着，在 1921—1922 年，俄罗斯、白俄罗斯和乌克兰爆发严重饥荒，从而推动着难民人数急剧攀升。“一部分人由于突然而至的恐怖而逃走，另一部分人由于饥饿而逃走，还有一部分人是因为邻居逃走而逃走，因此简单的原因决定了数百万人的命运。”再加上革命后的苏俄政府对大量反苏维埃政权的人采取驱逐出境的政策，到 1922 年，俄罗斯难民潮达到了高峰。

十月革命前，这些沙皇陛下的将军、大臣、贵族及其家属们，做梦也不会想到，等待他们的会是流亡的命运。俄国难民的外逃路线是，先移居到离俄国较近的国家或地区，然后向更远的地方移民。大多数的俄国难民在 1917—1920 年这段时间，选择暂时移居到与俄国接壤的芬兰、波兰和波罗的海诸国。这主要是因为他们最初寄希望于白卫军队，认为白卫军队在英法等国的支持下可以打败苏俄，苏维埃政权不会坚持太久，他们的逃离只是暂时的，不久他们就会返回掌握政权。1921 年，随着白卫军战败，苏维埃政权巩固，俄国难民认为他们短期内返回祖国的愿望可能变得难以实现，因此大多数俄国难民开始离开栖居地向更远的地方移民。他们或直接到达西欧、亚洲、美洲和大洋洲，或在君士坦丁堡、加利波利等地中转，然后再去西欧、亚洲、美洲和大洋洲。俄国这次移民波及范围很广，几乎分散到世界各地。一方面，这些难民“有一种他们不久就会回到祖国的信念，即使在苏维埃政权巩固下来后，他们仍然坚持认为苏维埃政权终有一日会崩溃，他们能够返回俄国”。因此，旅法俄侨仍然保持着自己的俄国身份，拒绝同化。另一方面，苏俄视俄国难民为资本主义世界的支持者，并且“相信他们正不断密谋反对共产主义政权”。为此，苏维埃政权在 1921 年 12 月 15 日颁布法令，剥夺了所有俄国难民的国籍。于是，20 世纪世界历史上的一个新名词——“白俄”诞生了。这是那些没有国籍和护照的俄国难民的专用名字。

最初，德国是接纳俄国难民人数最多的国家。据统计，1920 年秋天时，德国有 56 万俄国难民。大量难民的到来、安置和接纳，让本已困难的德国住房和劳动力市场雪上加霜。为了安置这些俄罗斯难民，德国建立了大量的难民宿营地，有不少过去关押协约国战俘的集中营也被用来接纳与安置难民。这主要是因为德国与俄国邻近，从俄国到德国获得入境签证比较便利。一战结束后，德国为赔偿巨额赔款疯狂印钞票，导致德国马克大幅贬值，俄国侨民在德国生活成本较低。从 1923 年起，旅德俄侨的数量开始急剧下降，这主要是因为德国货币稳定下来，俄国侨民在德国的生活成本提高。据统计，1925 年旅德俄侨的数量下降到 15 万，1933 年旅德俄侨的数量只剩下大约 11 万人，到 1936—1937 年数量更少，只剩下 4.5 万人。

大部分俄国难民从德国离开后继续外迁到了法国。虽然法国位于远离俄国的欧洲大陆的另一端，但在俄国的这次移民中仍有大量人员来到法国。俄国难民来到法国主要有两条路线：一条是陆路，经过波兰和德国到达法国；一条是海路，从黑海海峡或巴尔干半岛的港口乘船穿过地中海到达法国南部。俄国侨民大规模来到法国主要有两个阶段，第一个阶段是 1918—1922 年，第二个阶段是 1923—1930 年。第一个阶段的俄国侨民从巴尔干半岛的港口而来，主要是撤退的白卫军及其家属。在苏俄内战期间，英法武装白俄军队，因此它们认为对战败的白俄士兵负有道义上的责任。1920 年随着白卫军的战败，许多白卫军士兵、军官及其家属从亚速海岸和黑海海岸来到君士坦丁堡，在英法等国的帮助下，他们离开这里从巴尔干半岛的港口经海路来法国。据统计，旅法俄侨的数量在 1922 年就达到了 67000—75000 人。第二个阶段的俄国侨民主要是从陆路来到法国的继续外迁者。1925 年旅法俄侨的数量就达到了 15 万，法国成为俄国难民的政治和文化中心。这一时期旅法俄侨的数量迅速增长，其主要是以前的旅德俄侨。到 1930 年，法国的俄国难民达到了 15—20 万，超过德国成为欧洲俄国难民人数最多的国家。

大量俄国难民的到来对法国来讲当然是有利有弊的。在第一次世界大战中，法国军人阵亡人数超过 130 万人，如果再加上 120 万死亡的平民，法国失去的人口总数高达 250 万人。第一次世界大战结束以后，法国重建社会经济，需要大量劳动力，这显然不可能是单靠法国国内可以解决的，于是，引进外国劳工成为发展的必然趋势。正如法国史学家所说："一方面是战争的巨大损失，另一方面重建遭破坏地区和重振经济需要 300 万劳动力。光从内部挖潜力解决不了问题，如提高退休年龄，增加妇女就业机会都弥补不了这个劳动力缺口，外国劳工的涌入于是倍受欢迎。""俄国侨民来到法国初期，几乎所有人都能找到一个工作，无论是裁缝还是做手工艺品的工作。"在这种背景下，俄国难民成为法国一战后完成经济和社会重建艰巨任务的重要生力军，为实现法国经济与社会的振兴，做出了巨大贡献。但另一方面，法国也为安置难民背上了沉重的经济包袱。早在 1921 年 8 月，法国政府就曾向国际联盟报告，它"已经花费了 1.5 亿法国法郎（大约 380 万英镑），并且仍以每月 400 万法国法郎的速度在增加"。

尽管大约 90% 以上的俄国难民都在欧洲国家，但亚洲也分布着相当数量的俄国侨民，他们主要聚集在远东地区，其中中国是东亚地区俄国侨民数量最多的国家。这些"白俄"在 20 世纪 20 年代逃到中国以后，大都寄居在哈尔滨、沈阳、大连、北京、天津、上海、汉口等大城市，总数约 20 万人。运载着上千俄国难民的 27 艘轮船，由两位海军将领统率着，在 1923 年从海参崴驶出。

这些被称为"罗松瘪三"（"罗松"即"Russian"音译）的俄国难民里，有超过一半的人选择住在法租界，这是很自然的，毕竟说法语曾经是俄国贵族有修养的标志。曾有一位俄国诗人说过：每个有教养的人心中都应有两个祖国——俄国和法国。"原本法国风格的霞飞路（今天的淮海路），开始染上了一种斯拉夫民族的情调：行列整齐的梧桐，黑白相间的仲夏遮阳伞，含有浓重俄国味的店招，高加索式的粗厚用具，莫斯科近郊的花坛，伏尔加河流域式的烈酒，东欧式的大菜，粗犷而又深沉的歌声，以回旋为主步的舞蹈……"以至霞飞路被中国报界称为"东方的圣彼得堡"。俄国难民带来了伏特加，也带来了俄式的西菜，上海第一家西菜社就是俄国人开的，俄式的红菜汤最后演变成为中国特色的"罗宋汤"。

1941年租界当局统计的在沪俄侨人数

地区	总数	旧俄	俄籍犹人	华籍俄人	乌克兰人
法租界	11261	9737	1336	117	71
公共租界	1804	1361	391	30	22
虹口	2365	2119	189	34	23
合计	15430	13217	1916	181	116

犹太人的悲剧

“白俄”的出现只是20世纪上半叶欧洲难民潮的滥觞，他们的境遇与多灾多难的犹太人相比，实在是小巫见大巫。早在19世纪80年代，中欧、中东欧和东南欧国家的犹太人就不断遭到反犹主义思潮的迫害，迫使他们逃入德国。虽然直到1871年，帝国宪法才赋予他们完全的法律上的平等权利，但与中东欧国家不断迫害和驱赶犹太人相比，德国仿佛是犹太人真正的天堂。一个来自普鲁士下院的犹太人曾高兴地说：“历经数年徒劳而漫长的等待，我们终于停泊在一个安全的港湾。”德国挑起第一次世界大战以后，“全德国54万犹太人中，15%的人都自豪地与其他人种并肩作战，保卫德皇及其帝国”。

然而，“战争失败后，德国成为犹太人安全港湾的理想也随之破灭”。曾经与德意志民族并肩作战的犹太人，却成为反犹主义和种族主义政策迫害的对象。“在巴伐利亚，到1923年，针对来自中欧、中东欧和东南欧国家和地区的犹太人，出现了在官方层面上反犹主义的拘留和驱逐犹太人的浪潮。在普鲁士，1919年还为中东欧、东南欧遭驱逐的犹太人避难提供庇护，而现在对犹太人的庇护政策却受到了强烈限制。在第一次世界大战和战后一段时间，犹太人的数量骤然下降。到1925年，人口统计中尚有10.8万东欧犹太人，这一数量与1910年的数量相比，仅仅提高了3万人。从1914年到1921年，大约有10万犹太难民已经迁移出去，但1933年人口统计时，东欧犹太人的数量又下降了1万人，降到了9.8万人。”

然而，这还不是德国针对犹太人的最终结果。对犹太人更严重的迫害和灭绝，很快就接踵而来。希特勒纳粹党推行的排犹、反犹主义，对德国最终形成驱逐和灭绝犹太人的种族主义政策起到了至关重要的作用。1933年1月30日，是迄今为止人类历史上最不幸的日子。这一天，阿道夫·希特勒登上了德国总理的宝座，这意味着德意志社会长期发展的反犹力量，现在已经能够动用国家机器来实现它的目标了。国家层面的排犹、反犹种族主义政策逐步得到强化，历时两千多年的反犹主义此时发展到了顶点。

1933 年 4 月，法西斯德国通过了《文职人员法》和后来的一些法令，命令所有犹太官员退职。1935 年 9 月，德国颁布了臭名昭著的《纽伦堡法》，剥夺了犹太人的公民权，并确定了犹太人的等级：如果一个人的祖父母和外祖父母四人皆为非雅利安族者，此人即为“全犹太人”；祖父母和外祖父母四人中有两人为非雅利安族者，这个人为“杂种人”；祖父母和外祖父母四人有一人为非雅利安族者，为二级“杂种人”。法律剥夺了“全犹太人”的国籍，并禁止犹太人和雅利安人结婚。在此之后，大部分犹太人失去了职业，被迁入划定的犹太人居住区进行隔离。在这种情况下，一些犹太人开始考虑离开德国。仅在 1933 年这一年，50 万德意志犹太人中就有 3.7 万人被迫移居海外。但是，还有许多人仍然迟疑不决，他们眷恋祖祖辈辈居住的这片土地，他们对德国的状况会有所改变仍然抱有一线希望。直到更大的灾难临头，他们才不得不放弃了所有幻想。

1938 年 11 月的“水晶之夜”事件，标志着纳粹德国的反犹政策推向了一个新高潮。几百所犹太人教堂被破坏，数千家犹太人的商店遭到抢劫。遍地都是被打烂的玻璃，闪烁着“水晶般”的光芒……为了进一步煽动对犹太人的仇恨，宣传部长戈培尔主导拍摄了电影《犹太人苏斯》，讲的是 18 世纪一个阴险的犹太金融家在人民的一次起义后被处死的真实故事。据说在二战时期德国占领下的欧洲，这部电影的观影人次达到 2000 万。《犹太人苏斯》具有明显的现实性，为今后的暴行做好了舆论准备：一些看过该片的德国青少年义愤填膺地开始毒打遇到的犹太人。而最后在纽伦堡法庭上被判处死刑的尤利西斯·施特拉塞，其主编的《冲锋队员》更是以发表残忍、荒谬的反犹理论著称，因其实在是粗鄙之极，以至于戈培尔手下宣传部的官员也经常有意与其划清界限。希特勒的御用女导演里芬施塔尔曾经当面质问施特拉塞为什么要发行这份“令人感到可怕的刊物”，得到的回答却是“刊物上的文章不是为您这种有判断能力的人写的，而是为农民写的，让那些农村姑娘能对雅利安人和犹太人加以区别”。

可怕的“水晶之夜”事件之后，德国境内的犹太人，个个都在寻求以最快的方式逃出这个国家。可是，“西欧各国和美国的领事馆被成千上万的犹太人包围，但要获得一份移民签证是那样艰难，就仿佛所有这些国家都发誓要刁难德意志的犹太人向外

◀ “水晶之夜”被打碎玻璃的犹太人商店

移居一样”。整个文明世界面对希特勒疯狂破坏犹太人和大批犹太难民的外逃，依然无动于衷，反而把犹太难民看作是可能增添麻烦的包袱。1938 年，在法国埃维昂举行了一次专门讨论犹太难民问题的会议，参加国有美国、英国、法国、澳大利亚等 32 个国家，与会国对犹太难民都表示了同情，但没有一个愿意接受哪怕是少量的犹太难民，甚至在对犹太难民“部分开放”这个问题上也未达成一致意见。用一位观察家的话来说，这次会议只是“文明政府用以掩盖它们无能为力的门面”。

1939 年 5 月，英国委任统治下的巴勒斯坦规定：在以后五年，犹太移民人数不得超过 75000 人；五年后，将不再允许犹太人移入，除非巴勒斯坦的阿拉伯人同意犹太人移民，但显然这是不可能的。其他欧洲国家也收紧了政策，比利时、荷兰宣布在 1938 年 8 月 27 日之后进入的难民将被驱逐。瑞典则与德国达成协议，凡是非雅利安德国人，其护照要打上犹太人的缩写字母“J”作为标识，以供识别并方便控制入境。1939 年 2 月，瑞士也加强边境警察力量，防止难民进入。

第二次世界大战爆发后，纳粹当局面临的犹太人问题，已不再是 1933 年希特勒上台时的 50 万德意志犹太人的问题了，而是在德意志第三帝国迅速扩张的势力范围内的 400 万，甚至最后达到 600 万以上的整个欧洲犹太人的问题。终于，党卫军帝国首脑海因里希·希姆莱在 1941 年 10 月 1 日做出了判断，“在与东西方敌人全面开战的情况下，向外移居已不可能解决犹太人问题了，必须立即停止犹太人的一切外移行动”。于是，1941 年 10 月 23 日，纳粹当局颁布了战争期间的移民禁令，并开始着手实施对欧洲犹太人问题的“最后解决”——有计划地灭绝和屠杀。犹太人要想脱离苦海，只有冒险非法移民。从某种意义上可以说，正是西方国家的政策，纵容了德国对犹太人的排斥，他们对二战期间犹太人受到的灭绝性灾难，负有不可推卸的责任。

纳粹的陪葬品：战后的德意志难民

1945 年 5 月，响彻欧洲上空长达六年的枪炮声停歇下来，欧洲人终于迎来了久违的和平。但这是多么苦涩的和平！作为人类历史上最惨烈的一场浩劫，刚刚过去的第二次世界大战给作为主战场之一的欧洲带来了巨大灾难。在这场战争中，欧洲至少有 3200 万人死亡，2800 万人残废，6000 万人流离失所。当战争结束时，“到处都是幸存者在计算自己死去的亲人”。不论是战胜国法国，还是战败国德国，抑或是说不清究竟属于战胜国还是战败国的意大利，从爱琴海到北海，从城市到农村，到处是一片萧条。1947 年 5 月，丘吉尔哀叹：“现在的欧洲是什么？它是一座瓦砾场，一个尸骨存放所，一个滋生瘟疫与仇恨的温床……”

纳粹是垮台了，但欧洲迎来的不是自由，而是史无前例的难民危机。早在诺曼底登陆前夕，盟军就预料，战争结束后欧洲大陆上将涌现 1100 万左右的难民。1945 年初，随着战争结束，欧洲大陆的难民潮汹涌而来，数量之大、人数之多远超盟军想象，光德国境内的就有 1100 万名难民，全欧洲更是达到了 3000 万人。从国籍上看，难民人数最多的是苏联公民，超过 720 万人；其次是法国人，将近 200 万人；还有 160 多万波兰人、70 万意大利人、30 多万荷兰人、30 万比利时人、3.5 万捷克人和许多其他国家的人。这些难民至少说 20 种语言。难民的组成也极其复杂：政治犯、战俘、东欧的逃亡者、被驱逐的平民、劳工营或集中营内的幸存者、东欧各国及与苏联边界划分造成的西逃之人，以及后来希腊内战造成的逃亡者，等等。甚至，如此庞大的难民数字居然还不包括无家可归的德国平民。这一次，挑起战争的德国人也成了战争的受害者。

在希特勒日暮途穷、欧洲战场胜利在望的 1945 年 2 月，苏联、美国、英国政府首脑——斯大林、罗斯福和丘吉尔在克里米亚的雅尔塔举行了继德黑兰会议后“三巨头”的第二次会晤，人类的幸福和命运，就掌握在这三巨头手中。与上一次会议重点是如何击败德国不同，这一次，三巨头关心的是战后如何处置德国。

德国的东部国界与波兰接壤。一战后的《凡尔赛条约》将一部分德国西普鲁士的领土划入复国的波兰，并由“波兰走廊”将东普鲁士与德国本土割裂。这曾是最令德国民族主义者恼火的一项条款，即使软弱如魏玛共和国，也不愿意承认这条边界。这条边界在二战后也是注定无法维持原状的，由于波兰的大量东部领土划入了苏联版图，它势必要从德国取得补偿。在德黑兰会议中，丘吉尔告诉斯大林，他愿看到波兰向西移动。丘吉尔用三根火柴棒向左靠拢的动作，来暗示苏联、波兰、德国领土的向西移动。这就是著名的“德黑兰公式”。它形象地说明英国政府赞成用德国东部的土地来赔偿波兰东部土地的损失。

雅尔塔会议上，苏、美、英三国首脑一致认为丧失东部土地的波兰应该得到西部土地的补偿。但直到波茨坦会议，对波兰的西部国界究竟应当深入到德国哪里，英国和苏联仍产生着剧烈分歧。丘吉尔坚持以奥得河—东尼斯河为界，理由是：

第一，对波兰来说，从德国取得如此多的领土对其没有好处。“如果给波兰鹅塞进那么多的德国饲料，使它得了消化不良症，那将是可悲的。”第二，过多割占德国土地会使德国的经济陷于困难，因为德国东部是德国人赖以为生的产粮区。第三，这会使西方大国担负一项大规模人口迁移的严重道义责任。

但斯大林坚决要求以奥得河—西尼斯河为界：

第一，波兰应当得到西部土地作为补偿。第二，奥得河—西尼斯河以东的德国人已经逃离，波兰人正前往那里定居。第三，由于苏军不能既进行战斗，又建立行政机构，所以，苏联让波兰政府执行该地区的管理职务。

与会的波兰代表团则声称，即使以奥得河—西尼斯河为界，波兰东部土地的丧失达 18 万平方公里，而将获得的西部不超过 10 万平方公里，因此战后波兰的土地仍损失了 8 万平方公里。同时，奥得河—西尼斯河既是波兰第一个王朝——彼雅斯特王朝的历史边界，更是一条理想的自然边界。所以，波兰人认为奥得河—西尼斯河以东土地的回归是理所当然的。然而，边界的变动势必引起人口的迁移问题，而人口的大规模迁移在当时的战争条件下必然会形成难民问题。

最后，尽管波茨坦会议要求将德意志种族的居民从波兰和新恢复的国家“有秩序与合乎人道”地驱逐回德国新疆域，但这些规定并未得到履行。波兰复国后的总理兼收复地区部部长瓦迪斯瓦夫·哥穆尔卡宣布，他的首要任务是把德意志人赶出去。在第二次世界大战爆发前，波兰有 130 万德意志人，这些人连同奥得河和西尼斯河以东的德意志人都成为被驱逐和遣返的对象。“大约有 800 万西里西亚、波莫瑞和东普鲁

▶ **从东普鲁士向西撤退的德国难民**

士的德意志人，包括那些在红军到来之前已经逃走的人和如今被波兰驱逐出去的德意志人，为纳粹在东部扩张生存空间的梦想付出了残酷的代价，由此结束了德国在奥得河以东地区超过 7 个世纪的拓殖史。”波兰至少驱逐了 600 万德意志人出境，这使波兰从一个三分之一人口是少数民族的国家变成单一民族国家。居住在奥得河和西尼斯河以东的德意志人除了一小部分外，大都迁移到德国的新边界内，这批人在到达德国时几乎一无所有。波兰人对许多难民采取的做法，称得上野蛮，但却是德国人咎由自取。纳粹的扩张和对民族主义的利用，既把那些居住在别国的德意志人搞得不容于人，又以实际行动展示了这种无法令人容忍的少数民族可以怎样加以消灭。于是，德国人回德国，波兰人居住在波兰，历史又重新回到 12 世纪前的状况。

同样的情况也发生在捷克斯洛伐克。战前的德国南部边界与奥地利和捷克斯洛伐克接壤。1938 年，希特勒先后通过“德奥合并”和“慕尼黑协定”将奥地利和捷克境内的德意志人聚居区（统称“苏台德区”）并入了第三帝国。这一举措在二战结束后自然难逃清算。

苏台德区的德意志人一度为回归大德意志欣喜若狂，随后却为自己的民族主义狂热付出了代价。据统计，35 万左右的苏台德德意志人在德军服役并承担了巨大牺牲。同时，一心将自己绑上希特勒战车的苏台德德意志人使自己成了捷克人的众矢之的。流亡英国的捷克斯洛伐克总统贝奈斯认为，苏台德德意志人的罪行不仅仅在于追随党卫队对捷克人进行的血腥屠杀，更在于慕尼黑危机前，他们联合德国出卖了捷克政府。如果继续留这样的一支少数民族在境内，迟早有一天，捷克的悲剧会再度发生。1945 年 5 月 8 日，德国战败，捷克斯洛伐克军队进驻整个苏台德地区。一周后，贝奈斯回到布拉格对许多欢迎他的人发表演讲：“我们必须……毫不留情地消灭捷克的德意志人……在捷克和斯洛伐克的统一民族国家利益的容许下，我们必须将他们消灭掉。我们的目标是在文化上、经济上和政治上彻底非日耳曼化。”

从 5 月 19 日开始，贝奈斯连续发表了一系列关于驱逐苏台德德意志人的法令，这些法令后来被称为《贝奈斯法令》。除反法西斯的、对捷克工业发展起关键作用的、与捷克人结婚的苏台德德意志人外，其他苏台德德意志人将被永久地从捷克境内驱赶出去，迁往奥地利和德国地区。在捷克境内居住的第三帝国公民、所有苏台德德意志人、通敌者、叛徒的财产都将归民族管理委员会保管，并且由捷克政府决定其如何使用；捷克境内的苏台德德意志人的公民身份将被永久性清除；无捷克公民身份的苏台德德意志人中，14—60岁的男性、15—50岁的女性有为捷克国家服劳役的义务。《贝奈斯法令》把原先驱赶苏台德德意志人的计划以法律的形式确定了下来，随后，这一计划便开始实施。

获得解放的捷克斯洛伐克政府毫不犹豫地收回了因慕尼黑协定而割让的全部土地，而且变本加厉地将居住在这个国家的300万德意志人驱逐出境。由于没有中央政府的统一指挥，各地区对苏台德德意志人的驱逐毫无秩序可言，实施者大多为地方政府官员或部队军人。这些人见识过了当初纳粹德国的各种手段，因此对苏台德德意志人无一丝好感，遂进行报复。他们掠夺苏台德德意志人的财产，虐待在战争期间追随党卫队的苏台德德意志人。在这期间，苏台德地区依旧保留了保护国时期的粮食配给制度，但是苏台德德意志人被给予的可用粮食越来越少，致使很多人在这期间饿死街头。除此之外，苏台德德意志人被禁止参加任何娱乐活动，只能在固定时间、固定地点购物，并且未经允许不准擅自更换居住区。6月起，苏台德德意志人学校全部被关闭。

捷克斯洛伐克的这一举动激起了苏台德德意志人的反抗，为了制止反抗者，纳粹德国的恶行被反法西斯的捷克政府沿用，在苏台德地区建立了1215个集中营、846个强制劳动所和纪律中心，以及215个监狱，对试图反抗的苏台德德意志人，视其罪行的轻重，分别予以关押。其中最有名的当数纳粹德国使用过的特莱西恩施塔集中营。

▼ ***东欧种族地图的重构***

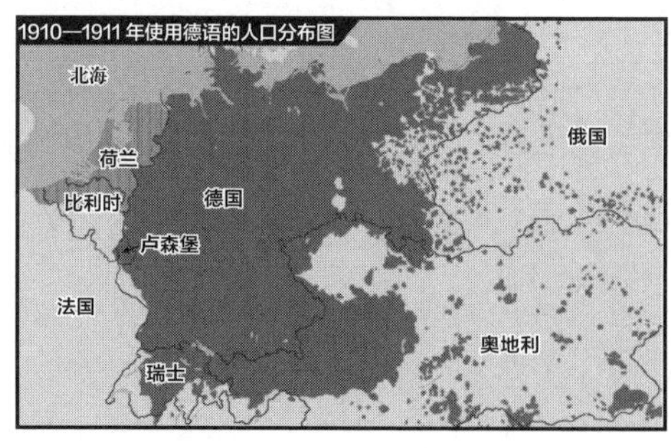

自纳粹德国战败后，这一集中营便被捷克政府用来关押苏台德德意志人。里面关押的多是苏台德地区的儿童和青少年。当初纳粹对犹太人实施的罪行，现在报应到了苏台德德意志人身上，大量的苏台德德意志人死于非命。

从 5 月末开始，苏台德德意志人在捷克斯洛伐克军队的监督下，开始分批前往奥地利和德国。大部分人常常是接到突发命令，没有任何的准备时间。5 月末到 7 月这段时间，因驱逐而死亡的苏台德德意志人不计其数。1945 年 5 月 31 日夜，2 万名德裔被集体性驱逐，步行 56 公里去奥地利。因为德裔成年男性都成了战俘，所以这些人大多是妇孺老幼。最悲惨的是，当他们终于到达边境时，驻守的苏联军队却禁止他们过境，让他们返回。这一路确认的死亡人数达 800 人，这件事被称为“布尔诺死亡行军”。根据捷克官方的统计：整个种族迁徙直接造成 2.4 万人死亡、6.2 万人失踪。

就这样，在野蛮而惨无人道的战争结束后，欧洲的种族地图与政治地图一样被彻底重构。在这个过程中，受害最深的，除了几乎被德国人完全消灭的犹太人，还有德国人自己。定居在东南欧长达一千年的众多德意志移民社区，如同在波兰和捷克斯洛伐克的一样，在战后被彻底消灭。直到今天，德意志人与斯拉夫人的种族分布界限，与德国、奥地利同波兰、捷克的国界惊人的一致，这也是二战后的德意志难民潮的印记。

二战结束 70 年后，在和平环境中的欧洲突然遭遇了来自中东的难民潮的侵袭。这一次的难民潮会如何改变欧洲的未来现在不得而知，就像英国著名历史学家阿诺德·汤因比所说的那样：“人类从历史学到的唯一教训，就是人类没有从历史中学到任何教训。”

参考文献

1 斯蒂芬·克利索德．南斯拉夫简史 [M]. 哈尔滨：黑龙江人民出版社，1975

2 希提．阿拉伯通史 [M]. 北京：商务印书馆，1979

3 富勒．西洋世界军事史 [M]. 桂林：广西师范大学出版社，2004

4 徐新．犹太人的故事 [M]. 济南：山东画报出版社，2006

5 齐文媛．旅法俄国侨民问题研究（1920—1940 年）[D]. 长春：吉林大学，2015

6 巴为江．第二次世界大战后德意志民族难民问题研究 [D]. 兰州：西北师范大学，2014

7 贺飞蛟．略论西班牙穆斯林的被逐 [N]. 重庆师专学报，2001

军械上的戏剧性突变伴随着战术上的同样戏剧性改变。几位西班牙指挥官曾对战术体系进行试验，力图达到对火力的最佳使用效果，但都没有拿骚的莫里斯的革新那么出色。

——《剑桥战争史》［美］杰弗里·帕克著

炮火与霸权
近代军事改革后的瑞典帝国时代

作者 / Lee General

斯堪的纳维亚半岛上的瑞典，在17世纪到18世纪初的一个多世纪里，曾拥有能在欧罗巴呼风唤雨的辉煌。瑞典国王古斯塔夫·阿道夫①，这位集国王和军事统帅于一身的欧洲名将，通过划时代的近代军事改革，在三十年战争中开创了瑞典辉煌的帝国时代。

北欧雄狮

1592年，瑞典国王约翰三世②去世。约翰三世的弟弟，也就是古斯塔夫的父亲，信奉新教的卡尔九世③与信奉天主教的侄子波兰国王西吉斯蒙德开始争夺权力。

1598年，西吉斯蒙德率领军队，联合芬兰向瑞典发动进攻，但被卡尔九世打败，只得逃亡波兰。次年，瑞典议会废黜西吉斯蒙德，其支持者皆遭到杀戮，这就是瑞典历史上的林雪平④惨案。这场宗教之间的斗争，耗费了瑞典大量国力。之后，卡尔九世摄政。1603年，卡尔九世被拥立为瑞典国王。

“我信赖上帝，以后俄罗斯人必将难跨越雷池一步。”——古斯塔夫二世

卡尔九世虽大权在握，但瑞典与芬兰、波兰、丹麦的关系完全破裂。为了控制北冰洋沿岸和波罗的海，卡尔九世与丹麦开战，但他日益憔悴，为了尽快结束战争，他甚至要求丹麦国王克里斯蒂四世与其决斗，而后者拒绝了他的决斗要求，并派丹麦军队攻下了瑞典的卡尔马要塞。

① 古斯塔夫二世（Gustavus Ⅱ Adolphus，1594—1632年），瑞典国王（1611—1632年在位）。

② 约翰三世(Johan Ⅲ，1537年12月20日—1592年11月17日)。他于1568年登基，1556—1563年兼任芬兰大公，因此又被称为约翰公爵。

③ 卡尔九世（Charles IX 或 Karl IX，1550年10月4日—1611年10月30日），瑞典王国瓦萨王朝国王，1604—1611年在位。

④ Linkoping，瑞典第五大城市，位于瑞典南部。

1611 年 10 月，卡尔九世与世长辞，国内的天主教派贵族在高压政策的阴影下准备复仇。年仅 16 岁的古斯塔夫斯·阿道夫，成为瑞典新一任国王，称为古斯塔夫二世。

古斯塔夫登位后的第一件事，就是赋予参政会和上层贵族许多权力，从而获得了他们的支持。相当于首相的参政会主席，则由年仅 28 岁富有才干的年轻贵族亚赛尔·奥辛斯赛纳担任。他在日后成了古斯塔夫的得力助手。

不过，这一时期的丹麦人没有放松他们的攻势。丹麦陆军攻陷了瑞典的埃尔夫斯堡，丹麦舰队也开到了斯德哥尔摩群岛。于是，瑞典迅速媾和，并付巨款赎回了埃尔夫斯堡。

1614 年，古斯塔夫亲征俄国获胜，并与俄国签订了一个对己方有利的条约。这场战争不仅给瑞典带来了波罗的海的口岸，还给古斯塔夫带来了威望。这让他能够进行一系列政治改革，其中最主要的就是创建了上诉法院。同时，瑞典的采矿业也得到了有力发展，一方面是因为瑞典采用了改进的采矿设备，另一方面是因为西班牙在 1599 年采用铜币，使瑞典铜矿石变得供不应求。一切都向着好的一面发展。

1617 年，瑞典和俄国签订《斯托尔博伐条约》，瑞典获得了拉多加湖周围的一片领土。同年，瑞典通过了《厄勒布鲁法规》，禁止任何瑞典人与波兰产生联系，明确了新教在瑞典的地位。这一年，瑞典开始进攻波兰。因为战事顺利，瑞典的领土成功向南扩张，国内形势也没有被战争拖累，改革得以继续推进。

古斯塔夫在瑞典国内推行的改革涉及许多方面。

在政治上，古斯塔夫在上诉法院推行“部务会议制”，它是一个由若干政府机构组成的委员会。这种改革获得了成功，以至于其他政府部门也纷纷效仿，陆续实行了现代化改制。

在宗教上，古斯塔夫改进了教会制度，使主教们能够正常履行职务。此外，他还创办了学校和神学院。

在经济上，瑞典于 1627 年采用了铜币。不过由于货币的价值仍然使用银来衡量，这就导致了一种有些令人哭笑不得的状况。因为当

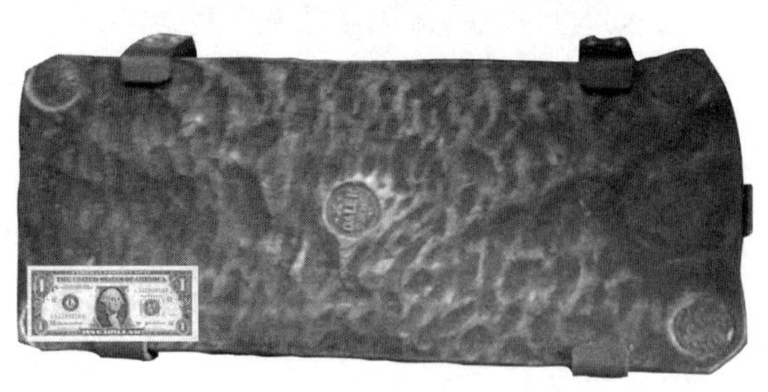

◀ 瑞典当时的大面值铜质货币

面值较大时，就要铸造一大块像是铜板的铜“币”。

不过，这样难以使用的货币，竟然推动了银行业的发展。因为货币难以携带，人们习惯前往银行兑换成银行券，银行券相当于欧洲最早的纸币。

瑞典在政治、经济大发展后，开始完成几代人未竟的梦想——组建一支完全由瑞典国民组成的陆军。虽然改革后的军队仍有大量雇佣兵，但瑞典的征兵制度得到确立。这支近代化的陆军增加了瑞典的财政开支，但为瑞典日后的扩张做出了不可磨灭的贡献，此后更带动了欧洲军制改革。

古斯塔夫的军事改革，以装备滑膛枪的线式步兵战术最为著名，这是一项划时代的军事革命。除此之外，古斯塔夫发现炮兵的射程和炮管的长度无关。虽然这是一个浅显的道理，但在当时可以算得上是一种新发现。他使用轻量化的炮兵，而瑞典工业家路易斯·德·吉尔生产的新式火炮可以在战场上移动，并且更轻，射速更快，极大地配合了瑞典炮兵。由古斯塔夫亲自率领的骑兵，也强调猛烈的冲锋而不是在原地回转射击，以摧毁敌人的阵型和斗志为第一要务。古斯塔夫的这些军事改革，使瑞典军队在此后的战争能够傲视其他欧洲军队。

瑞典与波兰的战争到了 1929 年，以瑞典与波兰签订《阿尔特马克和约》告终，瑞典最终控制了立窝尼亚和普鲁士的部分土地。用参政会主席奥辛斯塞纳的话来说：“瑞典掌握了从卡尔马起，通过立窝尼亚和普鲁士，直到但泽的所有波罗的海港口。而由于这些港口在波罗的海商业中占据重要地位，瑞典已成为欧洲政局中一个重要因素了。”

后世辅佐克里斯蒂娜女王①的约翰·阿德勒·萨尔维乌斯也表示：“其他国家发动战争，是由于富裕，而瑞典发动战争，却是因为贫穷，需要通过战争来获得财富。”

总之，瑞典在数年的征战中获得了波罗的海的贸易收益，国力变得强盛，已有能力插手欧洲大陆的事务。古斯塔夫看到了三十年战争背后蕴藏的巨大利益，于是于 1630 年 6 月，率领一支 13000 人的军队，登上了德意志的土地。

行动之初，古斯塔夫稳定了波美拉尼亚和梅克伦堡的桥头堡，使瑞典军队能够向南方富饶的德意志地区进军。然后，他一路招兵买马、扩大队伍，向德意志奔去。神圣罗马帝国天主教的统帅蒂利伯爵则向北进军，企图与北方的雄狮展开决战。

① 克里斯蒂娜（Christina，1626—1689 年），古斯塔夫二世之女，1632 年因为父王战死继承王位，成为瑞典女王，1654 年退位。

1631 年 5 月 20 日，蒂利率领的帝国军攻陷马格德堡，屠杀了 2 万余新教居民。这样的举动非但没让新教联盟妥协，反而使舆论倒向新教一方。蒂利继续向前，在梅泽堡附近安营扎寨、扫荡乡野。随后，蒂利通告萨克森选帝侯约翰·乔治：首先，他要供养帝国军队，裁减其新近招募的军队，并将军队置于蒂利的指挥下；其次，正式承认皇帝的权威，切断与瑞典人的所有联系。

对于蒂利的强势要求，约翰·乔治举棋不定，于是蒂利直接向萨克森进军了。在马格德堡，蒂利经过一番威胁后，占领了富裕的萨克森城市莱比锡。他的种种做法，将萨克森逼得倒向瑞典一方。

莱比锡的陷落让约翰·乔治别无选择，他提出与瑞典人并肩作战。古斯塔夫立刻接受了他的请求。9 月 15 日，在小镇杜本，瑞典军队与萨克森军队会合。次日，瑞典—萨克森军团从杜本行进到沃尔库。他们与莱比锡只隔着一个平坦、开阔、树木稀少的平原——布赖滕费尔德。17 日清晨，布赖滕费尔德会战爆发！

萨克森的 18000 名士兵中，有一半是缺乏训练的民兵，他们几乎无纪律地列阵在瑞典军队东面。瑞典军队拥有 15000 名步兵，他们并排成两条战线，而骑兵则集中在步兵西面。瑞典人唯一值得骄傲的便是炮兵的数十门野战炮，虽然这些火炮的口径只有 6 磅或 3 磅，但每门炮的射速却是帝国军重炮的 3 倍。

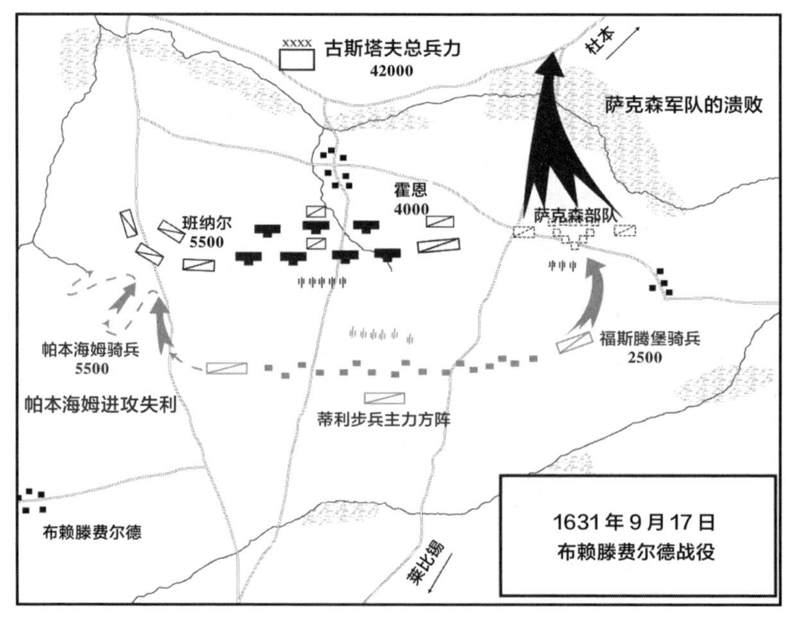

◀ *布赖滕费尔德战役中，神圣罗马帝国军进攻示意图*

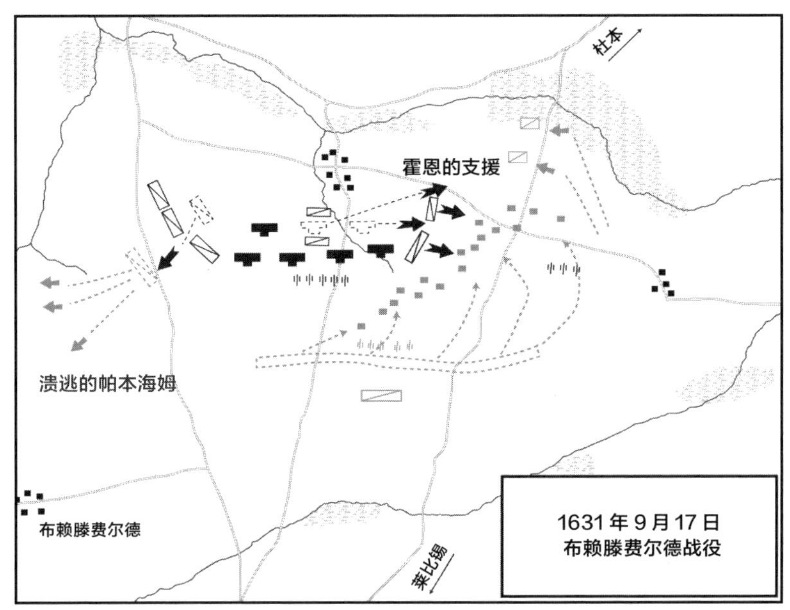

◀ *布赖滕费尔德战役中，帕本海姆败退示意图*

帝国军拥有17个1500人的方阵和26门火炮，部署在两翼的分别是帕本海姆元帅和福斯腾堡伯爵率领的帝国精锐——黑色胸甲骑兵。

在瑞典人炮击了两小时后，帝国骑兵冲向瑞典的两翼。在东面，福斯腾堡伯爵的骑兵一举击溃了组织松散的萨克森军——这是双方统帅都预料到的结果。古斯塔夫早已将霍恩元帅的预备队调去顶替。

另一侧，帕本海姆的骑兵虽然向瑞典人发起了一次次冲锋，但瑞典的炮兵已调转炮口轰击帕本海姆。于是，蒂利命令帕本海姆撤退，同时将主力压向瑞典的左翼，霍恩元帅再次陷入苦战。然而，鲁莽的帕本海姆丝毫不顾命令，顽固地向瑞典军队发起冲锋。帝国骑兵的浪潮肆虐地扑了过去，一次，两次……七次，整整七次。可瑞典军凭借火枪和长矛的配合，仍然屹立不倒。接着，矮小的瑞典骑兵发起了反击，帝国军溃退了，狼狈不堪地向西南方的哈雷逃去。

蒂利别无选择，只能背水一战。瑞典炮兵刚刚在右翼轰击帕本海姆，又凭借高超的机动性，在尚未散去的烟雾掩盖下，将炮口转向了左翼，向蒂利的方阵开火。瑞典步兵也从侧后逼近帝国军的侧翼。

瑞典的矮脚骑兵——这些被骑着高头大马的帝国骑士嘲笑的战士，与古斯塔夫一起，迅速扫平了帝国炮兵，彻底击溃了腹背受敌的帝国方阵。

这一刻，古斯塔夫，成了军事史上的伟大统帅。他用这场辉煌的胜利证明了自己创立的线式步兵与骑兵配合战术的优势，表明了线式步兵的实用性，也向世人宣告瑞典已成为能与神圣罗马帝国对抗的强大国家。战后，新教联盟纷纷倒向瑞典，将古斯塔夫视作信仰的守护者。但是，他们错了。打垮神圣罗马帝国的哈布斯堡政权，显然不是北欧雄狮的梦想。

古斯塔夫，这位伟大的征服者，并不打算收容德意志新教诸邦，他将目光投向了德意志的富饶土地。他要扩张瑞典的势力，使瑞典能够真正立足于欧洲，甚至取代哈布斯堡，成为德意志的控制者。

10 月 18 日，古斯塔夫占领维尔茨堡，推进到美因河边的法兰克福，接着行军到美因茨。经过两天的围攻，美因茨投降了。在不到三个月的时间里，古斯塔夫就征服了全部莱茵地区。他组建同盟，指派政府，迫使莱茵地区所有天主教君主都保持中立，并把西班牙部队赶回了尼德兰。他在莱茵河中游的两岸——阿尔萨斯、下巴拉丁和科隆等地都已站稳脚跟。这些成就使法国首相——红衣主教黎塞留大为不快，他对古斯塔夫征服的迅速和彻底性感到颇为震惊。红衣主教说：“必须设法阻止这个西哥特人，因为他的成功对法国和皇帝都是严重威胁。”他的这种说法并非毫无根据，因为古斯塔夫的目的明显是组成一个新教同盟，以他为领袖。这会完全毁灭帝国，而黎塞留并不想毁灭它，只想帝国不能再与法国抗衡。

由于蒂利伯爵在之后与瑞典军队的作战中重伤身亡，惊恐的哈布斯堡皇室不得不再次启用著名的佣兵王华伦斯坦，以对抗步步紧逼的古斯塔夫。

华伦斯坦的第一个目标是争取萨克森选帝侯约翰·乔治，第二个则是动摇勃兰登堡选帝侯乔治·威廉的信心。但他的两个目标都未成功。1632 年 4 月，他开始进军被萨克森人占领的波希米亚。之后，他攻占布拉格，强迫萨克森人撤退。6 月 27 日，他又与巴伐利亚选帝侯马克西米利安的部队会合，总兵力增至 6 万人。

◀ ***古斯塔夫二世在吕岑战役前祈祷的油画。“骰子已经掷下，不能放过华伦斯坦。”古斯塔夫二世在吕岑会战前一日的军事会议上，这样引用恺撒的名言***

他前进到安堡，并在纽马克与瑞典人发生了冲突。随后，古斯塔夫撤往纽伦堡。华伦斯坦跟踪追击，于 7 月 16 日到达菲尔特，在附近掘壕安营。

老练的华伦斯坦寄希望于寒冷的冬季，企图拖垮古斯塔夫。古斯塔夫却没有像华伦斯坦预计的一样原地扎营停止进攻，而是向维也纳前进，他的实际目标为萨克森，但被华伦斯坦识破。至此，双方的行动意图已经相当明显，没有再进行欺骗的余地了。

11 月 16 日清晨，瑞典军队开始进逼驻扎在吕岑的华伦斯坦，欧洲当时最伟大的两个统帅将在这里决出胜负。吕岑会战爆发了！

两军对峙的吕岑平原地势低平，其西南到东北，中间有一条莱比锡大路贯穿，这条道路的路基较高，两面都有沟渠。吕岑以东约 2 英里处有一条曲折的小溪叫米尔格拉本，它有许多地段都可以徒涉。

华伦斯坦想在纽伦堡那样，再打一场纯防御战，所以他在莱比锡大路北面不远的地方将兵力一线展开。他的右翼倚在吕岑城北一个小高地上，这里有几个磨坊，他的左翼则直达那条叫米尔格拉本的溪流。他把沿着大路的沟道掘成战壕，将火枪手配置在里面。他的兵力准确数目已不可考，可能有 25000 人，此外还有向这里驰援的帕本海姆骑兵。他把全军分为中央、右翼、左翼三部。中央部分由四个步兵大“方阵”组成，由他自己指挥。右翼由柯罗里多指挥，左翼由皮科洛米尼指挥，他们都是骑兵。华伦

▼ ***吕岑会战示意图***

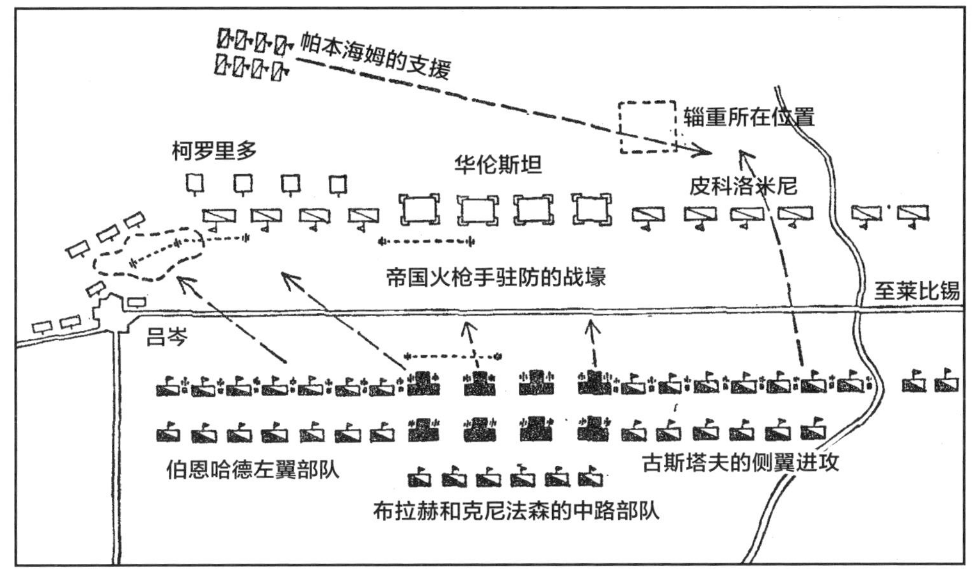

斯坦据守着吕岑城，而这个城市已被他纵火焚毁。他的火炮有 60—66 门，分为两群，一在右翼前方，一在中央右端前方。

古斯塔夫于拂晓时分开始进攻吕岑城，但在约 8 点钟的时候，天空突然起了浓雾，进攻被迫终止。古斯塔夫趁机向部下训话。他的目的是切断华伦斯坦与莱比锡的联系，这不仅可以让华伦斯坦丧失基地，而且还可以使约翰·乔治自由使用这条道路，这支部队是他昼夜盼望的援军。古斯塔夫的总兵力可能为 18000 人。瑞典人中央两线的兵力是 4 个旅的步兵，分别由布拉赫伯爵和克尼法森指挥。两翼为骑兵，队形与布赖滕费尔德会战时相同。古斯塔夫指挥右翼，伯恩哈德指挥左翼，在中央后方只有一支骑兵预备队，由欧姆上校指挥。瑞典步兵前方摆了 26 门重炮，40 门团属火炮则分布在火枪手前面。

浓雾一直覆盖着战场。10 点左右，浓雾散去。古斯塔夫率领右翼骑兵发起突击，随后是左翼骑兵和线式步兵的进攻。此时，神圣罗马帝国的帕本海姆率领 3000 名骑兵赶到，立即向古斯塔夫率领的骑兵冲杀过来。华伦斯坦目睹了帕本海姆的勇猛，高呼道："这就是我的帕本海姆！"

不过，两翼的瑞典骑兵还是击垮了帝国军的防御，并在混战中杀死了火速驰援的帕本海姆，只是亲自冲锋的古斯塔夫也负了伤。紧接着，瑞典中央阵地的步兵被帝国军击退，古斯塔夫只得率部驰援步兵。这时，浓雾又笼罩了一切，古斯塔夫在浓雾中与帝国的骑兵相遇并不幸战死。

瑞典人的右翼停止了进攻，古斯塔夫的死讯迅速传开，但这没有让瑞典人退却一步。左翼军统帅——萨克森—魏玛的伯恩哈德立即接过指挥权，瑞典军发起了猛烈的攻势，准备为国王复仇。黄昏时分，帝国军的中央炮位失守，华伦斯坦全军撤退。对华伦斯坦来说，这不算一次失败，因为它断送了北欧雄狮的梦想。但一心想实现和平的他开始遭到宫廷的猜忌，兔死狗烹。1634 年 2 月，他被杀害。

此后，即使神圣罗马帝国在纳德林根会战中重新控制了南部德意志，并与瑞典签订了《布拉格和约》，但虎视已久的法兰西与瑞典联手，连续在罗克鲁瓦和约考赢得了两次光荣的胜利。

霸权之争

古斯塔夫的征程结束了，但瑞典的争霸之路仍在继续。亚塞尔·奥辛斯塞纳继续了古斯塔夫未竟的事业。他 23 岁成为瑞典外交官，28 岁成为瑞典参政会主席。1626 年，

▶ *亚塞尔·奥辛斯塞纳画像*

37 岁的他成为普鲁士总督。

从古斯塔夫·阿道夫登位的那一年起，奥辛斯塞纳就一直主管国内政治。当古斯塔夫率领军队四处征战时，奥辛斯塞纳则致力于外交斡旋，使瑞典能够与波罗的海诸国保持和平。

吕岑会战前，奥辛斯塞纳正在为古斯塔夫准备一支援军，但当他率军赶到时，却得到了国王的死讯。当时，他肩上担负的是整个瑞典的命运。

古斯塔夫仅有一名幼女，即 6 岁的克里斯蒂娜，所以怎样在她成年之前领导政府，成了瑞典首先要面对的问题。

在奥辛斯塞纳的提议下，古斯塔夫生前所设的五个部门——高等法院、大法院、陆军部、海军部、财政部的最高首脑组成了摄政会议。陆军和海军的首脑确定后，高等法院院长和财政部部长交由奥辛斯塞纳的哥哥和堂弟担任。这使奥辛斯塞纳能够完全掌控参政会的权力。

这样的贵族政治虽然在国内不受欢迎，但反对者也没有强有力的力量。因此，奥辛斯塞纳的新宪法获得了通过。而贵族政治在瑞典的兴起，和古斯塔夫在世时对贵族宽容的政策是分不开的。

接下来，奥辛斯塞纳的目标是尽快结束在德意志的战事。当时，瑞典在诺德林根被帝国军击败，而与波兰的停战协定马上就要到期。瑞典国内停战呼声高涨，人们已经厌倦了战争。但奥辛斯塞纳不能就此罢休，他要充分利用瑞典军人、国王古斯塔夫用生命换来的胜利。

“我不愿我的国家在牺牲声誉、尊荣、利益、友谊和其他一切的情况下摆脱战争。”奥辛斯塞纳在古斯塔夫死后，面对国内要求迅速停战的呼声时如是说。并且，他在阐释自己的战争政策时持相同观点。

1636 年秋，班纳尔元帅，古斯塔夫最优秀的追随者，成功在韦特斯托克击溃了奥地利和萨克森联军，但他不久就去世了，没有机会继续一展才能。所幸托尔斯滕森，这名在布赖滕费尔德扬名的炮兵指挥官，也保持了古斯塔夫时代的风格。瑞典军队的纪律和风气在国王死后几乎消失，唯独他的部队纪律严明。

1643 年，托尔斯滕森和霍恩从陆路向丹麦发起进攻，丹麦苦心经营的舰队成了摆设，瑞典与丹麦在波罗的海长时间的争夺终结。瑞典得到了波罗的海的霸权，丹麦割让果特兰岛和奥塞尔岛，失去了对波罗的海的控制权。

这时，克里斯蒂娜已成为瑞典的女王。面对刚刚移交权力的摄政贵族们，尤其是奥辛斯塞纳家族，年仅 18 岁的克里斯蒂娜怎样才能让帝国走向繁荣？

1626 年 12 月 8 日，克里斯蒂娜生于斯德哥尔摩。她出生之前，古斯塔夫的两个女儿都已夭折，其中一个也叫克里斯蒂娜。所以，玛利亚·伊丽欧诺拉王后怀有第三胎时，举国都十分期待。她诞下孩子时，王宫充满了欢呼声。由于克里斯蒂娜出生时长满毛发，且哭声雄亮，接生的人误认为她是男孩。克里斯蒂娜在自传中这样说道："在场的女士发现这错误时，都感到万分尴尬。"国王却十分欢喜地说道："她捉弄了我们所有人！"

古斯塔夫对克里斯蒂娜寄予厚望，将她当王子抚养。在率兵登陆德意志之前，国王申明若自己不能回国，克里斯蒂娜将成为王位继承人，由她的姑母卡塔丽娜照顾。克里斯蒂娜的母亲由于霍亨佐伦家族的传统和无常的脾气，不能接受古斯塔夫把女儿当男孩，所以对她十分冷漠。这可能是古斯塔夫决定让卡塔丽娜抚养女儿的原因。

1632 年，仅仅 6 岁的克里斯蒂娜接到了父王的死讯，平时很少流泪的她痛哭了整整三天。根据古斯塔夫的遗愿，克里斯蒂娜应该立即即位，由姑母来照顾，但她的母亲一改常态强烈要求抚养克里斯蒂娜。可是，奥辛斯塞纳拒绝了她的请求，将她放逐至格里普斯科尔摩城堡。这样，克里斯蒂娜与姑母一家度过了童年，直至 1639 年卡塔丽娜去世。

神学家约翰内斯·马蒂亚·哥图斯教授克里斯蒂娜宗教、哲学、希腊语和拉丁语，参政会主席奥辛斯塞纳教她政治。她在各方面的天赋令人惊叹，而且还擅长与各界名流交往。1645 年，法国大使皮埃尔·赫克托·沙纽来到斯德哥尔摩时曾惊叹："她的法语（说得那么好），就像是在卢浮宫出生的！"曾在丹麦国王克里斯蒂安四世之女莉奥诺拉·克里丝蒂的宫廷中担任医生的奥托·斯伯林，于 1653 年冬在瑞典拜见过克里斯蒂娜。在意大利生活过四年的斯伯林用意大利语与年轻的女王交谈，称赞她虽然从未到过意大利，意大利语却说得跟当地人没两样。而奥辛斯塞纳在女王 14 岁时，这样评价道："女王陛下不像一个女流之辈，她有胆略、有见识，所以她要是不被人诱坏的话，她将像我们期望的那样完美。"

克里斯蒂娜在进行学术研究的同时，没有忘记自己作为一国君主的职责。她反感贵族任意摆布王室，但作为一个毫无执政经验的女王，在王室缺乏直系继承人时，最好的出路就是结婚。虽然和表兄卡尔结婚是一个比较好的选择，但女王自己却厌恶婚姻。得知表兄卡尔对自己有意，克里斯蒂娜于 1648 年任命卡尔为瑞典陆军总司令，并在 1649 年公告立卡尔为王位继承人，表明自己没有结婚的意愿。此举受到以奥辛斯塞纳为首的贵族反对，但其余国民都十分赞同。

此后，奥辛斯塞纳发现，克里斯蒂娜的政见与自己完全不同。他本人赞同继续战争，而女王却支持和平。事实上，瑞典国民已无力负担长期战争带来的沉重赋税，特别是在粮食歉收的情况下。但不管怎样，凭借托尔斯滕森在后期的辉煌胜利，瑞典的地位得以继续提升。并且，托尔斯滕森的继任者兰耶尔率军与法兰西组成联军，接连在楚斯马尔斯豪森和朗斯取得胜利。1648 年，瑞典将领柯尼斯马克率领军队劫掠了布拉格的西岸市区。最后，瑞典人在查理大桥上遭到了帝国军和市民的抵抗，到战争结束也未能攻破大桥，被迫撤军，但收获颇丰。以上这些胜利让瑞典获得了大量收益。

1648 年，《威斯特伐利亚和约》的签订结束了德意志的三十年战争。瑞典作为欧洲新的霸主，获得了西波美拉尼亚地区和维斯马城、不莱梅—韦尔登两个教区。这使瑞典向波罗的海霸权迈出了一大步。

当时，一个重要的问题摆在了瑞典面前，是继续靠战争获得领土和财富，还是接受和平？瑞典贵族在战争中得到了大量利益，自然会热烈支持再战，但瑞典农民们可不这么想。

在瑞典，农民拥有很多自治权，没有出现过农奴制度。但只有直接向王室纳税的农民才拥有完全的自治权。当时，瑞典国内赋税日渐沉重，成片的土地被赏赐给贵族。这是古斯塔夫和克里斯蒂娜处理政治矛盾的有效方式，贵族有权向农民征收捐税，所以贵族土地上的农民经常遭受残酷的压榨。

女王克里斯蒂娜面对国内王室土地大量转让的现象，几乎没有采取任何措施，而是将其当作政治筹码：利用各阶层的分裂完成自己的政治目的。这样的不作为，必然会导致冲突的爆发。

1650 年，在粮食数年歉收后，瑞典的财政困窘暴露无遗。人们要求王室收回土地的呼声愈发强烈，甚至爆发了一次叛乱。但克里斯蒂娜仍将重心放在她的政治目的上，她利用自己的威望让表兄卡尔成为世袭亲王，而对下层民众的呼声，只给出了笼统而敷衍的保证。

▶ ***正在讨论的克里斯蒂娜女王（中）与笛卡尔（右）***

尽管财政困窘，但瑞典王室的生活反而比以前更加奢华。作为一个新生强国，瑞典第一次有了与欧洲老牌强国同步的宫廷生活。宫廷娱乐和酒宴，是1650年后瑞典宫廷的主要内容。但女王的心思却不在于此，她做了一个大胆的决定——逊位。

克里斯蒂娜年幼时，她的教师约翰·马赛阿是一位对待宗教十分温和而宽容的人。女王后来赏识的外交家皮尔·强努特和哲学家笛卡儿，是法国天主教徒。受他们的熏染，女王在逊位之前已皈依天主教。根据瑞典法律，背离国教的人不允许保有瑞典王位，于是她在宗教和国家之间选了前者。这时，人们终于明白女王扶卡尔登上王位的原因了。

1654年，克里斯蒂娜女王正式退位，她的表兄以卡尔十世[①]的尊号登位。早年，卡尔十世在奥辛斯塞纳家族过着寄人篱下的生活，理解贵族和平民的矛盾，并将此视作国内穷困问题的根源。1655年的一次议会中，卡尔十世为王室收回了保证行政所需的土地，废除了土地赠与制度，而且向贵族征收四分之一的土地税。这个方案激起了上层贵族和中下层贵族之间的矛盾，同时也让过去的旧冲突白热化，但这些矛盾又一次被搁置了，因为波兰爆发了赫梅利尼茨基起义。

当时，俄国与起义的哥萨克结盟，波兰—立陶宛联邦节节溃败。对于这种乱局，瑞典作为欧洲大国，自然不会坐视不管。

卡尔十世，职业军人出身，曾在1642年随托尔斯腾森元帅在布赖滕费尔德征战沙场。现在，他准备趁机进攻波兰，在波兰的背后狠狠插上一刀。1655年7月10日，卡尔十世率领50000人和50艘军舰进入波兰。波兹南省长立刻投降，将大波兰地区送给瑞典。随后，整个波兰几乎望风而降，波兰国王约翰·卡齐米日也逃到西里西亚。卡尔十世顺势一举夺取华沙。但瑞典军队在围攻亚斯纳古拉修道院时被击退，同时，波兰人民开始自发反抗瑞典，组成了支持流亡国王的联盟。

① 卡尔十世（Karl X，1622—1660年），瑞典国王（1654—1660年）。

波兰人民的游击战让瑞典人头疼不已。1656 年，波兰人奇袭并夺回了华沙，卡尔十世只得调走主力，在维斯瓦河东岸与波兰军队展开战斗。瑞典步兵凭借顽强的战斗纪律顶住了波兰翼骑兵的猛烈冲锋，迫使波军撤退，但没能消灭波兰主力，而卡尔十世则在战斗中被刺成重伤。

瑞典虽然在波兰取得了一连串胜利，但已不可能压制得住波兰人民的抵抗。此外，俄国、神圣罗马帝国和丹麦相继对瑞典宣战，卡尔十世不得不放弃波兰。眼见瑞典即将被孤立，卡尔十世做出了进攻丹麦的大胆决定，尽管这个计划看起来不那么可行。

瑞典军队仅用两个月便拿下了日德兰半岛，但绰号“大选侯”的普鲁士国王腓特烈·威廉背叛了瑞典。随后，丹麦也在哈兰取得胜利，瑞典的海军慑于荷兰的威胁不敢接近丹麦。这样一来，瑞典军队的补给便中断了。

▼ ***瑞典帝国极盛时期的版图***

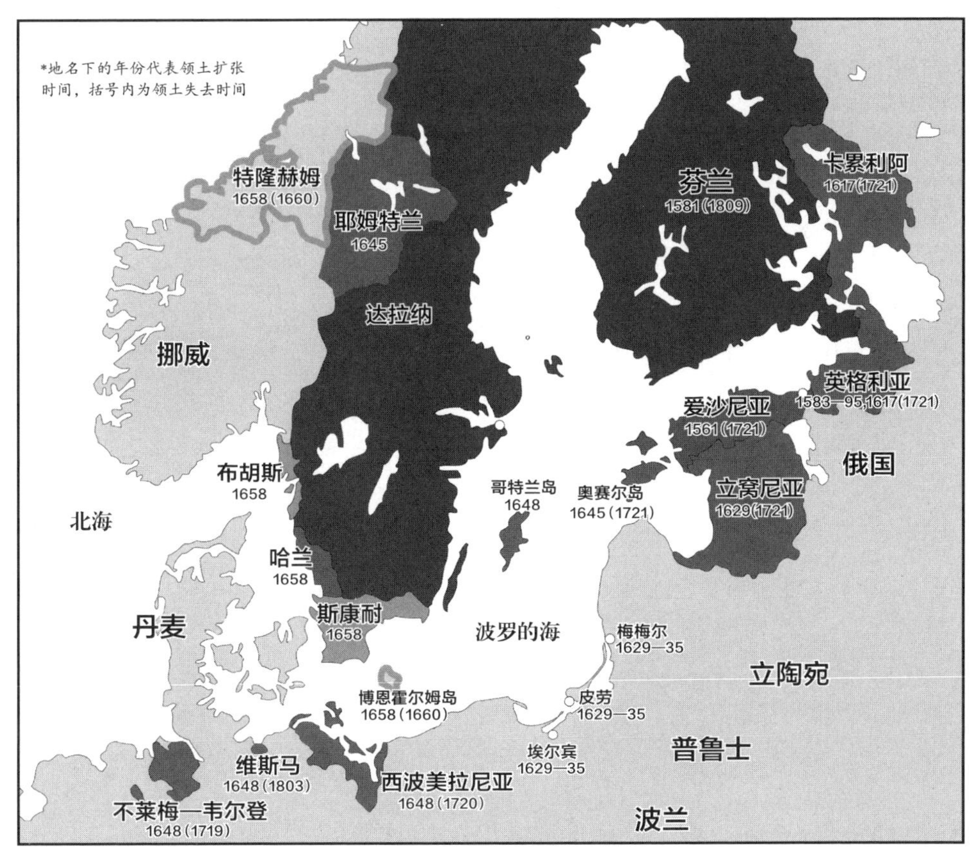

但瑞典军队仍在坚持战斗。1658 年 2 月初，瑞典军在严寒中通过封冻的小贝尔特海峡，抵达锡兰岛，迫使丹麦签订和约。通过和约，瑞典夺取了斯康耐的一些地区以及博恩霍尔姆岛、博胡斯伦和特隆赫姆。这样，瑞典的波罗的海势力就连成了一片，它一方面为进入德意志地区提供跳板，另一方面也可以使瑞典控制波罗的海的出口。加上荷尔斯泰因—戈托普的独立，瑞典开始包围丹麦，但此举威胁到了荷兰的海上贸易。

虽然瑞典和丹麦已经签订和约，但卡尔十世却执意撕毁它，继续和丹麦作战。他打算将丹麦的领土全部并入瑞典，甚至想推平哥本哈根要塞。如此，瑞典将彻底控制斯堪的纳维亚半岛，挪威将臣服于瑞典，丹麦也将成为瑞典的省份。届时，瑞典将雄踞欧洲，独自坐拥波罗的海巨大的利益。这正是百余年前丹麦国王克里斯蒂二世想实现的统一的斯堪的纳维亚王国。

1658 年 7 月，卡尔十世率军从基尔出发，不宣而战，进军丹麦的锡兰半岛。但卡尔十世对丹麦的入侵并不是一帆风顺的。1659 年，荷兰舰队开始支援丹麦，将舰船开进了松德海峡。在瑞典的后方，日德兰半岛也被勃兰登堡公国攻下。卡尔十世围困哥本哈根 6 个月后，试图依靠一次突袭攻入城中。

1659 年 2 月 10 日午夜，瑞典军队开始猛攻，丹麦守城部队与自发武装起来的平民依靠城墙，准备了一切可用来防御的武器：火枪、长矛、钉头锤、镰刀、煮沸的开水和沥青，以及大块儿的冰。瑞典人虽然攻上了城墙，但伤亡惨重，丹麦的守城军民几乎没有什么损失。最后，丢下几百具尸体的卡尔十世于次日凌晨率军仓皇撤退。也许是由于进攻失利，卡尔十世突然一病不起，于 1660 年 2 月 13 日凌晨撒手人寰了。

当时指定的继承人，卡尔十世之子卡尔十一世①只有 5 岁。在 17 世纪，这已是瑞典第三次面临组建临时摄政院的难题了。1672 年，为了结束外交上被孤立的状态，摄政院决定与法国缔结联盟。同年，法国对荷兰宣战，瑞典不情愿地卷入了这场欧洲大战。

1675 年，瑞典军长途驰援勃兰登堡附近的法军。在费尔贝林，瑞典军队惨败于勃兰登堡—普鲁士军队，率领普军的正是之前反对瑞典的“大选侯”腓特烈·威廉。此战是瑞典军队自古斯塔夫二世以来的第一次大败。同年，丹麦趁机对瑞典宣战，企图夺回瑞典在 1658 年抢走的斯康耐省。

① 卡尔十一世（Karl XI，1655—1697 年），瑞典国王（1660—1697 年）。

▲ ***哈尔姆斯塔德会战***

当时，瑞典两面受敌，而年轻的国王卡尔十一世看上去又令瑞典人感到不那么放心。意大利作家洛伦佐·马加洛蒂伯爵曾经游历至瑞典，他在著作《1674 年的瑞典》中评价当时的卡尔十一世："对一切都感到恐惧，难以和外国人交流，甚至不敢正视任何人。"

雪上加霜的是，瑞典海军完全不是丹麦海军的对手，丹麦海军在博恩霍尔姆、厄兰、默恩和克厄湾赢得四次海战后，彻底取得了制海权。夺取制海权的丹麦军队于 1676 年 6 月登陆赫尔辛堡。8 月，丹麦将军雅克比·邓肯率领一支 4000 人的部队围攻哈尔姆斯塔德，期望与北面的挪威军队会合。8 月 17 日，邓肯发现了前来支援的瑞典军队的先头部队，却不知道后面是瑞典军主力，于是贸然决定调头将这些部队歼灭。

对面的瑞典军队统帅，就是年轻的瑞典国王卡尔十一世。看起来不怎么可靠的卡尔十一世却拥有不逊于祖辈的果敢和勇气。他先派出一支小分队拆掉了邓肯撤退时必须通过的桥梁，然后前去迎击。邓肯的部队经过费林河上的一座桥梁时，卡尔十一世的主力部队已经在河对面监视着他们的一举一动了。邓肯命令部队继续过桥前进，此时，他犯了兵家大忌，他将背水一战。

▲ ***隆德会战中的卡尔十一世***

邓肯的部队全部过了桥，在立足未稳、阵型散乱时，卡尔十一世率领他的骑兵部队冲杀过去，击溃了丹麦军队的侧翼。不到一个小时，瑞典人就利落地结束了战斗，无路可退的丹麦士兵大多成了俘虏。之后，双方没有再爆发大规模战役，直到12月4日。

12月4日，卡尔十一世发动了隆德会战。战役一开始，卡尔十一世就率领骑兵追杀丹麦的侧翼部队，将其逐出战场。战线中部的丹麦国王自恃兵力雄厚，向瑞典阵地发起了总攻。在瑞典军队即将溃败时，卡尔十一世正好率骑兵赶回，直击丹麦大军的背部，扭转了战局。双方在这场战役中各自折损近一半兵力，以致隆德会战被称为斯堪的纳维亚战争史上最凶残的一场血战。通过此役，瑞典重新夺回了斯康耐，作为统帅的国王卡尔十一世也为自己赢得了威名。

法国的“太阳王”路易十四在赢得了法荷战争的胜利后，基于和瑞典的同盟关系，在1679年《圣日耳曼昂莱条约》签订过程中，坚持要求不割让瑞典领土。虽然这个要求由于勃兰登堡极力反对而作罢，但由于法国的庇护，瑞典仅将波美拉尼亚的一小块土地割让给了勃兰登堡。接下来，法国乘胜向丹麦施压。于是在《枫丹白露条约》中，丹麦归还了侵占瑞典的所有土地。

战事结束后，卡尔十一世开始着手整顿国内政治。他将贵族和地主手中本属于王室的土地收回，王室得到了全国35%的土地权，而这些资产被用来支付陆军军费，以及重建遭受重创的海军。通过这些改革，卡尔十一世能够在保持财政稳定的情况下减免其他阶层的税收。这样，瑞典又经历了近20年的和平。在此期间，以铸铁业为主的手工业迅速发展。虽然贵族阶层的利益因此大大受损，可他们对此却无能为力。

卡尔十一世在位末期，瑞典王室的统治基础已根深蒂固，贵族的权力和地位被大大削弱。一个名为约翰·加布雷尔·奥辛斯塞纳的贵族写道："但愿伟大的王室经济学家卡尔十一世遭受天谴。他从我祖父手里夺走了五个庄园。愿上帝别让他在世界末日走进有福者的行列，因为如果是那样的话，我们就只会有手织的麻布，不会再有我们应穿的洁白如雪的衣服，只会有杜松的细枝，不会再有原来说好的棕榈长枝。为了撙节，万能之神也将被他抛弃。"

大北方战争

1697 年 4 月 5 日，卡尔十一世逝世，终年 41 岁。他的继承人是时年 15 岁的卡尔十二世①。年轻的瑞典国王卡尔十二世即位后，瑞典对丹麦贯彻了半个世纪的包围政策以及在波罗的海的统治权受到了挑战。刚刚登基的波兰国王"铁腕"奥古斯都与从瑞典逃亡到波兰的立窝尼亚贵族帕特库尔联合起来，企图夺取立窝尼亚。远在俄国，同样刚刚登位的彼得大帝也开始觊觎瑞典控制的波罗的海。

在帕特库尔的斡旋下，丹麦、波兰、俄国进行了多次谈判，渐渐形成了一个与瑞典对抗的五国同盟②。彼得大帝终止了与奥斯曼土耳其的战争，将军队调回北方。丹麦于 1699 年摧毁了瑞典的亲密盟友荷尔斯泰因—戈托普的外围据点。之后卡尔十二世率领瑞典军队进驻荷尔斯泰因—戈托普准备对抗丹麦。战争一触即发。

不过此时，俄国和波兰仍都在向瑞典政府示好。但他们的示好只是为了掩护针对瑞典的备战行动。也是在 1699 年，奥古斯都、彼得大帝和丹麦国王弗雷德里克四世制定了共同进攻瑞典的计划。此时，瑞典正面临被包围的危机，强大的波罗的海帝国即将迎来暴风雨的考验。

1700 年 2 月，五国同盟夺取立窝尼亚的计划开始实施。首先是奥古斯都的萨克森军队不宣而战，袭击了立窝尼亚的里加，但未能成功。3 月，丹麦发动了对荷尔斯泰因—戈托普的战争。在英国和荷兰的海军援助下，卡尔十二世率领瑞典军队登上了锡兰半岛，采取类似"围魏救赵"的手段，直逼丹麦首都哥本哈根，逼迫丹麦签订和约。

① 卡尔十二世（Karl XII，1682—1718 年），瑞典国王（1697—1718 年）。
② 当时，波兰国王奥古斯都身兼萨克森选帝侯，丹麦国王弗雷德里克四世同时也是挪威国王。

丹麦国王——卡尔十二世的表兄弗雷德里克四世被废黜。同盟看似暂时被瓦解，但事实上，这次战争只是“大北方战争”一系列战火的序幕。

同年秋季，卡尔十二世准备解除来自波兰的威胁。但此时彼得大帝率领 4 万俄军入侵了英耶曼兰，包围了该地区的中心城市纳尔瓦。卡尔十二世只能搁置对波兰的战事，在立窝尼亚采取守势，抽出军队迎击俄军。

11 月，卡尔十二世和卡尔·古斯塔夫·伦斯彻尔德中将率领 1 万人左右的军队在波罗的海沿岸登陆，向纳尔瓦进军。伟大的卡尔十一世国王留下的是一个强盛的国家和一支新锐军队，而卡尔十二世——这名刚满 18 岁的瑞典国王，将把目光指向了东方。今天矗立于斯德哥尔摩的卡尔十二世铜像，右手执剑，左手遥指东方的敌人——遥远广袤的沙皇俄国。

这一天无疑是他生命的一个转折点，因为他在这一天看出他能做得最好的，而且最喜欢做的事是指挥军队作战。——《瑞典史》

卡尔国王，年轻的英雄，
伫立在战场的硝烟中。
他拔出腰间的长剑，
在战火中大步向前。
“随我前进，让他们瞧瞧，
瑞典的钢铁多么强！
俄国佬，滚到一旁！
蓝衣军，万夫莫当！”
——瑞典诗人埃萨亚斯·泰格纳尔为卡尔十二世写的诗

◀ ***卡尔十二世铜像***

▶ 纳尔瓦战役示意图

俄军为了抵御前来解围的瑞典军队，在纳尔瓦城外沿着防线修筑了一列长长的堡垒、壕沟和工事。彼得大帝自信能击败瑞典人的进攻，他甚至认为瑞典人不会进攻拥有 4 倍人数优势且拥有防御工事的俄军。虽然自己军队的素质不如瑞典军队，但彼得大帝完全相信麾下富有经验的将领能够抵御瑞典人的进攻。于是，他离开了纳尔瓦。但他的对手，卡尔十二世和 8000 名瑞典士兵决定发动进攻。

大约在 11 月 30 日，卡尔十二世的进攻开始了。当时，战场上肆虐着暴风雪，瑞典人只能暂缓进攻。在接近中午的时候，风将暴风雪引向了俄军一边，猛烈的风暴让俄军睁不开眼。这时，年轻的卡尔十二世就像他的先辈，古斯塔夫二世在吕岑一样，立即发起了决定性的进攻。瑞典的主力步兵分两队集中攻击俄军防线，2000 名骑兵紧随其后。瑞典步兵在暴风雪的掩护下成功将防线分割为三段，包围了俄军。在肉搏战中，俄军被击溃，两翼向后方的纳尔瓦河逃窜。就在俄军争相过桥时，桥梁突然坍塌，士兵顿时乱作一团，而此时瑞典的骑兵又追了上来，抓到了这群现成的俘虏。

纳尔瓦一战中，瑞典军队俘虏了比自身部队人数多得多的俄军。由于不能控制过多的俘虏，卡尔十二世释放了除军官外的战俘。此外，瑞典军队还收缴了俄军全部的火炮和补给。这一战几乎消耗了俄国全部的兵力，以至于当时的俄国，甚至无力抵抗任何一支军队的入侵。

于是，多国联盟进攻瑞典的计划，因瑞典的两次胜利而完全破产。

对瑞典来说，这一战使欧洲对瑞典的重视度大大提升。当时欧洲的另一场战争正在酝酿。觊觎西班牙王位的法兰西、英格兰和荷兰都渴望争取到瑞典成为同盟国。因此，瑞典掌握着主动权，可以选择继续或停止对俄战争，抑或是完成之前进攻波兰的计划。

最终，卡尔十二世选择向波兰进军。1701 年夏，他率领瑞典军队进驻里加，在

▲ ***里加之战***

杜伊那河与波兰国王奥古斯都的军队隔岸对峙。很快，他就做好了渡河准备。

7 月 19 日，瑞典军队的近 200 艘船在黑夜中出发了，由 6600 名步兵、500 余名骑兵和一些火炮组成的第一波攻击部队渡过了杜伊那河。其余的瑞典炮兵在里加向对岸倾泻火力。除了舰艇和陆地火炮的支援外，瑞典人还点燃了一些小型船只用来照明，引导登陆。最先上岸的瑞典军队对岸边的萨克森人营地发动了奇袭，但瑞典军因缺乏组织，进攻受挫。于是，卡尔十二世亲自上岸激励军队进攻，一举清除了岸边的萨克森军队，稳固了桥头堡。

当瑞典军队后续的 3000 人陆续登陆后，萨克森人终于发起了反击。滩头的瑞典军队死战不退，硬是击退了萨克森军。之后，萨克森的帕库将军与史丹努将军接连发起两次反击，企图在瑞典人得到更多支援前击退他们，但均未成功。最后，史丹努将军决定撤退，他进行了最后一次用来掩护主力撤退的进攻。之后，瑞典控制了杜伊那河，卡尔十二世和奥古斯都决一死战的时刻就要到来了。

但这时出现了一个新问题，奥古斯都在和瑞典的战争中，一直都是以萨克森选侯的身份出场，瑞典如果进攻波兰，就要受到国际法的约束，而且瑞典和波兰的关系一直都很和睦。

于是，卡尔十二世想出了一个办法：只要波兰废黜奥古斯都，他就罢手。波兰人表示拒不废黜奥古斯都后，卡尔十二世开始进攻波兰。波兰与萨克森则共同抵御瑞典。

▶ ***克里斯佐夫战役示意图***

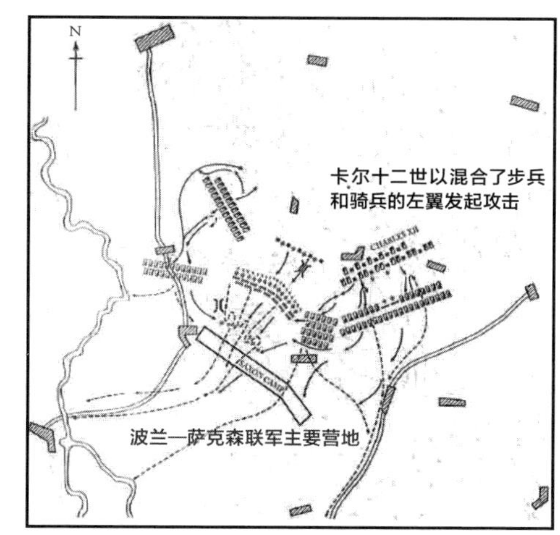

1702年7月19日，在凯尔采南部的克里斯佐夫，卡尔十二世的8000步兵和4000骑兵，与波兰—萨克森联军遭遇。波兰人拥有6600名左右的骑兵和600余名步兵，萨克森拥有7500名步兵和9000名骑兵，总兵力是瑞典军的两倍。

卡尔十二世计划从两翼包抄敌军侧翼，于是将步兵加强到自己的两翼。14点，瑞典的骑兵在卡尔十二世的表兄荷尔斯泰因—戈托普公爵的带领下发动了攻击。但公爵后来被火炮击中，不幸战死，进攻受挫。

之后，波兰和萨克森的军队分别发起了反击。瑞典军队击退了波兰的反击，并使萨克森骑兵逃离战场。瑞典骑兵趁机袭击萨克森暴露的侧翼，但被占有人数优势的萨克森骑兵缠住。

波兰和萨克森的反击结束后，卡尔十二世带领一支部队从左翼只用了半小时就杀进了萨克森军队的营地。他们将奥古斯都的步兵赶入沼泽，随后又占领了萨克森的炮兵阵地。面对瑞典军队的包围，萨克森的舒伦堡将军苦战不止，最终带领主力部队成功撤退。此战，瑞典人取得了胜利，但奥古斯都仍统治着波兰。

卡尔十二世继续进军，他围攻了波兰的梭尔恩要塞，俘虏了将近5000名萨克森士兵。此后，奥古斯都逃往萨克森。卡尔十二世如果选择继续追击，就不可避免地要穿过神圣罗马帝国的领土。于是，他一边陈兵西里西亚，做出进攻的态势；一边鼓动波兰贵族分裂，反抗奥古斯都的统治。1704年，在卡尔十二世的怂恿和威胁下，一部分波兰贵族成立了“联合会”，脱离了奥古斯都的统治，他们推举波兹南贵族斯坦尼斯瓦夫为新国王。此后，瑞典为波兰提供大量的贸易支持，同时，波兰和俄国的矛盾开始显露。结果，瑞典和波兰成为盟友，共同对抗沙皇俄国。

卡尔十二世在会战中经常使用步兵和炮兵联合突进的战术。瑞典炮兵常常在射击后即刻向前推进，以便进行第二次抵近射击。向前推进不仅增加了精度，还可以避免步兵阻挡炮兵的射界。瑞典步兵分为六排，前两排和后两排是火枪兵，中间两排是长矛兵。瑞典步兵喜欢在敌人开火后才开始快速冲锋。前两排“在看清敌人眼白的地方”

▲ *模型展示的卡尔十二世时期瑞典步兵的六排阵型*

才开火，之后继续冲锋；后两排则在更近的地方才开火，以形成如屠杀般的密集火力。最后是全队的猛烈冲锋，一举击垮敌人。防御时，中间的两排长矛兵，特别适合抵御敌人的骑兵，布赖滕费尔德之战就证明了他们的价值。长矛兵在冲锋时威力强大，可以吓退使用刺刀和短剑的任何敌人。

1706 年，瑞典终于开始进攻萨克森。瑞典的伦斯彻尔德元帅在弗劳施塔特（今波兰弗斯霍瓦）取得了一次辉煌胜利，证明了瑞典骑兵的强大战斗力。他率领的瑞典骑兵在和萨克森—俄国联军的战斗中占尽上风。元帅通过迅速包抄两翼，配合步兵歼灭了兵力是己方两倍的敌军。萨克森—俄国联军的士兵有一半被俘，7000 多名被杀，其中有些是在投降后被屠杀的。逃亡的奥古斯都被迫签订和约，从此波兰对瑞典再无威胁。这时，卡尔十二世拒绝了西班牙王位继承战争中，法兰西和反法同盟分别发出的与瑞典结盟的请求。很显然，他对欧洲战事不感兴趣。而且，在卡尔十二世对奥古斯都穷追猛打之时，俄国卷土重来了。彼得大帝夺下了纳尔瓦，并屠杀了当地的瑞典居民，此后更占领了纳尔瓦以西的瑞典领土。彼得大帝还在涅瓦河口建立了喀朗施塔得要塞和一座以自己名字命名的城市——圣彼得堡。

1706 年春，瑞典高层在商讨下一步行动时，有人主张保存瑞典的实力，只以收复被俄国占领的失地为作战目标。但卡尔十二世决定一剑刺向沙皇俄国的心脏——莫斯科。

卡尔十二世对波兰赢得胜利之后，立刻扶持了斯坦尼斯瓦夫为波兰国王，并且将一部分部队驻扎在波兰，协助斯坦尼斯瓦夫抵抗俄国。他本人则计划率军向北沿着一条便捷的道路直扑莫斯科。瑞典的雷文豪普特将军则从里加向南，准备和卡尔十二世的军队会合。

1708 年 1 月 1 日，经过近两年的布局和准备，卡尔十二世率领着 45000 人的大军向俄国发起了进攻。

6 月底，卡尔十二世率领军队在霍洛夫津准备渡河，他将与有己方两倍兵力的俄军交战。由于下雨，瑞典军队准备的皮制浮桥进水后变得沉重，携带困难，于是他们挑选了河段的一处浅滩过河。28 日午夜时分，瑞典步兵利用黑夜的掩护，踩着草垫开始在浅滩渡河，骑兵随后跟进。29 日凌晨 2 点，炮兵开始轰击俄国阵地，俄国的雷普宁将军发现了正在渡河的瑞典步兵，立即命令步兵阻击，同时向两翼的俄军将领戈尔茨和谢尔米帖夫求援。河两岸的滩涂非常泥泞，瑞典的步兵渡河之后，还要在泥沼中缓慢前行。如果此时他能够组织兵力反击陷在泥沼里的瑞典步兵，这无疑是击退卡尔十二世大军的最佳机会。但是在夜幕中，他的指挥变得一团糟。结果在这个间隙中，瑞典的步兵从泥沼中解脱出来，于是雷普宁只能向后方退却。正在瑞典步兵分散进攻时，俄军戈尔茨的龙骑兵从侧翼向瑞典步兵发起了冲击。幸而在工程兵的帮助下，伦斯彻尔德率领的瑞典骑兵顺利通过沼泽，及时截住了戈尔茨，并将其击垮。姗姗来迟的谢尔米帖夫右翼部队，在目睹俄军的溃败后，只能选择撤退。

卡尔十二世的胜利，打开了通往斯摩棱斯克的大门。只要他通过斯摩棱斯克，就可以直捣莫斯科，实现他之前所说的“我要在莫斯科收拾沙皇”。

但俄国人随后实施的焦土政策使卡尔十二世的部队难以获得补给。本来雷文豪普特将军携带了大量物资补给，将从里加向东南与其会合，但在 10 月 9 日—10 日的耶斯拿会战中，雷文豪普特被俄军击败，丢弃了所有物资。卡尔十二世只好率兵向南，以期得到哥萨克领袖马泽帕的援助。但此举引起了俄国人的怀疑，导致马泽帕的计划败露了。大部分哥萨克人，并不愿意同马泽帕一起反对俄国。彼得大帝得知马泽帕叛变后，命缅什科夫元帅率主力部队踏平了乌克兰。俄军在瑞典人到达之前，摧毁了哥萨克都城巴图林。但乌克兰仍可以为瑞典军队提供过冬的庇护所，至少在当时看起来是这样的。于是，骑虎难下的卡尔十二世与败退下来的雷文豪普特、马泽帕会师，继续前往靠近南方的哥萨克领地。但是，他们的噩梦才刚刚开始。

1708—1709 年的冬季，在欧洲史上非常特殊。当时，欧洲遭遇了 1500 年一遇的寒潮，平均气温比往年低 5—8 摄氏度。泰晤士河和威尼斯河都结了冰，柏林 1 月

▶ 波尔塔瓦战役中，瑞典发起了进攻

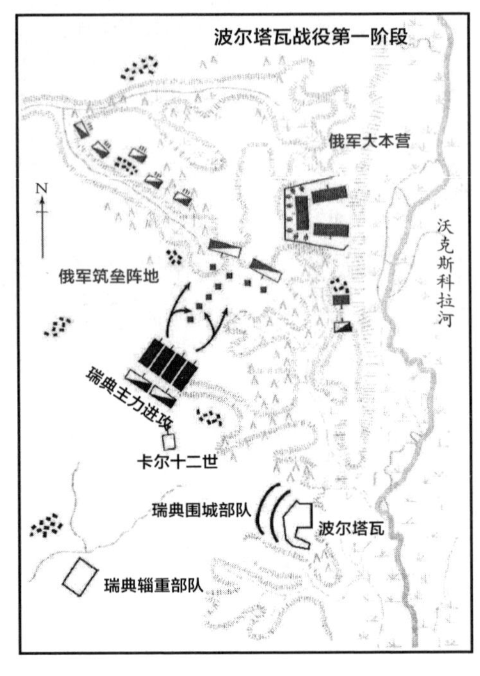

正午的气温只有零下10摄氏度，法国爆发的饥荒饿死了数十万人，瑞士的饿狼跑进居民区觅食……

卡尔十二世率领的瑞典大军，只能在寒冷和饥饿中等待春天的到来，盼望波兰人遥遥无期的援助。11月初，瑞典军队进入乌克兰，这时他们还能找到一些食物，但是之后的情况变得越来越糟。气温变得更加寒冷，他们再也找不到足够的补给了。在这场千年一遇的寒潮面前，卡尔十二世的梦想彻底破碎了。

瑞典军队遭受了严重的损失。仅在圣诞节那一天，就有二十五六名士兵被冻死。据雷文豪普特将军统计，被冻死、饿死的瑞典士兵已经超过了4000人。俄国人虽然也承受着同样的寒冬，但是他们的处境要比孤军深入的瑞典人好得多。胜利的天平开始慢慢倾斜。

最终，有13000多名瑞典士兵在寒冬中死去，卡尔十二世只能向奥斯曼土耳其和鞑靼人求援。他决定孤注一掷，逼迫彼得大帝与自己展开决战。于是，他继续向南进军。为了吸引彼得大帝出战，他率军包围了维普里克，全歼拒绝投降的守军后将村庄毁于一旦。之后，在沃克斯科拉河畔的奥皮什尼亚，瑞典军遭遇了缅什科夫的6000名俄军骑兵。卡尔十二世趁俄国人吃饭时，率领2000名骑兵突然杀进城。俄军惊恐逃窜，瑞典军队则成功渡河。

1709年6月，瑞典军队围困了沃克斯科拉河畔的波尔塔瓦要塞，以吸引彼得大帝的主力。卡尔十二世之所以孤注一掷，都是因为他别无选择，只有在这里歼灭俄军主力，才能扭转颓势。

20日深夜，卡尔十二世在探查俄军阵地时，发现了一群烤火的哥萨克士兵。久经沙场的他按捺不住，亲手击毙一名哥萨克兵，对方立刻举枪还击。战斗中，卡尔十二世的脚被击伤，随后他发起高烧，只能在担架上行进，部队改由伦斯彻尔德指挥。

▶ *波尔塔瓦战役中，罗斯掉队，俄军准备反攻*

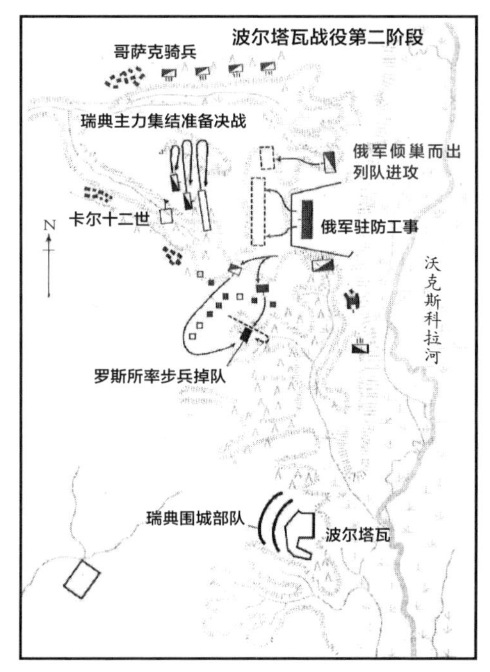

28日，彼得大帝的军队一步步逼近瑞典军队，波尔塔瓦会战爆发。此战，彼得大帝吸取了俄军在纳尔瓦、弗劳施塔特和霍洛夫津惨败的教训，并不急于进攻。为了加强防御，他在阵前修筑了10多座多面堡。这些多面堡呈T字形布局，T字形的底端一边为俄军阵地。这些多面堡构成的防御地带，是瑞典兵进攻的必经之地。

乌拉！追击！瑞典人已输掉。
光荣的时刻！光荣的情景！
再一次进攻——敌人在溃逃：
骑兵在飞快地追踪突进，
利剑砍杀得已经发了钝，
草原上满满地盖着尸体，
就好似一群黑色的蝗虫。
——普希金《波尔塔瓦》

瑞典军选择的正是这条难以进攻的道路，因为他们并不清楚俄国人的多面堡到底有多少，其具体的位置也不是很清楚。此时，瑞典人内部也出现了分歧。伦斯彻尔德命令部队直扑俄军大本营，很多军官却认为应该先拿下这些多面堡。雪上加霜的是，最前方的罗斯少将率部进攻多面堡，发现自己与大部队脱离后，在拿不定主意的情况下，率部向南撤退，然后遭到缅什科夫的追击，投降了。

直到伦斯彻尔德准备对俄军主力发动突击时，他才发现罗斯的部队不见了。他认为罗斯只是慢了一步，于是就在原地等候。就这样，他丧失了最好的进攻时机。俄军得知罗斯的部队投降，顿时士气高涨。20000余名俄军步兵与4000名瑞典步兵展开激战，瑞典步兵试图突破俄军的战线，但因数量差距太大，没有成功。最后，瑞典军队溃败了，雷文豪普特将军率领17000人的部队撤退至佩雷伏罗季那，并在那里向俄军投降。之后，俄国人处死了瑞典军中的所有哥萨克人。罗斯一部的掉队，使胜利的天平彻底倒向俄军。

彼得大帝取得胜利后，高兴地接待了瑞典俘虏，并向他们打听卡尔十二世的下落，更在宴会上向瑞典的将军们祝酒，称他们为自己“战争艺术的老师”。毕竟，能够战胜曾经纵横东欧的卡尔十二世，对屡次被击败的彼得大帝来说，是极为难得的。

波尔塔瓦战役的失败，断送了卡尔十二世击败俄国的梦想，而且使瑞典国内的状况雪上加霜，黑死病的肆虐已使人民不堪重负，连年战争又使人们背负了高额的外债。

帝业凋零

趁着瑞典战败，丹麦重新进攻斯康耐，曾经屈服于瑞典的波兰流亡国王奥古斯都夺回了波兰王位，彼得大帝则乘胜而进，攻下了维堡、里加等瑞典版图上的重镇，进而彻底吞并芬兰。虽然在瑞典国内，临时国防委员会组织了一支军队，于 1712 年 2 月击退了丹麦对斯康耐的进攻。但是，瑞典已经不复当年那样强大了。

卡尔十二世听说了雷文豪普特投降的消息后，就一直向奥斯曼土耳其求援，期望煽动一场奥斯曼土耳其和俄国的战争。虽然卡尔十二世此番煽动确实引起了奥斯曼土耳其和俄国三次开战，但在这几次战争中，俄国不断对奥斯曼土耳其让步，并没有让瑞典分到什么好处，实质上也没有对俄国造成多大的压力。

1712 年，俄国和奥斯曼土耳其签订和约。在奥斯曼土耳其国内，卡尔十二世成了一种祸害。1713 年 1 月，奥斯曼土耳其军队攻入本德雷，俘虏了卡尔十二世。

1714 年，俄国和普鲁士结盟，普鲁士吞并了原属瑞典的大部分波美拉尼亚地区。卡尔十二世被俘期间，听说了瑞典战胜丹麦—萨克森联军的消息，于 11 月准备逃亡回国。他逃走后一路策马狂奔，仅用了 15 天就回到了波美拉尼亚。当时，卡尔十二世的首要任务是巩固国内统治。得益于他一生的赫赫战功和得力助手耶尔茨男爵，卡尔十二世很快重新掌握了统治权。为了撑过困难时期，瑞典发行了紧急货币，这是一种面值较高的货币，并且强制要求按照面值使用。稳定了国内局势后，卡尔十二世开始通过外交和军事手段来应对外部的敌人。

◀ 瑞典当时发行的紧急货币

在俄国，耶尔茨男爵建议彼得大帝的侄女，后来的俄国女皇安娜一世[①]与卡尔十一世的外孙荷尔斯泰因公爵结婚。虽然这桩婚事没有促成，但耶尔茨男爵仍利用英国和俄国的嫌隙，与俄国斡旋，促使瑞典与俄国达成和约。

在丹麦和挪威，卡尔十二世领军攻下奥斯陆，接着进攻腓特烈哈尔德，并且试图围攻腓特烈斯顿要塞。挪威的居民坚壁清野，烧掉了城中的房屋，使瑞典人没有立足之地。卡尔十二世从后方海运了不少攻城重炮，可这些重炮在半路就被挪威海军阻截，他被迫撤军。

之后，为了获得更多的借款，耶尔茨男爵前往荷兰游说。同时，他还和瑞典驻英国大使于伦保持秘密联系，暗中扶持英国国内反对英王乔治一世的旧王室成员，但他们的行动败露了，反而使瑞典与英国的关系转冷。

1718 年，在耶尔茨男爵的斡旋下，瑞典和俄国的关系大致稳定。于是卡尔十二世准备再次起兵，扫除瑞典“家门口”的祸患。10 月，瑞典 4 万大军进攻挪威，卡尔十二世希望利用半年时间彻底征服这个国家。

卡尔十二世不顾严寒的冬天，重新围攻腓特烈斯顿，并命阿姆费尔特将军领兵支援。在艰苦的围城战中，一些士兵冻死了，剩下的士兵却没有抱怨，因为他们的国王也在忍受同样的痛苦，有时甚至亲自去战壕检查土木工程作业。

11 月 30 日，卡尔十二世在战壕观察战斗时，头部突然被子弹击中，一位伟大的军人在这里倒下了。他的死因扑朔迷离，有人说他和两名法国工程师视察战壕，结果被敌人击中；有人说，他死于渴望争夺王位的荷尔斯泰因公爵之手，而且根据他头部中弹的情况来看，他极可能是死于近距离射击。

卡尔十二世死后，这次出征被迫结束。正向前线进军的阿姆费尔特将军立即将部队撤回瑞典。他选择了一条穿越山脉的近路，但遭遇了强大的暴风雪。向导被严寒冻死，部队在大山中迷失了方向，最终只有不到一半的人成功回国。

瑞典国内也陷入了权力争夺战，黑森伯爵和荷尔斯泰因公爵都想成为国王。最终黑森伯爵的妻子乌尔里卡・艾雷沃诺拉[②]成为女王，她随后将王位传给了丈夫，黑森伯爵成了瑞典国王，称为腓特烈一世[③]。新国王为了巩固权力，将卡尔十二世的得力

① 安娜・伊凡诺芙娜，（Anna Ivanovna，1693—1740 年），俄国女皇（1730—1740 年）。
② （1688—1741）年，瑞典女王（1719—1720 年）。
③ 腓特烈一世（Fredrik I，1676—1751 年），瑞典国王（1720—1751 年）。1730 年起继位为黑森－卡塞尔领地伯爵。

助手耶尔茨男爵，以所谓“教唆建立专制政权”的罪名处死了。

就此，瑞典长达一百多年的战乱趋于平静。同时落幕的，还有原属于瑞典的波罗的海霸权。古斯塔夫二世开创的北欧霸业画上了休止符。

此前，瑞典经历了一个世纪的辉煌时代。数代瑞典君王围绕波罗的海发展其自身势力，通过战争攫取贸易利益以及地区霸权，让战争成为开拓商业和保护贸易的工具。正如克劳塞维茨所言，战争是政治的延续，而政治往往是经济的延续。此后，欧洲人为了攫取经济和政治利益，在战争上的投入愈来愈高，战争的规模也越来越大。拿破仑时代，上百万士兵在欧洲的土地上互相厮杀；仅一个世纪后，6500 万士兵被投放到第一次世界大战的战场；又过了 20 年，1 亿多人拿起武器投入到了第二次世界大战的战场。

参考文献

1 Ingvar Andersson. A History of Sweden[M].London: Weidenfeld & Nicolson, 1956

2 Robert I Frost. The Northern Wars 1558–1721[M].Harlow: Pearson Education, 2000

3 Voltaire. Voltaire's history of Charles XII, king of Sweden[M].Rockville Maryland: Wildside Press, 2011

4 David G.Chandler.The Art of Warfare in the Age of Marlborough[M].New York: Da Capo Press ,1995

5 Hans Delbr ü ck. History of the Art of War, Vol. 4[M]. Lincoln Nebraska: University of Nebraska Press, 1990

6 富勒．西洋世界军事史 [M]. 钮先钟，译．桂林：广西师范大学出版社，2004

7 迈克尔·霍华德．欧洲历史上的战争 [M]. 褚律元，译．沈阳：辽宁教育出版社，1998

8 弗雷德里希·席勒．三十年战争史 [M]. 沈国琴，丁建宏，译．北京：商务印书馆，2009

专业与联合
美军特种部队改革启示录

作者 / NeptuneSpear

1980 年 4 月 24 日，美国联合特遣部队营救被伊朗人扣押的 53 名美国人质的“鹰爪行动”宣告失败。这促使美国国防部相关部门对特种作战部队改革的呼声态度起了转变，于是一场变革拉开了帷幕……

▶ ***在"沙漠一号"补给点失事的飞机***

"我想我们遇到了一起失事状况。"1980 年 4 月 24 日，在营救被伊朗人扣押的 53 名美国人质的"鹰爪行动"（Operation Eagle Claw）失败后，时任美国国防部长的哈罗德·布朗在对当届美国总统吉米·卡特汇报情况时说了这样一句话。当时的美国总统卡特简单地回应道："让我们去听听他[①]的建议吧。"在"沙漠一号"补给点发生的坠机事故，导致参与行动的 8 名美军士兵牺牲，也使组织此次解救行动的联合特遣部队无功而返。随后媒体铺天盖地的报道，让卡特政府颜面尽失，严重打击了美国民众对武装力量的信心。

特种作战司令部的建立

自 20 世纪 70 年代美军撤离越南以来，美军特种作战部队的能力一直处于下降状态。即便是在早期越南战争中，特种作战部队和常规部队因为协调问题而引发的矛盾，也一直制约着特种作战效能的发挥。"鹰爪行动"的失败，被认为是一系列

▼ ***正在登机的三角洲队员***

① 指地面行动指挥官——三角洲部队指挥官查尔斯·贝克韦斯。

▶ ***时任美国陆军参谋长的爱德华·梅耶***

矛盾的集中体现。在国防部的委托下，时任海军作战部长的詹姆斯·霍洛威成立了调查委员会。霍洛威委员会调查结果认为，军种之间严重缺乏协调的统一指挥能力是行动失败的重要因素，并建议国防部应建立一支反恐联合特遣部队（CTJTF, Counterterrorist Joint Task Force）和一个特种作战咨询小组（Special Operations Advisory Panel）。

“鹰爪行动”的失败，也促使国防部相关部门对特种作战部队改革的态度起了转变。当时的美国陆军参谋长爱德华·梅耶呼吁重建美国陆军的特种作战能力，并于1982年在陆军框架下成立了第一特种作战司令部（1st Special Operations Command），用来管理陆军特种作战部队，以促进其水平提升。

1983年，在美国国会中，要求对国防部和军队进行改革的呼声日益高涨。于是在当年6月，参议院军事委员会（Senate Armed Services Committee）主席巴里·戈德华特开始了对国防部为期两年的调查研究，同时也对特种作战部队的部署能力进行考察。然而仅仅过了4个月，两起事件就引起了国会议员的不满情绪。1983年10月23日，恐怖分子对多国联军的贝鲁特军营发动了汽车炸弹袭击，共造成237名海军陆战队员身亡。10月25日，美军入侵格林纳达的行动暴露出了严重的指挥与控制问题，特种作战部队在低烈度冲突下的联合指挥协调能力饱受质疑。

随着国会的关注，国防部在压力之下，于1984年1月建立了联合特种作战局（Joint Special Operations Agency）。然而，该机构面临一个很尴尬的局面：由于其只是一个业务指导机构，无法指挥任意一支特种作战部队，或是左右作战行动的安排，导致其对特种部队的改革没有任何推动作用。虽然特种部队的改革问题异常棘手，但依然不乏一些坚定的支持者。时任负责国际安全事务的助理国防部长诺埃尔·科赫和他的助手雷林·罗兰德就认为改革势在必行。

与此同时，国会一些富有远见的人也认为，特种作战部队应该彻底改头换面。来

▲ **参议员山姆·卢恩**

▲ **参议员威廉·柯亨**

自参议院军事委员会的参议员山姆·卢恩和威廉·柯亨，以及众议院军事委员会筹备分会主席丹·丹尼尔，都是激进改革派的代表人物。他们确信：美国军方一直在忽视特种部队的改革，原因是军方向来对特种作战不感兴趣；国家能力在该领域的体现完全是二流水准；特种部队的作战指挥与控制成了普遍问题。卢恩和柯亨强烈批评国防部，认为其对未来的威胁根本没有一丝准备。卢恩建议国会应加大拨款，以应对特种作战部队的现代化建设。柯亨则认为，美国军方需要明确自身的组织结构和特种作战的指挥控制，从而应对低烈度冲突。

1985 年 10 月，参议院军事委员会发布了关于美国军队历时两年的考察报告，题为《防卫组织：改革的需求》（Defense Organization: The Need For Change），该报告囊括了特种作战如何应对未来的种种威胁。报告的最终影响是，美国政府通过重组法案直接促使 1986 年国防部的重组。1986 年春天，参众两院的特种部队改革支持者不断地向议员们介绍他们的提案。5 月 15 日，柯亨向国会提交了一份由他和卢恩等激进改革派议员共同纂写的参议院议案，提出国防部应该设立一个指挥特种作战部队的联合军事组织，并且该机构必须确保有充足的资金和完善的政策，用来支持低烈度冲突和特种作战。众议员科恩提出了一个更为激进的想法，他认为应该有一个由文官领导的国家特种作战机构，且能绕过参联会直接向国防部长汇报，这样特种作战部队的预算过程就能独立于参联会和武装部队之外。

1986 年夏天，国会对这两起议案组织了听证会，时任参谋长联席会议主席的海军上将小威廉·科沃，代表国防部对该议案提出了反对意见。他提出了一个替代方案：新的特种作战部队司令部应该由一名中将来领导。然而国会议员们并没有采纳这个建议，他们希望能有一名上将来领导该部门，从而赋予特种作战部队更多的影响力。一些退役军官则明确表示，他们将坚定不移地支持改革，而且认为改革是非常有必要的。不少人表示，退役陆军少将理查德·斯科特给改革提供了最重要的推力。曾在入侵格林纳达期间指挥过联合特种作战特遣部队（JSOTF，Joint Special Operations Task Force）的斯科特，指出了常规部队军官是如何在作战中滥用特种作战部队，并且不允许他们运用自己特殊的作战技能，进而导致了特种作战部队的高伤亡率。斯科特曾私下接触少数参议员，讲述他在格林纳达遭遇的种种困难。

最终，参众两院通过了特种作战部队改革议案，并且，他们希望有一个协商委员会来协调此事。参众两院一番周折后拿出了一个妥协方案：呼吁成立一个由上将领导的统一作战司令部来指挥全军特种作战部队，再设立一个负责特种作战和低烈度冲突的助理国防部长 [Assistant Secretary of Defense for Special Operations and Low-Intensity Conflict，缩写 ASD (SO/LIC)]。一个负责协调低烈度冲突的机构将被设置在国家安全委员会之下。同时，美国国会立项了一个新的针对特种作战部队主力部队的计划预算案，即 MFP-11（Major Force Program for SOF），该项目被议员们戏称为“特种作战部队支票簿”（SOF checkbook）。该预算案被列入 1987 年度国防授权法案。1986 年 10 月，随着戈德华特—尼科尔斯国防部重组法案的签署，该议案作为法案附加条款也随之生效。

这是美国国会历史上，首次授权总统去建立一个统一的作战司令部。国会的目的很明确——迫使国防部和相关部门去认识过去的失败并解决近在咫尺的威胁。为了使国防部和相关部门能落实执行改革法案的责任，国会随后还另外通过两部附加法案来确保改革法案的顺利实施。法案一经实施，MFP-11 将提供给特种作战部队超过自己控制范围的资源，让特种作战司令部更具备与时俱进的能力。此外，该法案明确促进了军种间的合作，由一名司令指挥协调全军所有的特种作战部队。并且，国防部将设立一个上将总司令，以及一个负责特种作战和解决低烈度冲突的助理国防部长，他们将同时代表特种部队给国会提供建议。

然而一开始，柯亨—卢恩改革法案的实施进展得一点也不顺利。首先，关于负责

▶ 美国首任特种作战司令部司令詹姆斯·林赛

▲ 特种作战司令部的标志

特种作战和低烈度冲突的助理国防部长候选人，国会和国防部一直争执不下。国会甚至为此提供了11—12个候选人名单，但是国防部始终没有找到合适的人选。无奈之下，1987年12月，国会只好让陆军的约翰·马什来暂代助理国防部长职位，直到合适人选出现。在拖了18个月之后，他们终于找来了曾担任过老挝和泰国大使的查尔斯·怀特豪斯来担任此职。

此时，美国特种作战司令部（SOCOM）开始筹备，一个迅速能解决人员配置、建立统一司令部并解散现有司令部的方案被提出，即解散美国战备司令部（U.S. Readiness Command），在其基础上建立特种作战司令部。况且该部的总司令詹姆斯·林赛出身于陆军特种部队，本身就拥有丰富的特种作战经验。1987年1月23日，参联会向国防部长建议，让战备司令部停止运作，并向特种作战司令部转交设施。1987年4月13日，里根总统批准建立新的司令部，国防部任命詹姆斯·林赛为首任美国特种作战司令部总司令（Commander in Chief Special Operations Command）。参议院对此没有任何异议，批准了该项任命。

1987年6月1日，在特种作战司令部成立仪式上发生了一件有趣的事。在邀请演讲的嘉宾中，有当初明确反对柯亨—卢恩改革法案的国防部副部长威廉·塔夫特四世和海军上将克洛威。克洛威在演讲中提到新司令部与军种协调问题时，对首任司令林赛将军说了这样一段话："首先，它或多或少地打破了在我们军队中，特种作战部队和其他部门的一堵墙，哪怕有些人试图将这堵墙建得更高。其次，教育军中剩余的人认可并理解，你在做什么，你为什么这么做，以及你做这件事的重要后果。最后，让你的努力整合进我们军队能力的方方面面。"听完这番建议，考虑到来自国防部内部的反对浪潮，林赛将军意识到自己面临着意义非凡的挑战，但他戏称这不过是一堂运动课程罢了。

特种作战司令部的发展和任务

特种作战司令部的工作来自于参联会的安排，以及总统或国防部长的相关指示。为了让特种作战司令部履行好职责，参联会确定了以下任务：

发展关于特种作战部队的相关学术、战术、技术和制度；

对全军特种作战部队进行专业课程指导；

训练相关部队并确保其装备使用的协调能力；

监督特种作战部队对统一命令的执行力；

监督特种作战部队人员的进取心、归属感、持久性、训练和专业发展水平；

巩固和利用好 11 号主力部队计划（MFP-11）带来的预算；

研发并获取特种作战必要的装备、材料、补给和服务。

特种作战司令部运作之初，各军种一共有三支力量供其调配，分别是驻地在布拉格堡的陆军第一特种作战司令部（Army's 1st SOCOM，它是 1st Special Forces Command 的前身），驻地在圣迭戈的海军特种作战司令部（NSWC，Naval Special Warfare Command），以及空军的第 23 航空队（23rd Air Force）。1987 年 8 月 14 日，时任国防部长的卡斯帕·温伯格，要求在 1980 年就成立的联合特种作战司令部（JSOC，Joint Special Operations Command）由特种作战司令部来管理，之后联合特种作战司令部也成了特种作战司令部的一分子。林赛将军发现军种之间的特种部队管理混乱，一些常规部队有时候也涉及特种作战。于是在国防部长卡斯帕·温伯格的提议下，建立一个由中将领导的各军种特种作战司令部被提上日程。

早在特种作战司令部正式成立前一个半月，美国海军特种作战司令部便于 1987 年 4 月 16 日在圣迭戈的科罗拉多海军两栖基地宣告运作，它下辖大家熟知的海豹突击队，还有特别舟艇队等相关部队。陆军特种作战司令部（USASOC，Army

▶ *"绿色贝雷帽"的部队识别标志，拉丁文"DE OPPRESSO LIBER"是陆军特种部队的格言，意思为"解放受压迫的人"*

Special Operations Command）于 1989 年 12 月 1 日在布拉格堡成立，原来领导"绿色贝雷帽"（Green Berets）、执行情报收集和民事行动的机构也由此变成了第一陆军特种部队司令部（1st Special Forces Command），由一名陆军少将领导。1990 年 5 月 22 日，20 世纪 80 年代配合特种作战的第 23 航空队也被改组为空军特种作战司令部（AFSOC，Air Force Special Operations Command）。海军陆战队特种作战司令部（MARSOC，Marine Corps Forces Special Operations Command）成立时间最晚，直到 2005 年 10 月，美国国防部才批准其建立。2006 年 2 月 24 日，海军陆战队特种作战司令部正式运作，直到 2008 年 10 月才形成战斗力。

美国陆军特种作战司令部成立之前，陆军特种部队（Army Special Forces，即"绿色贝雷帽"）已有超过 40 年非常规作战经验，相比其他军种的特种部队，陆军特种部队的历史更为悠久，代表了现代美国特种部队的起源之一。"绿色贝雷帽"的历史可以追溯其前身，二战时期美国与加拿大的混编部队——第一特殊任务部队（1st Special Service Force），当时该部绰号"恶魔旅"（The Devil's Brigade）。该部队于 1944 年 12 月解散之前，一直受战略情报局（OSS）指挥，在意大利和法国活动。在朝鲜战争期间，美军建立了一支联合国驻朝鲜游击战部队（UNPFK，United Nations Partisan Forces Korea），成员来自美国陆军第 8 军和韩国陆军的情报部队，主要任务是渗透至朝鲜控制的半岛北部地区进行敌后破坏，并进行情报搜集和战俘解救工作。UNPFK 当然是个掩护名称，在内部它被称为第 8086 陆军部队（8086th Army Unit）。后来，美军仍觉得名字太过显眼，又为其换了个名字，叫远东司令部驻朝鲜联络分队（Far East Command Liaison Detachment Korea），内部代号为第 8240 部队（8240th Army Unit）。

为了应对朝鲜战场的特种作战需求，第一支"绿色贝雷帽"部队——陆军第 10 特种大队（10th Special Forces Group）在 1952 年 6 月建立起来，不过就在其形成战斗力准备部署之际，朝鲜战争的交战方宣告停战了。第 10 大队最终被派往了欧洲，部署在西德。美国陆军随后又建立了数只特种大队，不过越南战争后裁掉了负责中东方向的第 6 大队和负责南美地区的第 8 大队，20 世纪 90 年代又裁掉了第 11、第 12 大队。目前，陆军特种部队现役有第 1、第 3、第 5、第 7 和第 10 这五个大队，还有第 19 和第 20 两个国民警卫队。

游骑兵部队虽然历史悠久，但也经历了分分合合。其前身有著名的麦瑞儿突击队以及游骑兵营。绰号“麦瑞尔突击队”（Merrill’s Marauders）的第 5307 混成部队（5307th Composite Unit）是为了配合缅甸正面战场上的反攻战役而建立的，他们和中国远征军配合密切，在日军后方不断实施破坏行动。1944 年 8 月，麦瑞尔突击队被编入第 475 步兵团，1954 年第 475 步兵团改组为第 75 步兵团。二战时期，一共出现了 6 支游骑兵营，他们在北非、欧洲和太平洋战场上浴血奋战，充当着精锐步兵的角色。二战结束后，第 4、第 5、第 6 游骑兵营被解散。朝鲜战争前夕，剩余的游骑兵营被改为步兵营，编制内只保留一个游骑兵连，用来执行长距离侦察巡逻任务（Long Range Reconnaissance Patrol），1954 年该游骑兵连也被编入到改组后的第 75 步兵团中。越南战争期间，由于频繁地执行长距离侦察巡逻任务，游骑兵连得到了扩充。

1974 年，美国陆军开始恢复游骑兵营，当时它的定位是精锐的轻步兵部队。随后，第 1、第 2、第 3 游骑兵营陆续被重建起来。1986 年，第 75 游骑兵团（75th Ranger Regiment）建立，正式取代原来的第 75 步兵团。特种作战司令部成立以后，第 75 游骑兵团也成了特种作战部队之一，作为步兵部队和特种部队之间的润滑剂。反恐战争开始后，游骑兵开始大量执行特种作战任务，在任务期间他们暴露出情报侦察和保障能力的短板，这促使第 75 游骑兵团从 2006 年开始，在体制编制上做出重大改革，同时又建立了新的团属特别部队营（Regimental Special Troops Battalion）负责侦察与支援保障。

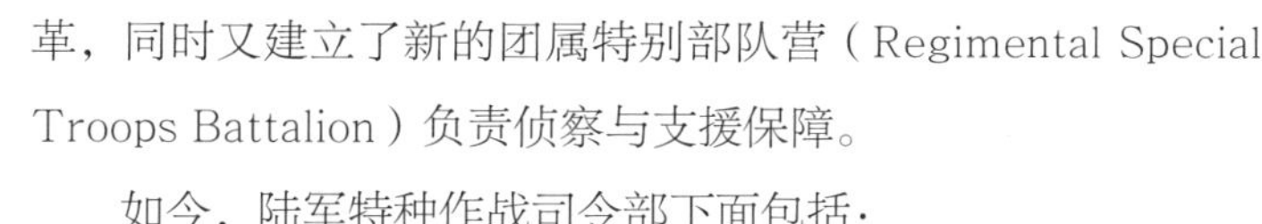

如今，陆军特种作战司令部下面包括：

一个少将领导的第一陆军特种部队司令部，它旗下包括 7 支陆军特种大队（“绿色贝雷帽”）、第 4 和第 8 军事情报支援作战大队（4th and 8th Military Information Support Operations Groups）、第 95 民事旅（95th CivilAffairs Brigade）；

◀ ***游骑兵的部队识别标志，沿用了麦瑞尔突击队的标志***

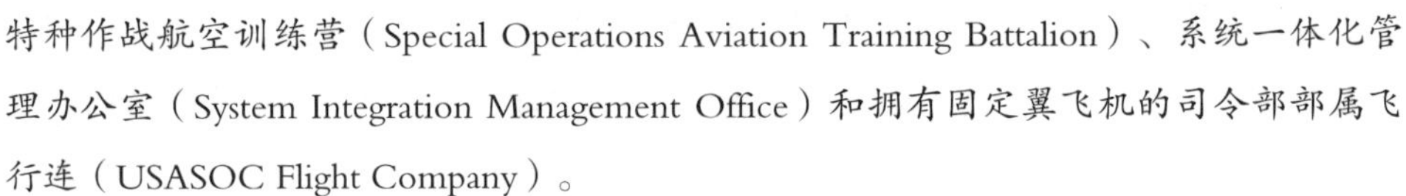

▶ ***美国陆军特种作战司令部的标志，拉丁文“Sine Pari”的意思是“无与伦比”***

第 75 游骑兵团；

一个少将领导的肯尼迪特种作战中心学校（John F. Kennedy Special Warfare Center and School）；

一个准将领导的特种作战航空司令部（United States Army Special Operations Aviation Command），其下有第 16 特种作战航空团（160th Special Operations Aviation Regiment）、特种作战航空训练营（Special Operations Aviation Training Battalion）、系统一体化管理办公室（System Integration Management Office）和拥有固定翼飞机的司令部部属飞行连（USASOC Flight Company）。

美国海军特种部队的雏形，可以追溯到二战时期从事两栖侦察的观察大队（Observer Group）。该部队比众所周知的海豹突击队（Navy SEALs）前身——水下爆破队（Underwater Demolition Teams）出现的时间稍早。观察大队实际是由当时的海军水兵和陆战队队员混编的两栖侦察部队，曾在太平洋战场上于夺岛战役打响前实施两栖侦察。1962 年，随着水下爆破队改编为海豹突击队，美国海军特种部队的建设终于走向正轨。

现在，海军特种作战司令部包括：

特种作战中心；

特战一大队：下辖海豹 1、3、5、7 队，后勤和支援一组，移动通信组，特战 1、3 组，训练分队；

特战二大队：下辖海豹 2、4、8、10 队，后勤和支援二组，移动通信组，特战 2、4、10 组，训练分队；

特战三大队：下辖后勤和支援三组，训练分队；

特战四大队：下辖特别舟艇 12、20、22 队，海军小型艇指导技术和训练学校；

特战十大队：下辖特种侦察 1、2 队，特战任务支援中心；

◀ ***海军特种作战司令部的标志***

▲ 空军特种作战司令部的标志

▲ 海军陆战队特种作战司令部的标志

▲ 联合特种作战大学的标志

特战十一大队：下辖海豹 17、18 队（均为预备役）；

特战研究大队。

美国空军特种作战司令部在第 23 空中部队的基础上建立，发展至今已有第 1、第 24、第 27、第 193、第 352、第 919 特种作战联队，第 353 特种作战大队，特种作战空战中心。它拥有多型飞机和专业兵种支援其他军种特种部队作战，而专业兵种通常混编在其他军种部队中协同作战，例如战斗管制员（Combat Controllers）、战术航空引导员（Tactical Air Control Party）、特种作战气象技术员（Special Operations Weather Technicians）、伞降搜救员（Pararescuemen）。

美国海军陆战队特种作战司令部虽然成立于反恐战争打响之后，但如今发展迅速。2015 年，他们重拾二战荣誉，恢复了其前身“陆战队突袭者”（Marine Raiders）的称号。海军陆战队特种作战司令目前包括第 1、第 2、第 3 特种突袭团（Marine Raider Regiment），第 1、第 2、第 3 特种突袭支援大队（Marine Raider Support Group），陆战队特种作战学校（Marine Special Operations School）。

2000 年 9 月，为了加强特种作战的理论研究工作，美军在特种作战司令部框架下建立了联合特种作战大学（JSOU，Joint Special Operations University）。联合特种作战大学作为美军特种作战理论研究的智库，为美军培养相关人才之余，还专门指导特种作战在政策方面的实践工作，并制定相关指导手册以供参考。

特种作战司令部成立后不久，便参与了第一次作战行动。1987 年 9 月，美军在波斯湾展开针对伊朗人的“坚定意志行动”（Operation Earnest Will），特种作战司令部在该行动中第一次协调指挥各军种特种部队，海军海豹突击队和陆军第160特种航空团的默契配合成了行动成功的关键因素。两年后，在美军入侵巴拿马的行动中，特种作战司令部再次大显身手。在随后的海湾战争中，特种作战司令部同样表现不凡，其特种侦察和直接行动增强了联军对伊拉克军队的打击效能，而且它在战争中对失事飞行员的搜救，以及寻找飞毛腿导弹的行动都展现出了联合指挥作战的成效。在整个20世纪90年代，特种作战司令部在索马里、海地以及巴尔干地区参与了多起行动，有力地支援了其他常规部队的作战。

“9·11事件”后，由于美国发动了反恐战争，特种作战司令部随着局势的变化出现了重大调整。2002年，时任国防部长的拉姆斯菲尔德表示，以后领导司令部上将的职位将不再称呼为总司令（Commander in Chief），而是改叫作战司令（Combatant Commander），因为从法律上来说美军的总司令只有美国总统，总司令的称呼已经不合时宜了。同时，从1988年开始，美军在各战区建立的战区特种作战司令部（Theater Special Operations Command）的作用开始突显。

▼ ***“沙漠风暴行动”中搜寻飞毛腿导弹的三角洲队员***

“9·11 事件”之前，特种作战司令部的主要任务是在作战中进行指挥控制，包括组织、训练和装备特种作战部队，使其有效地投入作战，支持在全球作战的指挥官以及美国的驻外大使和这些国家的特种部队。美国总统布什在 2004 年的统一指挥计划（Unified Command Plan）中扩大了特种作战司令部的职权范围。该计划要求国防部采取相关措施，以应对全球恐怖主义网络威胁，同时直接将指导反恐战争的责任分配给了特种作战司令部。特种作战司令部为了支持打击恐怖主义势力的全球反恐战争（GWOT），对国防部所有的计划进行了分析、协调和优化，并在满足全球需要的条件下进行军力和资源的分配，然后将意见归纳供参联会参考。

隐秘出击的尖刀利刃

光听名字，联合特种作战司令部似乎是用来协调各军种特种部队的。关于联合特种作战司令部的官方介绍通常是讳莫如深，特种作战司令部对它的定义是：联合特种作战司令部是一个制定研究特种作战需求和技术的联合总部，其主要工作是确保协同作战能力和装备标准化建设，制定和指导联合特种作战的考核与训练，发展研究特种作战战术。仅从文字描述上来看，联合特种作战司令部似乎更像是个业务指导机构，而实质上，它是一个集管理、指挥和研究为一体的作战部门，拥有美军最精锐的打击和情报力量，承担着美军特种部队排头兵的作用，其历史甚至要比特种作战司令部还要早。

当初“鹰爪行动”的失败，促成了特种作战司令部的建立，如前文所述，整个过程复杂而艰辛，这还是在搭上了 1986 年戈德华特—尼科尔斯国防部重组法案便车的情况下。而在特种作战司令部成立之前，美军面临着急迫而现实的作战需求。说来可能难以置信，当时的美军高层正准备进行第二次伊朗人质营救行动。

在计划中，执行营救任务的多军种联合特遣部队 JTF 1-79（Joint Task Force 1-79），包括执行地面营救任务的三角洲部队和游骑兵一营，以及支援作战的空军第 24 特种战术中队的前身——BRAND X。他们在伊朗“沙漠一号”

◀ ***特遣部队指挥官詹姆斯·沃特***

▶ *首任联合特种作战司令部司令理查德·肖尔特斯*

补给点的坠机事故后，并没有被立即解散掉。事故72小时后，总统卡特希望特遣部队指挥官陆军少将詹姆斯·沃特能在10天内，再次制定计划，组织人员执行营救任务。但由于当年为美国大选年，卡特政府正在谋求连任，伊朗人质危机使卡特对再一次进行营救犹豫不决，营救计划一再被拖延。后来，特遣部队JTF 1-79代号被更名为"雪鸟"（Snowbird），作为一个临时组织始终处于待命状态。

但是这种状态并没有持续太久。特遣部队指挥官沃特、三角洲部队指挥官贝克韦斯，以及参联会里负责联络特遣部队事务的参谋——陆军中校基斯·南丁格尔，都对这种情况忧心忡忡。8月24日，霍洛威调查委员会里，由6名现役和退役军官组成的特种作战评审组给出了建议：成立一支直接由参联会负责的反恐联合特遣部队。他们将这一建议写进了海军作战部长霍洛威的调查报告中。后来在陆军参谋长梅耶的强烈建议下，国防部同意在"雪鸟"特遣部队的基础上建立反恐联合特遣部队。当时，在特遣部队的指挥官问题上，梅耶想到了一个合适人选——时任陆军第82空降师负责作战的助理师长理查德·肖尔特斯准将。

1980年9月的一个早上，肖尔特斯像往常一样来到自己的办公室，却惊讶地发现顶头上司师长盖伊·麦乐迪少将正在等着自己。麦乐迪告诉肖尔特斯，总参谋长一会要和他通话，肖尔特斯等到了梅耶的电话，梅耶对他说："我想你要很快离开自己的岗位了，星期四来华盛顿报到，我现在不能告诉你为什么，来了后我会全盘托出。"肖尔特斯虽然一头雾水，但还是按照命令赶到了华盛顿。他此行是按照命令去会见国防部长布朗，以及撮合各军种达成妥协建立反恐联合特遣部队的中将琼斯。当他进到办公室里才发现，除了琼斯外还坐着另外两个人，一个是三角洲部队指挥官贝克韦斯，另一个就是海豹六队的创始人理查德·马辛柯。

▶ ***1980年4月三角洲A中队合影***

在办公室里，肖尔特斯了解到，原来是新建立的特遣部队要再次去伊朗执行营救人质行动，其中一个初步计划是从黑海方向进入伊朗，然后人质搭载直升机返回在黑海部署的军舰上，但是黑海在苏联控制下，行动风险很大（失败的“鹰爪行动”是从波斯湾方向进入伊朗的），而特遣部队的指挥机构将由他来领导。会面的第二天，肖尔特斯开始正式领导美国最精锐的特种作战部队，准备在10月31日再次执行营救人质任务。从了解到任务一直到自己被任命，肖尔斯特感到既莫名其妙又极其震惊，他不明白自己一个长期在常规部队服役，毫无特种作战经验的人，为何会被选中去指挥最精锐的特种部队。他把想法告诉了选拔他的陆军参谋长梅耶，梅耶的回答很简单：“我需要的就是你！”

由于政治因素，第二次营救行动一再被推迟，不过在此期间，新的机构一直在不停地运作之中。肖尔特斯的指挥部最初设立在布拉格堡三角洲部队的场所里，整个办公室就他和助理两个人。新的指挥机构被称为“反恐联合特遣部队”，这让在其中工作的人总感到不伦不类。有一天，肖尔特斯的助理们——来自三角洲部队的陆军少校罗根·费奇和军士长沃尔特·舒马特给他提了个建议，费奇说：“既然我们又是联合，又是特种作战，为什么不叫联合特种作战司令部？”这个想法得到了其他人的支持，肖尔特斯也很赞同，不过汇报到上面时，遭到了反对意见。一番争论后，司令部还是被正式命名为“联合特种作战司令部”。

联合特种作战司令部成立之初，工作重心是整合现有各军种配属力量，而其核心则是陆军三角洲部队和海军海豹六队。三角洲部队（Delta Force）作为核心打击力量，还拥有游骑兵一营和二营支援。查尔斯·麦克韦斯在1977年仿效英国陆军第22特种空勤团（22 SAS）建立了三角洲部队，其全称为“第一特种部队D作战分队”（1st Special Forces Operational Detachment-Delta），目的是希望美国陆军有一支能迅速处置事件的精锐反恐特种部队。海军方面，当时海豹突击队只有两支，部署在西海岸的海豹1队，和部署在东海岸的海豹2队。虽然都有一个反恐排，但理查德·马辛

▶ ***联合特种作战司令部的标志***

柯还是于 1980 年 11 月建立了一支与三角洲部队相对应的反恐部队。为了迷惑苏联人，让他们以为这只是一支普通海豹部队，该部队被命名为“海豹六队”（SEAL Team 6）。马辛柯当时是“鹰爪行动”中的海军顾问之一，后来又继续临时待命的“雪鸟”特遣部队中工作。与陆军三角洲部队严格的队员选拔标准不同，当时的海豹六队选拔毫无规矩，一个在马辛柯手下工作过的军官曾透露，人员选拔标准完全是看马辛柯个人喜好，比如他爱喝酒，你要想跟他干，只要能喝就行，这种情况一直持续到 1983 年 7 月马辛柯离开。

在“鹰爪行动”中，提供航空管制支援作战的空军 BRAND X，在归属联合特种作战司令部指挥后，被更名为“军事空运指挥作战参谋一分队”（Det 1 MACOS，全称 Detachment One，Military Airlift Command Operations Staff）。该部的最初绰号是“X 牌”（BRAND X），其由来是因为它在 1977 年成立之初，人员都是来自其他空军部队的航空管制员（CCT），编制不足 20 人，所以一直未能有正式名称。同时，为了吸取“鹰爪行动”失败的教训，陆军从第 101 空降师第 158、第 159 航空营抽调人员和直升机组建了 158 特遣部队（Task Force 158）用来支援特种作战。为了支援联合特种作战司令部作战，国防部成立了一个联合通信支援单位，在肖尔特斯强烈要求下，该部被划归联合特种作战司令部管理，被称为“联合通信组”（Joint Communications Unit）。1980 年 7 月，鉴于情报方面对中央情报局的不信任，美国陆军组建了由杰瑞·金上校领导的情报单位——野外作战大队（Field Operations Group），给第二次营救行动提供情报支援。该部当时并不属于联合特种作战司令部管理，也不是特遣部队的一部分。

到了 1980 年年底，联合特种作战司令部司令肖尔特斯和“雪鸟”特遣部队指挥官沃特矛盾加剧，一个执迷于联合特种作战司令部的建设，另一个则急切地盼望着第二次营救行动展开，但是他们都要等到后任的当选总统罗纳德·里根正式上任后，才能知道政府是否会对营救行动开绿灯。1981 年 1 月 20 日，在里根正式就任那天，特遣部队在位于佛罗里达州的赫尔伯特军事基地待命，一位联合特种作战司令部的军官称其为“最后的礼服准备”，所有人都希望马上就出发。最终，里根还是选择了和平解决伊朗人质危机，“雪鸟”特遣部队的使命也就此结束，大家都感到异常失望，但

◀ 巴拿马“正义事业行动”中的三角洲队员

联合特种作战司令部却因此而正式运作起来。

在整个 20 世纪 80 年代，联合特种作战司令部得到了长足发展。1981 年，野外作战大队更名为“情报支援行动队”（Intelligence Support Activity），同年 3 月 3 日被联合特种作战司令部收编。负责提供航空支援的 158 特遣队，在同年 10 月 1 日也改名叫“160 特遣队”（Task Force 160），它起初为了掩护身份一直隐藏在第 101 空降师的编制里，名为“第 160 航空营”（160th Aviation Battalion）。160 特遣队被特种作战司令部收编后，改名为“第 160 特种作战航空中队”，它在 1990 年又有了使用到现在的名称——第 160 特种作战航空团（160th Special Operations Aviation Regiment），其第一营直接归联合特种作战司令部管理指挥。1987 年，海豹六队被解散，海军在其基础上成立了特战研究大队（Naval Special Warfare Development Group），简称“DEVGRU”或“NSWDG”。三角洲部队当时保持着只信自己人的传统，建立了自己的航空单位——E 中队（Echo Squadron）。空军的军事空运指挥作战参谋一分队在 1983 年被编入支援特种作战的第 23 航空队，改名为“编号航空队战斗参谋 4 分队”（Det 4 NAFCOS，全称为“Detachment 4, Numbered Air Force Combat Operations Staff”）。特种作战司令部成立后，它被改名为第 1724 战斗控制中队，后又更名为第 124 特种战术中队，直到 1992 年才确定了现在的名字——第 24 特种战术中队（24th Special Tactics Squadron）。

在 20 世纪 80 年代到 90 年代，联合特种作战司令部参与了多项任务，从格林纳达到巴拿马，伊拉克到索马里，直至巴尔干，都活跃着联合特种作战司令部队成员的

▲ *部分海豹队员在巴拿马行动前的合影*

身影。随着联合特种作战司令部运作的成熟化，它发展出了完善的指挥层级：

第一级，被称为“Tier 1”，是指联合特种作战司令部的三支核心打击力量——陆军三角洲部队、海军特战研究大队和空军第24特种战术中队，其作用被美军相关条令JP3-05《特种作战》定义为特殊任务部队（SMU，全称Special Mission Units）。除SMU外，Tier 1还包括情报支援行动队（ISA）。可由国家指挥当局直接调动。

第二级，即“Tier 2”，是各军种中非联合特种作战司令部直接指挥的特种部队，如游骑兵、“绿色贝雷帽”、海豹突击队等，作用是和特殊任务部队组成特遣部队（Task Force），支援特殊任务部队进行特种作战。

第三级，即“Tier 3”，指在作战时可由联合特种作战司令部指挥配合特种作战的常规部队。

“9·11事件”之后，为了适应反恐战争局面，联合特种作战司令部在管理和作战指挥上又做出了众多调整。阿富汗战争开始时，联合特种作战司令部发动了被称为“AFO”的先遣作战（Advance Force Operations）。AFO是指在大规模正式作战行动实施前，展开的一系列集侦察、打击与情报搜集于一体的小规模作战。当时，执

◀ 2001年12月，在托拉博拉(Tora Bora)山区搜捕本·拉登的三角洲队员和英国陆军特种空勤团队员

◀ 自称亲手击毙本·拉登的特战研究大队红队队员罗伯特·奥尼尔

行该任务的有特战研究大队的黑队（Black Squadron），以及三角洲部队的作战支援分队（Operational Support Troop）。作战支援分队后来扩编为 D 中队，现在更名为 G 中队。由于 AFO 的显著作用，该作战方式后来被编入了相关条令。

伊拉克战争打响之际，新任联合特种作战司令部司令斯坦利·麦克里斯特尔又进一步促进了特殊任务部队之间的融合。例如，以前三角洲与特战研究大队类似一种竞争关系，很少有交流和联合作战，于是麦克里斯特尔让其人员混编，在伊拉克参与了多项搜捕高级别目标的行动，例如击毙萨达姆之子乌代和库塞的行动。与此同时，他们还联合参与了在阿富汗对基地组织和塔利班的持续打击。在麦克里斯特尔的领导下，联合特种作战司令部拥有了迅速执行全球打击任务的能力。2008 年，为了加强情报分析能力，联合特种作战司令部建立了一支情报旅——联合特种作战司令部情报旅（JSOC Intelligence Brigade），但其实际编制不过 600 人。2011 年击毙本·拉登的“海神之矛行动”（Operation Neptune Spear），再次让联合特种作战司令部大放光彩。

进入 21 世纪以后，为了更紧密地配合 Tier 1 部队执行特种作战任务，陆军特种部队和第 75 游骑兵团也做出了相应调整。在“绿色贝雷帽”的每个特种大队中，将挑选出其中一个连作为作战司令紧急情况部队（CIF，Combatant Commanders In-extremis Force），后来它又被更名为危机反应部队（CRF，Crisis Response Force）。这之中，比较特殊的是第 10 特种大队，它有两个危机反应部队，分别针对欧洲和非洲方向。危机反应部队分别是：第 1 大队 1 营 C 连（C1/1）、第 3 大队 2 营 B 连（B2/3）、第 5 大队 1 营 A 连（A1/5）、第 7 大队 3 营 C 连（C3/7）、第 10 大队 1 营 C 连（C1/10）和 2 营 C 连（C2/10）。游骑兵在 2006 年改革后，把原来支援特殊任务部队作战的侦察排，改编为团属侦察连（Regimental Reconnaissance Company），编制在新成立的团属特别部队营中。在执行作战任务时，“绿色贝雷帽”的危机反应部队和游骑兵的团属侦察连，不仅支援特殊任务部队，同时可以直接和特殊任务部队混编为特遣部队，让联合特种作战司令部作为 Tier 1 部队的指挥。

作为美军特种部队的尖刀利刃，联合特种作战司令部作战经验丰富，成立之后几乎参与了美军对外的每场军事行动。由此，他们之中还出现了很多有趣的名词，以及一些绰号。例如，三角洲部队成立后，队员为了区别于情报人员的称呼，把自己称为“作战队员”（Operator），这个称呼后来流行到了全军特种部队，同样也影响了西方的其他特种部队。联合特种作战司令部直接指挥的特殊任务部队被称为“黑色特种作战部队”（black SOF），对应的其他特种部队则被称为“白色特种作战部队”（white SOF）。美国空军为联合特种作战司令部执行紧急任务，在 4 小时内准备的飞机，会被戏称为“J 级警报小鸟”（J-alert birds）。美军曾用颜色代指联合特种作战司令部指挥的部队，比如“蓝色特遣队”（TF Blue）是指特战研究大队，三角洲被称为“绿色”（TF Green），情报支援行动队是“橘色”（TF Orange），第 24 特种战术中队是“白色”（TF White）。当联合特种作战司令部成功执行完既定的任务后，队员们会戏称：“中头彩（Jackpot）！”

启示与思考

通过观察美军特种部队的改革与发展历程，可以看出即便是全球顶尖的军事力量，其军事改革也是一项复杂而艰辛的过程。在 1986 年重组法案颁布前，混乱的指挥体系，导致了“鹰爪行动”失败、格林纳达行动困难。按照“术业有专攻”的思路，特种作战司令部的建立，确保了美军特种部队在日后全球军事打击能力上的有效发挥。特种部队改革的成效，体现在独立管理指挥机构建立后的运作，以及全球各战区的部署能力上。同时，由于联合特种作战司令部的存在，使美军最精锐的打击力量可以实现全球范围内的投送，并且在指挥作战、战术研究和装备发展的一体化建设道路上日趋成熟。

其实特种部队的建设，按照美军条令 JP3-05《特种作战》中引用法国 18 世纪军事家萨克森伯爵所说：兵在精，不在多（It is not big armies that win battles; it is the good ones.）。盲目扩大编制，搞步兵特战化，且没有统一的管理指挥机构，实际会让特种作战变得混乱不堪。不仅不能有效提升部队战斗力，反而会对联合指挥作战造成极大破坏，影响专业兵种的能力发挥，并对特种部队专业化建设起到负面影响。

参考文献

1 Col.Charlie A. Beckwith,Donald Knox.Delta Force: The U.S. Counter-Terrorist Unit and The Iran Hostage Rescue Mission[M].Harcourt, 1983

2 Sean Naylor,Relentless Strike:The Secret History of Joint Special Operations Command[M].St. Martin's Press, 2015

3 Eric Haney.Inside Delta Force: The Story of America's Elite Counterterrorist Unit[M]. Random House Publishing Group, 2003

4 General Stanley McChrystal. My Share of the Task: A Memoir[M].Penguin, 2013

5 Joint Publication JP 3-05 Special Operations[M].Joint Chiefs of Staff, 2014)

6 Joint Special Operations University.Special Operations Forces Reference Manual(Fourth Edition)[M].The JSOU Press, 2015

7 USSOCOM History and Research Office.The sixth edition of the USSOCOM History[M].USSOCOM/SOCS-HO, 2008

英法两国争夺欧洲大陆霸主的入场券

近400张图片及战时手绘地图，全面展示了百年战争中英王亨利五世、圣女贞德等一批杰出人物的功业与光辉事迹，细致勾勒了法兰西王国新君主体系建立的关键走向与曲折过程！